# BLENDED:
## Using Disruptive Innovation to Improve Schools

# ブレンディッド・ラーニングの衝撃

Michael B. Horn  Heather Staker
マイケル・B・ホーン ＋ ヘザー・ステイカー［著］
小松健司［訳］

## 「個別カリキュラム×生徒主導×達成度基準」を実現したアメリカの教育革命

教育開発研究所

**BLENDED**

Using Distruptive Innovation to Improve Schools

by Michael B. Horn, Heather Staker

Copyright © 2015 by Micheal B. Horn, Heather Staker. All rights reserved.

Japanese translation by Kenji Komatsu

This translation published under license with the original publisher

John Wiley & Sons, Inc. through Japan UNI Agency, Inc., Tokyo

# Contents

**序章** ……………………………………………………………… 8

  1．破壊的イノベーションのパターン ──────────── 9
  2．破壊的イノベーションとオンライン学習 ─────── 10
  3．工場型モデルの教育 ──────────────── 12
      今日の学校制度の起源／工場型教育では不十分な理由
  4．学習者中心の学習 ────────────────── 15
      個別学習／習熟度基準学習／
      実現手段としてのブレンディッド・ラーニング
  5．学校制度が転換点に差しかかっている理由 ─────── 18
      個別化／教育機会の拡充／コスト管理
  6．ブレンディッド・ラーニング専門家の育成 ────────── 24
  7．本書から学ぶこと ────────────────── 25

**重要用語の定義／ブレンディッド・ラーニングのモデル分類** ──── 35

## 第Ⅰ部　理解

### 第1章　ブレンディッド・ラーニングとは何か？ ………………… 44

  1．オンライン学習の急速な普及 ─────────────── 44
  2．ブレンディッド・ラーニングの見分け方 ─────────── 47
      一部はオンライン学習／一部は従来の壁に囲まれた教室での授業／
      組み合わされた学習体験／定義を適用する
  3．ブレンディッド・ラーニングのモデル分類 ──────── 50
      ローテーション・モデル／フレックス・モデル／
      アラカルト・モデル／通信制教育
  4．ブレンディッド・ラーニングのモデルを組み合わせる ────── 64

第2章　すべての教室が
　　　　ブレンディッド・ラーニングに代わるべきか？……………… 72
　1．ハイブリッド理論――――――――――――――――――― 74
　2．ハイブリッド理論と自動車業界――――――――――――― 75
　3．破壊的イノベーションへの引き延ばし―――――――――― 76
　4．ブレンディッド・ラーニングは破壊的イノベーションか？― 76
　5．ハイブリッド型ブレンディッド・ラーニング――――――― 77
　6．破壊的イノベーション型ブレンディッド・ラーニング――― 80
　7．初等中等教育の変革を予測する――――――――――――― 82
　8．学校の未来―――――――――――――――――――――― 84
　　　　より深い学び／安全見守り機能／包括的社会サービス／
　　　　交友関係と放課後活動


# 第Ⅱ部　発動

第3章　まず目標となるスローガンを掲げよう……………………… 98
　1．過重装備の代替策―――――――――――――――――― 100
　2．課題の特定と目標の設定――――――――――――――― 101
　　　　特定された課題から始める／希望する目標から始める／
　　　　目標はSMART
　3．持続的モデルと破壊的モデルのどちらを優先すべきか―― 105
　4．中核的な機会を把握する方法――――――――――――― 107
　5．非消費領域における機会を捉える方法――――――――― 108
　6．脅威か機会か―――――――――――――――――――― 109

第4章　イノベーションを起こす組織………………………………… 116

1．チーム編成の枠組み————————————————— 117
　　　機能チーム／軽量チーム／重量チーム／独立チーム
2．ブレンディッド・ラーニングチームの学校現場での適用———— 122
　　　機能チームのケース／軽量チームのケース／重量チームのケース／
　　　独立チームのケース
3．複数のチーム形態を併用————————————————— 131
4．誤ったチーム編成の代償————————————————— 132

第5章　生徒の動機づけ…………………………………………… 137
1．学習意欲の重要性———————————————————— 138
　　　「やるべき課題」（THE JOBS-BE-DONE）理論／
　　　ミルクシェークの購入理由／ジムへ通う（または通わない）理由
2．生徒の「やるべき課題」————————————————— 143
3．課題の構造—————————————————————— 144
4．生徒の課題を充足する—————————————————— 146
5．何をどのように組み合わせるか—————————————— 151
6．生徒の課題解決に果たすブレンディッド・ラーニングの役割—— 154
7．生徒にやるべき課題を変更させる危険性—————————— 155

# 第Ⅲ部　設計

第6章　教師の役割 ……………………………………………… 168
1．生徒目線から教師の役割を設定する————————————— 169
　　　お決まりの指導を脱して／メンター機能の提供
2．教師目線から教師の役割を設定する————————————— 174
　　　色合わせの妙／「動機・衛生」理論
　　　教師の動機をブレンディッド・ラーニングに組み込む
3．生徒・教師の両方を満足させる—————————————— 180

## 第7章　オンラインコースと設備機器の設計 …………………… 187

1. 製品のアーキテクチャとインターフェイス ——————— 188
   相互依存アーキテクチャ／モジュール組立アーキテクチャ
2. パソコンのアーキテクチャの変遷 ————————————— 190
   教育界におけるモジュール組立型へのシフト
3. 相互依存パッケージ型 vs. モジュール組立型オンライン教材 ——— 193
   第1案　DIY-独自開発／第2案　外部ベンダー1社を活用／
   第3案　複数の市販ソフトを組み合わせる／
   第4案　ネットワーク型プラットフォーム
4. 統合パッケージ型 vs. モジュール組立型 OS ——————— 202
5. 統合パッケージ型 vs. モジュール組立型の教室設計 ——— 205
6. 戦略を環境に合わせる ————————————————— 206

## 第8章　ブレンディッド・ラーニングのモデル選定 …………… 218

1. ブレンディッド・ラーニングのモデルを課題の種類に合わせる —— 220
2. ブレンディッド・ラーニングのモデルを
   チームのタイプに合わせる ——————————————— 223
3. ブレンディッド・ラーニングのモデルを
   期待する生徒体験に合わせる —————————————— 225
4. ブレンディッド・ラーニングのモデルを
   教師の役割に合わせる ————————————————— 228
5. ブレンディッド・ラーニングのモデルをスペースに合わせる —— 231
6. ブレンディッド・ラーニングのモデルを
   ネット接続機器に合わせる ——————————————— 234
7. 選択肢に優先順位をつけて判断する ——————————— 236
8. 複数モデルの導入へ —————————————————— 236

# 第Ⅳ部　実装

## 第９章　学校文化の重要性 …………………………………… 244
　１．文化とは何か？ ──────────────────── 245
　２．子どもたちに対する文化の力 ───────────── 246
　３．学校における文化の力 ──────────────── 247
　４．文化を醸成する方法 ───────────────── 249
　５．ブレンディッド・ラーニング実践校における校風の力 ── 251
　　　アナコスティア高校／ギルロイ高校／カルペ・ディエム校
　６．手遅れということはありません ──────────── 255

## 第１０章　成功への途 ………………………………………… 260
　１．仮説指向計画法 ─────────────────── 261
　２．最初にあるべき結果を想定する ──────────── 263
　３．仮説をリストアップする ─────────────── 263
　４．よりよく知るために計画を実行する ───────── 268
　５．計画を前進、変更それとも棚上げすべきか？ ────── 270

## 第１１章　結論 ………………………………………………… 274
　１．時間をかけて実行する ──────────────── 275
　２．ブレンディッド・ラーニングはチームスポーツ ───── 276
　３．理解、動員、設計、そして導入 ──────────── 278

クレイトン・クリステンセン
　破壊的イノベーションとパラダイムが衝突するとき ────── 281

訳者あとがき ────────────────────────── 287

# ■序章

　清潔で明るい学校に来ています。壁には生徒の描いた絵が貼られ、図書室は本でいっぱいです。教職員はみな一生懸命働き、管理職も学校を規則正しく運営しています。コンピュータが装備され、運動場もあれば遠足もあります。このように、世界中で多くの学校が日々奮闘しています。"Waiting for Superman"（邦題『スーパーマンを待ちわびて』）や"A Right Denied"（『否定された権利』）といったドキュメンタリー映画では公立学校の荒廃が描かれましたが、とくに問題のない学校もたくさんあるのです。あなたも他の保護者と同様に、自分の子どもが通う学校は、公立であろうが私立であろうが、都会にあろうが地方にあろうが、しっかり指導してくれていると信じていることでしょう。

　本書の主題は、学校へのオンライン学習の導入です。対象となる読者は、学校を大きく変革したい、またはすでにブレンディッド・ラーニングを検討中である人々です。現状に満足している人々にとって目の覚めるような内容があります。デジタル革命の転換点が近づきつつあり、世界中の学校で学習方法が抜本的に変わります。オンライン学習の波が押し寄せるのも、時間の問題です。私たちの前著『教育×破壊的イノベーション』（原題"Disrupting Classes"）では2008年時点ですでにこのことを想定し、2019年までに高校の授業の半数は何らかの形でオンライン学習になるだろうと予測しました。

　前著の発刊から数年経ちましたが、当時の予測が正しかったことはますます明らかになっています。控えめな予測だと言う人さえいます。こうした予測が「いつ」実現するのかは議論の余地がありますが、より興味深い点は、初等中等教育で今後間違いなく普及するであろうオンライン学習は、児童・生徒の学習にとってプラスになるのか、または教育制度を無味乾燥なSF的自動システムにしてしまうのか、ということです。プラスになるというのであれば、どのようにそれを確認できるのでしょうか。

## 1. 破壊的イノベーションのパターン

　オンライン学習の是非を問うことは、Ｅメールやディスカウントストア、税務申告ソフトの是非を問うことと同じです。郵便局はＥメールを好ましいとは思っていないでしょうが、ほとんどの人が切手を貼って手紙を送るよりも、Ｅメールのほうがより速く便利でしかもコストの低いコミュニケーション手段だと思っています。大手百貨店はディスカウントストアを快く思っていないでしょうが、多くの消費者はディスカウントストアの手頃な価格設定のおかげでよりよい生活を送ることができます。大手の税理士事務所は税務申告ソフトが発明されたことを残念に思っているでしょうが、多くの個人や中小企業は、オンライン税務申告ソフトを神の贈り物として喜んで使っています。

　Ｅメールやディスカウントストア、税務申告ソフトは、いずれもいわゆる「破壊的イノベーション」の好事例です。「破壊的」という言葉を初めて聞くと、教育者には抵抗があるかもしれませんが、これには多くの利点があります。破壊的イノベーションとは、経済的あるいは技術的理由で市場に参加できない底辺にいる人々のために、最初はシンプルな製品やサービスを提供することです。[3] たとえば、税務申告ソフトが発売される以前は、ほとんどの人が税理士事務所に大金を払って代理申告を依頼する余裕がないために、鉛筆と計算機を使い四苦八苦して申告書を作成していました。ところが税務申告ソフトが、それまで税理士事務所によって独占されていた従来のシステムを「破壊」したのです。このソフトは、それまで税理士事務所に高い料金を払えなかった何百万もの人々に、正しく申告するための簡素で経済的な方法を提供したのです。

　破壊的イノベーションは、新しく定義された「性能」を基準に勝負します。これは、品質を従来のシステムとは全く違う形で考慮するということです。新しく定義された「性能」とは、一般的に価格や利便性、アクセス、簡素化などの利点をもたらすものです。税務申告ソフトは、税理士事務所の個別申告サービスを費用や遠距離という理由で利用できなかった人々に、自分自身で申告書を作成することを可能にしたのです。

　税務申告ソフトの恩恵は、それだけではありません。それまで税理士事務所を利用していた個人や中小企業までもが、ソフトを利用するようになったので

す。こうした事例は、破壊的イノベーションが、要求水準が高い顧客を獲得する努力を重ねて、既存の市場にも勢いよく浸透していくことを示しています。破壊的イノベーションはコストも利便性もアクセスも簡便性も向上させながら、従来の基準においても性能を改善させる必要があるのです。納税申告ソフトのケースでは、従来のサービスは、複雑な税務処理や違法性が懸念される事項について、専門的な助言をする能力で勝負していました。当初、税務申告ソフトはこうした面では顧客に提供できるサービスが限られていました。利便性と価格に満足できる顧客にだけ対応していたのです。しかし時が経つにつれて、既存のサービスを利用していた、より要求の高い顧客層にもアピールするために、複雑な処理もできるように徐々に改良されていったのです。さらに、チャットや「専門家アドバイス」などのリアルタイムのサービスも追加されてきました。今日では、多くの顧客が税理士事務所からソフトに乗り換えるのに十分なサービスと専門性を備えています。これら乗り換え組は二重のメリットを享受しています。適切な専門性と、向上した利便性および低価格です。もちろん、専門家による対面サービスにはかなわないかもしれませんが、多くの人々にとっては十分なサービスレベルなのです。

## 2. 破壊的イノベーションとオンライン学習

このような破壊的イノベーションの事例は、オンライン学習を初等中等教育に導入することが適当なのか否かという質問に対するヒントとなります。一つ言えることは、破壊的イノベーションは、なぜ多くのオンライン学習が、一般的な生徒に対する数学や国語の即効薬としてではなく（とは言っても、現在では多くの学校で採用されていますが）、標準クラスの枠外で始まったのかを説明しています。他の破壊的イノベーションと同様、オンライン学習は当初は他に学習手段のない生徒に対する、ごく単純な仕組みから始まりました。こうした破壊的イノベーションに代わる手段が全く存在しない状況を「非消費領域」と呼びます。初等中等教育では、オンライン学習は多くの学校が自前で提供するのが困難な発展コースから導入され始めました。また、専門知識を備えた教師を全教科では用意することができないため、すべての学習ニーズに対応したコースを提供できない小規模校や卒業に必要な単位を得るための補習授業、ホ

ームスクーリングの生徒に向けたコースなどです。当初は、非常に単純なオンラインのコースでも、何もないよりははるかにましだったのです。

　税務申告ソフトのような成功した破壊的イノベーションが、要求水準の高い上位市場の顧客に浸透していったのと同様に、オンライン学習も当初に比べて大きく改善しています。こうした破壊的イノベーションのパターンは、低レベルのイノベーションも、時間の経過とともに改善されるという安心感を与えてくれます。この点は楽しみとも言えます。ネットへのアクセスは、10年前に比べて早く信頼性が高くなっています。スカイプやグーグルハングアウトといったバーチャルな通信手段が、リアルタイムのコミュニケーションを簡単かつ経済的に実現しました。コンテンツもより魅力的になってきました。今では、ほとんどの生徒がノートパソコンやタブレット、スマホなどネットに接続可能な端末を所有しています。

　従来型の教室で伝統的なスタイルの授業を受けながら、オンライン学習も経験する生徒が増えています。これが「ブレンディッド・ラーニング」と呼ばれる現象です。ブレンディッド・ラーニングの出現は、オンライン学習がより上位の市場に普及する過程の一つです。オンライン学習で知識や技能を習得するのと同時に、伝統的な教室での授業では教師によるより細かい監督や対面での指導、また友人たちと接する楽しみなどといったことを大多数の生徒に提供することができるのです。本書は、初等中等教育におけるブレンディッド・ラーニングの勃興と拡大が、生徒、教育者および学校に与える影響に焦点を絞ります。

　最初の質問に戻りましょう。オンライン学習の成長はよいことでしょうか。それとも、今までのような伝統的なスタイルの授業を守るべきでしょうか。

　ある特定のグループにとって、答えは明らかです。学校が提供する以上のものを必要とする生徒にとっては、当然ながら何もないよりはましなわけですから、オンライン学習はありがたいものです。オンライン学習は、落とした単位を卒業までに回復する手立てがない何百万人もの生徒たちに、補習の機会を提供しています。また、自分が通う高校で発展コースを受講できない生徒（今日では40％もいます）に、それを受ける機会を提供しています。また、自宅で学習している235万人の生徒には基本的なカリキュラムを提供します。そして、オンライン学習は発展であろうが基本であろうが、高校では勉強できない無数

序章　11

の生徒に大学入試に必要なコースを提供します。

　非消費領域は、とくに高校において、驚くほど多く存在します。実際、ほとんどすべての高校生が何らかの形で学習機会を逸していますが、オンライン学習はそれを補足します。2007年には、微分積分などは言うまでもなく、幾何や代数Ⅱ、生物、化学、物理から発展英語まで、ただの一つも発展コースを持たない高校に通う生徒が全体の26％もいました。

　公立学校に通っている生徒はどうでしょうか？　より包括的なコースや選択授業を提供している私立学校はどうでしょうか？　彼らはオンライン学習を下位層の流行として見逃しているのでしょうか。そうした質問に答えるには、なぜ伝統的なスタイルの授業では、たとえトップ校であっても、生徒が現代社会で成功するために必要なものを提供できていないのか、そしてなぜブレンディッド・ラーニングならそうした課題によりよく対処できる可能性があるのか、一歩下がってより広い視野から考えなければなりません。

## 3. 工場型モデルの教育

　富裕層が住むカリフォルニア州のロスアルトス学区にあるサンタリタ小学校（Santa Rita Elementary School）では、2010年には他の学校とあまり変わらない風景が見られていました。5年生のジャックは、当初算数の成績ではクラスで最下位グループにいました。授業についていくのに四苦八苦して、自分でも出来の悪い児童の一人だと思っていました。普通の学校では、彼の成績では算数は一番下のグループにされたままだったでしょう。そうなれば、高校卒業までに十分なレベルの数学の授業を受けることができずに、その後の大学入試と就職において不利な影響を受けるはずでした。

　しかし、ジャックは少し違った道を歩むことになりました。学校が彼のクラスをブレンディッド・ラーニングに転換したのです。週に3〜4回、カーン・アカデミーのオンラインコースで算数の学習と演習を始めて、70日もするとジャックは最下位グループから脱して、クラスでも上位4名の一人になるまでに成績が上がったのです。しかも自分の学年より上のレベルの内容に取り組んでいました。

　ジャックの突然の成功は、まるで映画か手品のようでした。しかし、これこ

そがオンライン学習の威力なのです。児童・生徒のニーズに合うように教師が学習内容を調整してカスタマイズできることを示す好例です。

## 今日の学校制度の起源

　今日の学校制度は、個別化やオーダーメイドとは正反対のことをするために、1世紀以上前に原型が作られました。すなわち、授業と試験のやり方を標準化する仕組みです。20世紀初頭にアメリカの各地に点在していた1教室だけの小規模校は、生徒一人ひとりに適した教育を提供することには優れていましたが、一斉授業をするには経済的に効率のよい方法ではありませんでした。1900年には、アメリカでは5〜19歳人口のうち50％しか学校に通っていませんでした。大人数の生徒に対応できる教育制度を構築するために、教育者たちはアメリカの工業化時代に出現した効率的な工場の大量生産システムに着目しました。生徒たちは年齢によって学年分けされ、各クラスに一人の教師が配置され、授業と試験が標準化されたのです。理論的には、生徒は学年ごとにグループ分けされて教室に配置され、教師は同じ科目の同じ内容を同じペースで教えることが可能になりました。標準化・単純化された手順が導入され、以前よりはるかに多くの生徒が通学できるようになったのです。

　この年齢別学年制度、工場型教室モデルは非常にうまく機能しました。1930年までには全体の75％以上が高校へ進学し、45％が卒業したのです。工場型モデルの学校は、その時代の経済に見合う生徒を養成し、何百万もの人々を中産階級へ押し上げる一翼を担ったのです。1900年には、生徒の過半数は労働職についていたため教育はたいして必要ありませんでした。知識階級の労働者を必要とする仕事は、全体の17％しかなかったのです。多くの生徒は高校を中退するか、大学進学を選びませんでしたが、専門的なことをたいして学ばなくとも就職には不利ではありませんでしたし、アメリカの経済にも大きな打撃を与えなかったのです。今日、もし第3代大統領のトーマス・ジェファーソンが生きていたら、このような学年別に生徒を分ける学校制度を「成功」と考えるでしょう。ジェファーソン大統領は、理想的な学校制度として、成績によって生徒を3段階にグループ分けする学校制度を考えていました。ジェファーソンは、エリートクラスの生徒だけが上の学校へ進み、政治家となって賢く導いてくれると考えたのです。今日では落ちこぼれと蔑まれている生徒

も、成功の印として祝福されていたのです⁽¹⁶⁾。なぜなら、学校制度は学生を異なる仕事に分配するよう設計されていたからです。

## 工場型教育では不十分な理由

　問題は、60％以上の職業が専門知識を持つ労働者を必要とし、すべての子どもたちが持つ可能性をフルに具現化するよう学校に期待する今日の世界では、この工場型教育モデルでは不十分であることです⁽¹⁷⁾。そしてこの問題は、前述したジャックのような厳しい環境で育った子どもたちだけに言えるわけではありません。

　その理由は、教育者や保護者も知っているように、二人の子どもが同じ年齢だからといって、同じペースで学び、同じ学びのニーズを持っているわけではないからです。子どもは一人ひとり異なる学びのニーズを持ち、学びのペースも違うのです。認知科学者、神経科学者、教育研究者など専門家たちは、知能や学びのスタイルの違いについて激しく議論をしますが、生徒によって学びのペースは違うということに異論を唱える専門家はいません⁽¹⁸⁾。学びのペースが速い生徒もいれば遅い生徒もいます。生徒の学びのスピードは科目または単元によっても異なる傾向があります。学びのペースが異なる理由は、簡単に言うと二つあります。一つ目の理由は、人によって記憶力（認知科学者の言う「メモリー容量」）が違うからです。視聴覚を含む複数の情報源から与えられた情報を処理する能力の違いです。二つ目の理由は、人はそれぞれ持っている知識量（認知科学者の言う「長期記憶」）が違うからです。これは、学習する際に使う経験または知識は人によって違うという意味です。これが学びに影響するのです。たとえば、クラスの生徒全員がある歴史事実を知っていると思い込んでいる教師が、それを喩えに使って何かを説明すると、その史実を知らない生徒や間違って理解している生徒は、誤解するか全く理解できなくなってしまうのです⁽¹⁹⁾。

　このことを理解すれば、何度同じ説明を聞いても分からなかった経験が誰でも一度はあることが納得できます。授業は先へ進んで、どんどん遅れてしまい、焦りが募るばかりです。その逆を経験した人も多いはずです。クラスメイトより先に分かっている生徒は、理解できない生徒のためにクラス全体で同じ演習を繰り返していると、授業がつまらなくなってくるのです。ある調査によれば、

なんと半数近くもの生徒が勉強が分からないからではなく、授業がつまらなくて退学しているのです[20]。

これが意味することは、すべての子どもたちが学校と人生で成功するよう願うのであれば、生徒一人ひとりの学習ニーズにあわせて教育をカスタマイズ、または個別化する必要があるということです。問題は、現在の教育制度では授業と試験の方法が標準化されているため、多くの教師が授業を個別化しようと懸命に努力しても、教師1人につき生徒が20～35人もいる普通のクラスでは、授業を生徒一人ひとりにカスタマイズするのはほとんど不可能であることです[21]。授業時間数を規定するだけで内容の習得を前提としない現行制度では、理解していなくても授業が進めば、ほとんどの生徒は否応なく次の単元へ進まざるを得ません。このため、後になって理解の穴が表面化するのです[22]。たとえば、数学が好きになりそうな生徒がいても、いったん授業から遅れて補習の機会がなければ、「数学はムリ」と、それ以上の努力はしません。こうした教育制度では、前述のジャックのように当たりくじを引かない限り、あまりにも多くの生徒にとって不備があるのです。教師にとってもよい制度ではありません。マンツーマン指導に十分な時間がとれないのに、生徒一人ひとりが理解できるようになることを期待されるからです。

要するに、生徒を学年分けして同じ内容の授業を同じ時間に実施する今日の工場型教育制度は、ほとんどの生徒の学習にとって非効率なのです。これまでは学校制度の目的が違ったため、このことは長い間問題にはなりませんでした。しかし世の中が、そして子どもに対する期待も大きく変化しているにもかかわらず、学校は変わっていないことは大きな問題なのです。

## 4. 学習者中心の学習

今日の生徒たちには学習者中心の学校制度が必要な時代となりつつあります。学習者中心の学習とは、実質的に二つの学習のあり方——個別学習と習熟度（または達成度別・能力別）基準学習を組み合わせたものです。

**個別学習（Personalized Learning）**

個別学習についてはいくつかの考え方がありますが[23]、要は、一人ひとりの生

徒特有のニーズに合わせた学習ということです。言い換えれば、学習者の成功を支援するために、学習の個別化ないしカスタマイズがなされます。個別学習の持つ力は、以下の例のように直感的にも理解できます。生徒が集団授業の代わりにマンツーマン指導を受けると、大抵ははるかに優れた結果が生まれます。これは当然です。なぜなら、指導のペースが早すぎたり遅すぎたりすれば調整できますし、説明を言い換えたり生徒が実感できるように別の例や方法を用いたりと、個別指導なら何でもできるからです。また、教師は生徒が完全に理解できるまで粘り強く指導もできます。さらに個別学習では、生徒が必要とすればマンツーマン指導も受けられますし、あるいはグループ学習や小集団活動といった最適な学習法で授業を受けることもできるのです。

　このような個別学習が、生徒の理解を最大限に発揮させることが調査によって明らかにされています。最初に個別学習に着目した調査は、1984年にベンジャミン・ブルームが発表した「2シグマ問題」で、教師が生徒が必要とするタイミングで個別に支援するという指導法が学習に及ぼす影響を計測したものです。その結果、驚くべきことに調査開始3週間後に、個別学習で学習した生徒は、通常の集団授業を受けた生徒より平均で標準偏差が2倍も高かったのです。つまり、個別学習の生徒の平均点は、集団授業を受けた生徒の98％より高い点数だったということです。このブルームの調査を再検証した最近のカート・ヴァンレーンによる分析では、標準偏差は2倍ではなく0.79倍であったということですが、それにしても個別学習の威力は大きなものです。

**習熟度基準学習（Competency-Based Learning）**

　学習者中心学習の2番目に重要な要素は、習熟度基準です。これは、次の単元へ進むには現在の単元の知識やスキルを習得し、応用し、または作成できる能力を示さなければならないということです。生徒は、クラスの平均スピードや事前に決められた既定時間で学習を進めるのではありません。習熟度基準学習では、生徒たちは次の単元へ進むには自身が理解するまで取り組む必要があるので、粘り強さや気概が必要です。ただ授業が終わるのを待っているだけでは先へ進めません。

　もしも生徒が一つの単元を十分に理解しないまま次へ進むと、理解の穴が開いてしまいます。したがって、どの単元の学習においても従来の規定時間での

学習より、習熟度基準学習の方がよい結果を残していることに、何も驚きはありません[28]。ある調査では、習熟度基準学習のクラスの生徒は、従来型の授業を受けたクラスの生徒に比べて、すべての学年で成績の向上幅が大きかったそうです[29]。また習熟度基準学習では、理解が速い生徒にブレーキをかけることなく、理解の遅い生徒との学力差を縮めた、という調査もあります[30]。さらに、習熟度基準で指導している教師は、新しい指導方法や教師としての役割に対して肯定的になった、という調査もあります[31]。

**実現手段としてのブレンディッド・ラーニング**

　個別学習と習熟度基準学習を的確に併用できれば、学習者が主導する学習の基盤になります。学習者中心の学習の重要な要素は、生徒自身が学習の進捗状況について管理し、当事者意識をもって学習計画を立てるということです。これが、知識やスキルがすぐに陳腐化してしまう変化の激しい現代社会で必要とされる、生涯学習者となる力につながります。

　課題は、学習者中心の学習をどのようにして大規模展開するかです。生徒一人ひとりに教師をつけられれば理想的ですが、当然ながら費用面で非現実的です。アメリカ中の教師たちが個別指導の実現をめざして懸命に努力していますが、個々の生徒に異なる指導を提供することは、現在の工場型教育制度のもとではむずかしいのです。生徒数が少なく柔軟なクラス分けができる学校では、習熟度基準学習は可能かもしれません。しかしその場合でも、標準の授業のコースでは物足りず先へ進もうとする生徒に対して、新しい学習法を提供する教師には負担を強いることとなり、結果として学校の貴重な人材を消耗させることになりかねないのです。

　これがブレンディッド・ラーニングが非常に重要になる理由です。ブレンディッド・ラーニングは、個別学習と習熟度基準学習を実現する原動力なのです。多くの業界で見られるたくさんの人々の多様なニーズに対応できる多品種大量生産を可能にするテクノロジーと同様に、オンライン学習は誰もがいつでもどこでも好きなペースで学習することを大規模に実現します。最も基礎的なレベルでは、ある一つの単元を先に習得していれば早送りで次の単元に進めますし、逆に十分に理解しようと一時停止することもできます。またもう一度見るために巻き戻したりスロー再生したりすることもできるのです。最終目的は同じで

も、生徒によって最も簡単な道を通って到達する異なる方法を提供するのです。教師も時間に余裕ができ、学習計画を立てたり、メンターや調整役を務めたり、カウンセラーとなって生徒と接したりと、それまではできなかった役割を果たすことができるようになります。

　もちろん、オンライン学習を導入するだけでただちに個別学習または習熟度基準学習が実現できるわけではありません。本書は、世界中の教師と生徒をお手伝いするために書きました。オンライン学習を組み込むことは、学習者主導学習を広く実現するための強力な手段となるでしょう。

## 5. 学校制度が転換点に差しかかっている理由

　全米の何千もの学区が（全体の75％以上との推計も）オンライン学習の可能性について気づき始め、それぞれの事情から転換点に差しかかっています。私たちは、従来の学習法からブレンディッド・ラーニングへ転換した全米の学校や学区、チャーター・スクールなどの事例を2010年に調査し始めました。150以上の事例があり、実際に現地を訪問した先も多くあります。ブレンディッド・ラーニングに転換した理由を尋ねると、次の3つのニーズのどれかが答えとして返ってきました。これは偶然ではなく、学習者主導学習が持つ可能性と同時にそのむずかしさも示しています。

①**個別化のニーズ**
　四苦八苦している生徒が落ちこぼれないようにすると同時に、できる生徒は先へ進めるよう支援することが今すぐ必要だと感じています。年度の初めと終わりを比べて生徒の理解度が十分ではないため、生徒一人ひとりのニーズに学習内容を合わせるよりよい方法を必死に探しています。

②**教育機会拡充のニーズ**
　学校は、生徒と地域社会が必要とするだけの学習機会を提供しようと苦戦しています。保護者たちは、このネット時代に、なぜMITのエンジニアコースやより基本的な発展コースでさえオンラインで単位取得する機会がないのか疑問に思い始めています。今日の世界では、物理的な距離は言い訳にならなくなりつつあります。

③コスト管理のニーズ

　学校は常に予算不足に直面しています。学校長たちが経費の工面に頭を悩ませているのも当然です。その一方で、地域社会は個別学習を望んでいます。しかし、生徒一人ひとりに教師をつけるのは費用面で不可能なので、コストを増やさずに個々に教師をつけるのと同じ恩恵をもたらす手段として、ブレンディッド・ラーニングを考えています。また、教師の給料を上げる方法を模索している学校も多くあります。

　こうしたオンライン学習のメリット（個別化、教育機会の拡充、コスト管理）により、多くの人々が従来型の教育からブレンディッド・ラーニングへ移行しています。ちょうど何百万もの人々が従来の税理士事務所から安くて便利な税務申告ソフトに切り替えたように、オンライン学習の持つ個別化、教育機会の拡充、コスト管理というメリットに魅力を感じているのです。これらのメリットが、2019年までに何らかの形で高校の授業の少なくとも50%にオンライン学習が導入されるだろうという予測を実現させる原動力となっています。

　こうしたメリットが希望どおり実現できるかどうかは、オンライン学習の導入方法にかかっています。ある学校では、指導を個別化しようとオンライン学習を導入しましたが、生徒の個別ニーズに合わせてクラスを転換する時間もノウハウもなかったために、ただでさえ忙しい教師にパソコンを押し付けただけで終わっていました。教育機会を拡充しようとオンライン学習を導入したものの、まるで効果の上がらないマンツーマン指導だけしかないひどい結果となってしまったケースもあります。また、オンライン学習でコスト削減を目論んだところ、新しい端末とブロードバンドの導入でかえってコストがかかってしまう場合もあります。

　その一方で、オンライン学習が着々と進展しているケースもあります。ブレンディッド・ラーニングを従来型工場モデルから脱却する推進力としてうまく活用している例もあります。そういった教育改革のリーダーたちは、オンライン学習を導入することで、従来は不可能であった個別化や教育機会の拡充、コスト管理などのメリットを生徒に供与しています。

**個別化**

　2008年の春、ニューヨーク市教育局人事部長のジョエル・ローズは、マイ

アミで人材教育センターを経営している友人を訪ねました。そのオフィスの壁には「自分のやり方を選択しよう」という標語が掲げてありました。ローズはそれに目をとめて、はっと気づいたのです。もし、学校が集団一斉授業ではなく、生徒が各自のニーズに合うように学習できたらもっとうまくいくのではないかと。

　当時の教育局長の支援を得て予算を獲得したローズは、2009年の夏、マンハッタンの中学校で最初の「スクール・オブ・ワン（School of One）」を夏期数学講座として開講しました。この夏期パイロット講座に参加した生徒たちは、これまでの夏期講座とは全く違うことにすぐに気づきました。講座では、毎日最後に生徒一人ひとりの理解度を正確にチェックするテストを実施しました。その結果をもとに、その日のうちに生徒ごとに翌日の「課題リスト」が作成されたのです。生徒が個々のニーズに基づいて学習できるように作成された詳細な学習項目と単元のリストです。それが翌朝には、空港のフライトモニターのように、壁のモニターに映し出されているのです。課題リストは、1,000以上あるメニューのなかから選ばれて作成されました。オンラインソフトで学習する課題もあれば、少人数学習や教師の対面指導もありました。この方法のポイントは、学習内容ごとに生徒の学力レベルにぴったり合わせて、各自のペースと最善の方法で学習を進めることです。

　この夏期パイロット講座が終わると、参加した生徒たちは、同程度の学力であった生徒たちと比べて、推定で7倍もの速さで数学の知識を習得していました[34]。

　新しい学習法が正しいことが早速証明された勢いを得て、スクール・オブ・ワンは夏期講習から通常授業へと拡大されました。そして、数年かけて数学の授業数を増やしながら、指導法を徐々に進化させたのです。極限まで個別化した指導法は、絶大な効果を発揮しました。この方法によって、生徒は自分の長所・短所に気づき、それによって生徒は毎日のオンライン学習に合格して新しい知識を習得しようと発奮しました。そのうえ、この方法になってから生徒たちは「わからない」ということを恐れなくなりました。なぜなら生徒たちは皆自分のペースで学習を進めているからです。同時に教師たちも、それぞれの生徒の出来栄えを毎日詳しく知ることにより、苦戦している生徒により的確に対応することができます。成績評定に費やす時間は短くなり、生徒のニーズを分

析して小集団または個別指導を実施する時間が長くなりました。

　2011年、ローズは「新しい教室」(New Classroom) というNPOを立ち上げて、スクール・オブ・ワンと同モデルのティーチ・トゥー・ワン (Teach to One) というプログラムを始めました (**ビデオ1**)。それ以来、このモデルはワシントンDCやシカゴなどニューヨーク市以外の学区にも広がっています。結果は上々です。この「新しい教室」による「ティーチ・トゥー・ワン」モデルのブレンディッド・ラーニングが実施された初年度 (2012–13) の成果を調査したところ、7つの学校で合計2,200人の生徒が数学の全国平均より平均で20％高い成果を上げていたことが判明したのです。

ビデオ1: ティーチ・トゥー・ワン (個別ローテーション)

www.wiley.com/go/blended1

**教育機会の拡充**

　前アラバマ州知事のボブ・ライリーは、知事在職中に多くの生徒が学習機会を十分に与えられていないことに心を痛めていました。彼は、クレイ郡の小さな町アッシュランドで、6代にわたり牧場と農場を営む家庭の出身でした。2002年知事に選ばれたとき、ライリーは当然ながら、州内の32％の生徒が通う地方の公立学校の実情に深い同情を寄せていました。しかし、アラバマ州は地方の隅々まで発展コースをフルセットで提供できるだけの教師を配属することができませんでした。ライリー知事は当選から1年後、アラバマ州の高校生向けの発展コースの普及率は、南部16州のなかで14番目だと知らされま

した。

　2004年にライリー知事は、オンライン学習がアラバマ州の課題の解決策となる可能性があることを知ります。彼はタスクチームを立ち上げて、州全体に平等に学習機会を提供することを使命とするアラバマ州遠隔教育プログラムをつくりました。チームは基本計画を策定して州全体のバーチャル・スクールを立ち上げ、多くの発展コースと外国語のコースや主要・選択授業などをアラバマ州の高校生に提供し、最終的には中学生向けにもいくつかの講座を開設しました。同時に州のスーパーコンピューター公社と協力して、州全体のインターネット環境を改善しました。

　この遠隔教育プログラムでは、教材会社とライセンス契約を結んでコースを導入すると同時に、自前のコースも多くつくりました。2012年末には、アラバマ州のバーチャル・スクールは前年比31％増の44,332人もの受講者を抱え、全米の州立バーチャル・スクールのなかで3番目の大きさにまで成長しました。その結果、アラバマ州の公立学校で、発展テストの受験者が伸び、合格者も増えたのです。2004年から12年にかけて、発展テストの受験者数は3倍以上になり、とくにアフリカ系学生の受験者数は10倍以上になりました。そして、大学の単位として認定される点数をとった生徒数も倍増しました。アラバマ州遠隔教育プログラムのおかげで、何千人もの中・高生が、それまでは受講することができなかった発展コースやその他選択プログラムを受講することができるようになったのです。

**コスト管理**

　KIPP（The Knowledge Is Power Program）は、全米有数のチャーター・スクールです。「言い訳なし」という方針で有名です。それは、生徒の学習の遅れを、健康管理や保護者の責任にするような言い訳をしないという意味です。南ロサンゼルスにあるKIPPエンパワー・アカデミーは、KIPPグループ141校のうちの一つで、2013年度現在、幼稚園児から小学4年生までが通っています。生徒の90％以上は無料または減額給食の対象者で、10％が特別支援教育の対象者です。生徒全員が黒人、ヒスパニックまたはその混血です。

　マイク・カーは、KIPPエンパワー・アカデミーの初代校長として契約した際に、前任のニューヨークの学校で素晴らしい成果を上げた少人数指導モデル

を導入したいと考えていました。そのための予算として、カリフォルニア州のクラス人数削減プログラムの助成金をあてにして、最初の5つの幼稚園クラスでは、教師一人に対して幼児が20人以上にならないよう予定していました。しかし、2010年の開校予定のわずか数ヵ月前になって、不況のためカリフォルニア州のクラス人数削減助成金が大幅に削減された結果、計画より10万ドル以上の予算が不足してしまったのです。

カーはただちに代替策を検討しました。当初は、少人数教育モデルを実現するためにテクノロジーを利用するという提案には懐疑的でした。しかしさらに調査をして、1クラス当たりの幼児数を20人から28人に増やし、5から4クラスへ減らさざるを得なくなりましたが、部分的にオンライン学習を利用することで少人数教育に十分な時間を確保できるか試してみることにしました。

2010年秋の開校日から、112人の幼稚園児が、今日その他のKIPP校でも模倣している成功モデルとなる学園生活を始めたのでした（**ビデオ2**）。幼稚園の1日は90分の読書の時間から始まります。クラスの3分の1は担任の教師による少人数指導、3分の1は補助教師による少人数学習、残りの3分の1は各自がコンピュータ学習をします。そして各グループは30分ごとにローテーションします。1日を通して同じような方式で、作文、算数、理科の時間をローテーションします。1クラスの人数は28人ですが、オンライン学習者には教師の監督が不要なので、教師1人当たりの幼児数は最大でも14人ということになります。

今日では、KIPPエンパワー・アカデミーには幼稚園児から小学4年生まで約550人の幼児・児童が通っています。毎年、その成果には驚かされます。2011年秋には児童の61％が標準テストで「基礎以下」レベルの判定でしたが、2012年春には、全体の91％が「よくできる、または発展」レベルになりました。翌2012-13年度も引き続き驚くべき結果を出しました。それまで彼らが抱えていた学力差を考えると、なおさら驚かされます。カリフォルニア州の学習状況インデックスは、州レベルのテストをもとに各学校の学習成果を判定するもので、KIPPは1,000点満点の800点が目標点のところ、991点という結果でした。

非営利のコンサルティング会社FSGが2012年に発表した調査で、KIPPエンパワー・アカデミーが州の助成金を失った状況で、どのようにそうした驚く

べき成果を出すことができたのかが説明されています。まず、開校当初は常勤教員の人数を予定より2人少なくしました。ブレンディッド・ラーニングのローテーション・モデル導入で、少人数指導が維持できたのと同時に、入学者数を当初の200人から翌年には231人に増やして追加資金を確保したのです。これで合計で幼児・児童一人当たり1,467ドルの収入増になりました。ブレンディッド・ラーニングの導入に伴うパソコンやソフト、人件費などは、合計で幼児・児童一人当たり502ドルで済み、収入に対して965ドルもの余剰が生まれたのです。こうした節約の結果、KIPPエンパワー・アカデミーは、5年目までには公的助成金だけで学校を維持していけるだろうと楽観的に考えています。それは、外部の追加資金を頼らなくて済むと同時に、開校当初の目標である少人数指導モデルや教育方針について妥協する必要がないことを示しています。

 ビデオ2: KIPP エンパワー・アカデミー（ステーション・ローテーション）

www.wiley.com/go/blended2

## 6. ブレンディッド・ラーニング専門家の育成

教師も保護者も、オンライン学習を活用して個別化、教育機会の拡充、コスト管理のメリットを学校が享受できる方法を、他の人が発見してくれるのを待っているわけにはいきません。本書でも紹介した数百もの成功例が証明しているように、オンライン学習の導入により初等中等教育でこうした利点を広範囲で系統的に享受することが可能になりました。このことは、資源に制約があり、

多くの問題を抱える陳腐化したシステムには朗報です。

　オンライン学習やブレンディッド・ラーニングが、問題を抱える学校にとって常に特効薬であると言っているわけではありません。しかし、個別化、教育機会の拡充、コスト管理の面で、うまく導入されれば既存システムの壁を克服する可能性を秘めています。

　数年前に前著『教育×破壊的イノベーション』を発刊してから教育界で多くのことが変化しました。本書は、学校や生徒のためにブレンディッド・ラーニングの持つメリットを具現化したいと願っている人々のガイドブックです。前著のように「問題」を指摘するだけでなく、教育者に「解決法」をより明確に示します。本書を読み終われば、誰もがブレンディッド・ラーニングの専門家になれるはずです。そこで皆さんは、この本から得た知識と専門性を活かして、それぞれの地域社会においてブレンディッド・ラーニングのリーダーとして子どもたちのために行動を起こしてほしいと期待しています。

## 7．本書から学ぶこと

　本書の第Ⅰ部（1章〜2章）では、ブレンディッド・ラーニングの重要な背景を、2011年から13年に発表した4本の調査レポートから抽出してお届けします。第1章は、ブレンディッド・ラーニングの概要、その定義と学校現場での展開事例です。第2章では、ブレンディッド・ラーニングが今後どのように進化し、学校の未来にどのような影響を与えるのか予測します。

　第Ⅱ部（3章〜4章）では、教育者が自己流で解決策を考え始める前に、ブレンディッド・ラーニングの導入を計画するお手伝いをします。第3章では、ブレンディッド・ラーニングを実際に導入する前に、解決すべき具体的な学習問題を認識し、達成すべき目標を確立することの重要性について説明します。スローガンの選定方法を考えることを通じて、教育者に指導モデルの枠組みを提供します。第4章では、問題の解決方法を立案する的確なチームづくりの方法をご案内します。

　第Ⅲ部（5章〜8章）では、教育者が実際にブレンディッド・ラーニングを計画するお手伝いをします。第5章では、「やるべき課題」理論を紹介し、教育者が担当する個々の生徒に合わせて理想的な学習体験を設計できるようサポ

ートします。第6章では、教師にとって理想的な指導方法を計画する方法に焦点を当てます。第7章で初めて、テクノロジーのお話をします。学習内容、ソフト、ハードの選定方法から学習環境そのものの設計方法まで解説します。テクノロジーに関する章は意図的に本書の後半に配置してあります。その理由は、多くの教育者が、テクノロジーの導入を先にして、「それを使って『何をしたいのか』」という目的を明確化することを後回しにするという間違いを犯すからです。第8章では全部の章をまとめて、教育者自身のニーズに最も適したブレンディッド・ラーニングのモデルを選んでカスタマイズするお手伝いをします。ブレンディッド・ラーニングの導入を躊躇している教育者にとって、この章ではそれまでの章をまとめて実現可能な計画を立てられるようサポートします。

　最後の第Ⅳ部（9章〜10章）では、第9章でブレンディッド・ラーニングを成功させるために確立すべき学校文化を教育者がどう考えるべきかヒントを差し上げます。そして第10章では、ブレンディッド・ラーニングのようなイノベーションを成功させる確率を高める方法として、仮説指向計画法をご紹介します。

　それでは、早速腕まくりをして教育の未来をつくり始めましょう。


〈注釈〉
①アメリカ人はこれまで繰り返し地元の学校に高い評価を与えている。たとえば、2013年には71％の保護者が年長の子どもが通う学校について評価AまたはBをつけた。以下参照。"The 45th annual PDK/Gallup Poll of the Public's Attitudes Toward the Public Schools," *Phi Delta Kappan*, September 2013, V95N1, p. 21 (http://pdkintl.org/noindex/2013_PDKGallup.pdf)
②"*Getting Smart*" の著者トム・バンダー・アークはフーバー研究所主催の会議において、「高校の授業の50％が2019年までにオンライン学習またはブレンディッド・ラーニングに変わるという『教育×破壊的イノベーション』での予測は、数年前であれば全く的外れだと思われたかもしれないが、今では2020年以前に達成されると思う」と発言している。以下参照。Tom Vander Ark, "Blended Learning in K.12 Education," Hoover Institution, Stanford University, January 17, 2014, Policy Panel.

③ Clayton M. Christensen, *The Innovator's Dilemma* (Boston: Harvard Business School Press, 1997).
④ Pew Internet Teens and Privacy Management Survey, July 26-September 30, 2012, http://www.pewinternet.org/data-trend/teens/internet-user-demographics/ ( アクセス確認日：2014 年 3 月 25 日 ). さらに、Speak Up 2013 National Research Project によれば、高校生の 89％がスマートフォンを保有している。以下参照。http://www.tomorrow.org/speakup/pdfs/SU2013_MobileLearning.pdf
⑤ College Board 2013 public schools database and AP Program data.
⑥ この数値は、ホームスクーリングを実施している世帯数（204 万）とバーチャル・スクールをフルタイムで受講している生徒数（31 万人）から割り出した。フルタイムのバーチャル・スクール受講生の教育費は公費で賄われているため、統計的にはホームスクーリングとして扱われないが、実態的にはほとんどの生徒が自宅で学習している。以下参照。Brian D. Ray, "2.04 Million Homeschool Students in the United States in 2010," National Home Education Research Institute, January 3, 2011 (http://www.nheri.org/HomeschoolPopulationReport2010.pdf) and John Watson, Amy Murin, Lauren Vashaw, Butch Gemin, and Chris Rapp, *Keeping Pace with K.12 Online & Blended Learning: An Annual Review of Policy and Practice, 2013*, Evergreen Education Group, http://kpk12.com/cms/wp-content/uploads/EEG_KP2013-lr.pdf
⑦ *Connecting Students to Advanced Courses Online: Innovations in Education*, prepared by WestEd for U.S. Department of Education Office of Innovation and Improvement, 2007, pp. 3-4. 実際、たいしたことはないが影響が出ている。カリフォルニア州では、カリフォルニア大学やカリフォルニア州立大学への入学の前提となる科目のすべてを提供しきれていない高校へ、何千人もの生徒が通っている。
⑧ Michael B. Horn and Meg Evans, "Creating a Personalized Learning Experience," AdvancED Source, Spring 2013, p. 2.
⑨ Clayton M. Christensen, Michael B. Horn, and Curtis W. Johnson, *Disrupting Class: How Disruptive Innovation Will Change the Way the World Learns*, Expanded Edition (New York: McGraw-Hill, 2010), p. 54.
⑩ プロシアに起源のある学年制度を、アメリカではマサチューセッツ州クインシーにおいて 1800 年代中頃に導入し始めた。20 世紀に入ると急速に普及し、教師はほぼ同年齢の生徒を集団で担当できるようになった。
⑪ David Tyack and Larry Cuban, *Tinkering Toward Utopia:ACentury of Public School Reform* (Cambridge, Massachusetts:Harvard University Press, 1995), p.

89.

⑫ James Bryant Conant, *The Revolutionary Transformation of the American High School* (Cambridge, MA: Harvard University Press, 1959), p. 3.

⑬ Sal Khan, *The One World Schoolhouse* (New York: Hachette Book Group, 2012), p. 77. 多くの人々が工場型教育を荒涼とした有害なものとして描写している。注釈⑩で触れたように、今日想定されている初等中等教育の原型が現れたのは18世紀のプロシアである。同国の支配階級は、公費で賄う義務教育により権力、とくに国王に服従する従順な市民が生み出されることを期待した。プロシアの哲学者で教育制度開発の中心人物であるヨハン・ゴットリープ・フィヒテは、「もし、他人に影響を与えたいのならば、話をする以上のことをしなければならない。相手が、自分の意志と反することのないように教育する必要がある」と率直に認めている。もちろん、伝統的な教室はプロシアの祖先と同じ権威主義的な遺伝子を持っている、という考え方に誰もが賛同しているわけではないが、そう考える人々は誤った解釈をしている。ニューヨーク州の「今年の教師」に選ばれたジョン・テイラー・ガットーによれば、「授業時間」という考えが導入されたのは、「能動的な学習意欲が不注意な中断によって打ち消される」ためである。彼の主張は、授業チャイムが断続的に鳴るために、学びをぶつ切りに分断される生徒は科目を横断的な視点から深く考える時間もなく、「異端で危険かもしれない思想」を探求することもなく、また現実の課題にかかわることもない。したがって、伝統的な学校の時間割は支配階級に従属するための手段である。(Khan, pp. 76-77)

⑭ Michael E. Echols, *ROI on Human Capital Investment*, 2nd ed. (Arlington, VA: Tapestry Press, 2005), p. 3. で訳されている以下参照。Patrick Butler et al., "A Revolution in Interaction," *McKinsey Quarterly*, 1:8, 1997.

⑮ Eric A. Hanushek, Paul E. Peterson, and Ludger Woessmann, *Endangering Prosperity: A Global View of the American School* (Washington, DC : Brookings Institution Press, 2013), Ch. 1.

⑯ トーマス・ジェファーソンによるバージニア州での法案を参照のこと。"Bill for the More General Diffusion of Knowledge " (http://etext.virginia.edu/etcbin/toccernew2?id=JefPapr.sgm&images=images/modeng&data=/texts/english/modeng/parsed&tag=public&part=5&division=div1（アクセス確認日：2014年4月10日）.

⑰ Butler et al., Echolas の P3（注釈⑭を参照）に抜粋されている。1900年代初頭には、非農業労働者はほとんどがたとえば石炭掘り、重機運転、生産ライン操業など、原材料を採掘して、それを最終製品に加工する仕事に従事していた。それが21世紀に入ると、このタイプの労働に従事しているのはアメリカ全体の15％に過ぎなくなった。今日では、

管理職であろうが看護師、販売員、金融アドバイザー、弁護士、裁判官、調停者であろうが、大多数の労働者が他人と交流することに時間を費やす知識経済の仕事に従事している。こうした職業にはより高いレベルの知識と技能、多義性が要求されるとともに、工業化時代の仕事には不要であったむずかしい判断が必要とされる。こうした複雑な技能に対するニーズは増えるばかりである。1998 年から 2005 年までに創出された 450 万の新規雇用の 70％は判断と経験を必要とした。Bradford C. Johnson, James M. Manyika, and Lareina A. Yee, "The Next Revolution in Interactions," *McKinsey Quarterly*, November 2005, http://www.mckinsey.com/insights/organization/the_next_revolution_in_interactions（アクセス確認日：2014 年 3 月 7 日）。『マッキンゼー・クォータリー誌』は、ほとんどの先進国はこうした過程を経験していると指摘する。また別のマッキンゼーの分析は、今日の労働者に不可欠な技能は、仕事をしながら学ぶ能力であることを示している。仕事に必要な技能の数は、2009 年 9 月には 178 であったが、2012 年 6 月には 924 へと急増している。以下参照。John Mills, David Crean, Danielle Ranshaw, and Kaye Bowman, "Workforce Skills Development and Engagement in Training through Skill Sets," *DCVER Monograph Series*, November 2012, http://files.eric.ed.gov/fulltext/ED538262.pdf, p. 13. マイケル・バーバー卿の指摘どおり、「学びと仕事は不可分になりつつある。実際、これこそが知識経済または学習社会と呼ばれるゆえんである」とも言える。以下参照。Michael Barber, Katelyn Donnelly, and Saad Rivzi, "An Avalanche Is Coming: Higher Education and the Revolution Ahead," *IPPR*, March 2013, p. 51, http://www.ippr.org/images/media/files/publication/2013/04/avalanche-is-coming_Mar2013_10432.pdf. こうした課題の世界規模での影響は、7,500 万人の失業者がいながら、十分な数の知識労働者を確保できない結果となっていることである。以下参照。"Tackling Youth Unemployment" McKinsey & Company website, http://mckinseyonsociety.com/education-to-employment/（アクセス確認日：2014 年 3 月 7 日）。

⑱この点に関してより詳しく知るには、次の資料を読むことをお薦めする。Jose Ferreira, "Rebooting 'Learning Styles,'" http://www.knewton.com/blog/ceo-jose-ferreira/rebooting-learning-styles/, March 25, 2014; Mark Bauerlein, "A Concluded Battle in the Curriculum Wars," http://www.edexcellence.net/commentary/education-gadfly-daily/commoncore-watch/a-concluded-battle-in-the-curriculum-wars, March 25, 2014; Michael B. Horn, "Differentiating Learning by 'Learning Style' Might Not Be So Wise," http://www.christenseninstitute.org/differentiating-learning-by-learning-style-might-not-be-so-wise/, June 17, 2010.

⑲ Ruth Colvin Clark and Richard E. Mayer, *e-Learning and the Science of In-*

*struction: Proven Guidelines for Consumers and Designers of Multimedia Learning* (San Francisco: Wiley, 2008), Ch. 2. これが、生徒たちの基礎知識を意図的に構築することが非常に重要な理由の一つであるが、全生徒が同じレベルの基礎知識を持っているという前提で、全員を同等に扱うことは誤りである。

⑳ John M. Bridgeland, John J. Dilulio, Jr., Karen Burke Morison, "The Silent Epidemic: Perspectives of High School Dropouts," A Report by Civic Enterprises in association with Peter D. Hart Research Associates for the Bill & Melinda Gates Foundation, March 2006, p. iii.

㉑この現象についてのより詳しい議論は、前著『教育×破壊的イノベーション』第1章を参照のこと。さらに、元教師で現シリコン・スクールズ・ファンドのCEOであるブライアン・グリーンバーグによれば、個別化とは「一人ひとりの生徒が必要なものを必要なときに手に入れる」という考え方である。これを教育用語としては、『差別化』と言う。しかし、差別化を手動で実現することは現実には不可能なので、これは教師につらい思いをさせるために考え出された用語である。そこで、テクノロジーを使って教師が個別化を実現する可能性が出てくるのである」。以下参照。Brian Greenberg, Rob Schwartz, and Michael Horn, "Blended Learning: Personalizing Education for Students," *Coursera*, Week 2, Video 2: Key Elements of the Student Experience, https://class.coursera.org/blendedlearning-001.

㉒教育者たちはこうしたギャップのことを「スイスチーズ」の穴に似ていることから、よく「スイスチーズ問題」と呼ぶ。従来の工場型授業では、一人ひとりの生徒の理解の穴がどこに開いているのか把握するのはむずかしいことが教師の悩みである。

㉓文献上は「個別学習」に対して多くの定義が存在する。このことが、個別学習的方法の効果を評価する調査をむずかしくしている。同じ用語でも、たとえば、単に好きなことを学ぶということから、視聴者に向かって教えるという形式をいうものまで、さまざまである。本文で説明したとおり、それらは本書で意図しているものではない。とはいえ、本書の注釈でも文献に基づいた定義がいくつか使われている。しかし本書では、個別学習とは、「生徒たちが誰もが必要とする知識、技能、気質などの基本的なコンピテンシーを学んだ後に、各自の興味・関心によってそれぞれ異なる分野の学習に進むこと」という意味であることを明確にしておきたい。われわれは専門家ではないが、すべての学生が学んで身につける価値のある標準的な概念がいくつか存在する。これまでにアメリカ人の学生が直面してきたことと比較して、数は少なく、教師と学生にとっては明確で、正確さと概念の質においては高い概念である。

　オンライン学習やブレンディッド・ラーニング分野において共通に理解できる定義を確立するために、国際的な初等中等教育におけるオンライン学習の団体であるiNACOLは、

個別学習を「学習を各生徒の強みや弱み、興味・関心に合わせてカスタマイズすること」と定義している。それには、考えうる最高水準の内容を習得できるように裁量と支援を提供するために、いつ・どこで・何を・どのように学ぶのか、生徒の声が選択に反映されることも含まれる」と定義している。

アメリカ教育省の2010年版国家教育技術計画書では、指導法のindividualization、personalization、differentiationの違いについて以下のように明記している。

> individualization、personalization、differentiationは教育界の流行語になったが、それぞれ正確には何を意味するのか、集団一律型指導・学習に代わるものという大まかな概念を超えた深い議論はほとんどされていない。たとえば、personalizationを「生徒がその興味・関心に応じて何をどのように学ぶか選択肢を与えられること」という意味で使う教育専門家もいれば、「生徒により異なるペースで指導すること」という意見もある。本計画書では以下の定義を使う。Individualizationとは「学習者ごと異なるニーズに合わせて進める指導」である。学習目標は全生徒が同じでも、学習者は各自のニーズに合わせた速さで教材に取り組むことができる。たとえば、時間をかけて進む項目もあれば、すでに知識のある項目については飛ばし、また助けが必要な項目については繰り返し勉強することもある。Differentiationとは「学習者ごと異なる嗜好に合わせてカスタマイズされた指導」である。学習目標は全生徒が同じでも、指導方法やアプローチの仕方が各生徒の嗜好に合わせて異なるか、または調査で同じような生徒に最適だと考えられる方法をとる。Personalizationとは「学習ニーズに合わせ、学習の嗜好によってカスタマイズされ、かつ学習者ごとに異なる特定の興味・関心に合わせてカスタマイズされた指導」である。完全にpersonalizeされた環境では、学習目標と内容、および学習方法とペースは全員が異なる可能性もある（したがって、personalizationはdifferentiationとindividualizationの両方を包括する）。("Transforming American Education: Learning Powered by Technology," National Education Technology Plan 2010, U.S. Department of Education Office of Educational Technology, November 2010).

[24] Benjamin S. Bloom, "The 2 Sigma Problem: The Search for Methods of Group Instruction as Effective as One-to-One Tutoring," *Educational Researcher*, Vol. 13, No. 6 (Jun.-Jul., 1984), pp. 4-16, http://www.comp.dit.ie/dgordon/Courses/ILT/ILT0004/TheTwoSigmaProblem.pdf. 本調査では、生徒一人を教師一人で担当する個別指導グループと、約30人の生徒を教師一人で担当する伝統的な集団指導のグループに分け、生徒たちをランダムに振り分けた。2つのグループは当初は同じようなテストスコアと学習に対する関心を示した。「2シグマ」の発見に加えて、個別指導グループの生

徒の90％が、集団指導グループの上位20％の生徒しか達成できなかった総合成績レベルを達成した。

㉕ Kurt VanLehn, "The Relative Effectiveness of Human Tutoring, Intelligent Tutoring Systems, and Other Tutoring Systems," *Educational Psychologist*, 46.4 (2011): 197-221 (http://www.tandfonline.com/doi/abs/10.1080/00461520.2011.611369).

㉖ iNACOLが中心となりMetisNetが管理して一般とも協力したプロジェクトCompetency Worksは、質の高い習熟度基準学習（competency-based learning）を以下のように定義した。(Chris Sturgis and Susan Patrick, "It's Not a Matter of Time: Highlights from the 2011 Competency-Based Learning Summit," iNACOL, 2011, http://www.inacol.org/cms/wp-content/uploads/2012/09/iNACOL_Its_Not_A_Matter_of_Time_full_report.pdf)

1. 生徒が十分に習得していることを証明すれば進級する
2. コンピテンシーには、生徒を力づける明確で計測可能かつ汎用的な学習目標が含まれる
3. 評価は有意義であり、生徒にとって能動的な学習経験である
4. 生徒は、個別の学習ニーズに基づいて迅速で差別化された支援を受ける
5. 学習成果は、知識の応用と創造とともに重要な技能と気質を育成することを含むコンピテンシーを強調する

　習熟度基準学習（competency-based learning）の多くの概念に含まれていることは、「最低速度」または「教師ペース」ということで、これは生徒が理解できないまま何も学ばずにつまずいたままの状態ではいない、という意味である。遅れている生徒が最低限のペースでも進み続け、これ以上遅れることのないよう、より多くの注意が払われるべきである。

㉗習熟度基準学習（competency-based learning）と工場型教育制度の違いを明確にする次のような表現もある。工場型制度では時間は固定されているが学習内容は流動的で、逆に習熟度基準では時間は流動的であるが学習内容は固定されている。

㉘達成度基準学習（mastery learning）については、サル・カーンの調査に依るところが大きい。Sal Khan, *The One World Schoolhouse: Education Reimagined* (New York: Hachette Book Group, 2012), pp. 40-41.

㉙ Daniel Levine, *Improving Student Achievement Through Mastery Learning Programs* (San Francisco: Jossey-Bass, 1985).

㉚ Denese Davis and Jackie Sorrell, "Mastery Learning in Public Schools," *Educational Psychology Interactive* (Valdosta, GA: Valdosta State University, December 1995).

㉛ T. Gusky and S. Gates, "Synthesis of Research on the Effects of Mastery Learning in Elementary and Secondary Classrooms," *Educational Leadership* 43, no. 8 (1986).

㉜ Watson et al., *Keeping Pace*, p. 17.

㉝ こうしたプログラムの多くは、BLUデータベース（http://www.blendedlearning.org/）に掲載されている。

㉞ Heather Staker, "The Rise of K.12 Blended Learning: Profiles of Emerging Models," Clayton Christensen Institute and Charter School Growth Fund, May 2011 (http://www.christenseninstitute.org/publications/the-rise-of-k-12-blended-learning-profiles-of-emerging-models/), p. 139.

㉟ Douglas D. Ready, Ellen B. Meier, Dawn Horton, Caron M. Mineo, and Justin Yusaitis Pike, "Student Mathematics Performance in Year One Implementation of Teach to One:Math," New York: Center for Technology and School Change, November 2013.

㊱ 本項は次のケーススタディから抜粋した。Heather Staker and Andrew Trotter, "Providing Access to Alabama: Connecting Rural Classrooms through Distance and Online Learning," Clayton Christensen Institute, February 2011.

㊲ *The 10th Annual AP Report to the Nation*, Alabama Supplement, College Board, February 2014, http://media.collegeboard.com/digitalServices/pdf/ap/rtn/10th-annual/10th-annual-ap-report-state-supplement-alabama.pdf. "Alabama Still Gaining in Advanced Placement," Alabama Department of Education, February 2010, http://www.media.alabama.gov/AgencyTemplates/education/alsde_pr.aspx?id=2803

㊳ "How We Do It," KIPP website, http://www.kipp.org/our-approach/fivepillars （アクセス確認日：2013年9月10日）.

㊴ Brad Bernatek, Jeffrey Cohen, John Hanlon, and Matt Wilka, "Blended Learning in Practice: Case Studies from Leading Schools, Featuring Kipp Empower Academy," Michael & Susan Dell Foundation, 2012, http://5a03f68e230384a218e0-938ec019df699e606c950a5614b999bd.r33.cf2.rackcdn.com/Blended_Learning_Kipp_083012.pdf.

㊵ "KIPP Empower Academy: Students & Teachers," Great Schools, http://www.greatschools.org/california/los-angeles/25197-KIPP-Empower-Academy/?tab=demographics （アクセス確認日：2013年9月10日）.

㊶ Bernatek, Cohen, Hanlon, and Wilka, "Blended Learning in Practice."
㊷ Ibid.
㊸ "KIPP Empower Academy Results," KIPP Empower, http://kipp2.innersync.com/empower/results.cfm（アクセス確認日：2014年7月21日）.
㊹ "2012-13 Accountability Progress Reporting (APR): School Report―API Growth andTargets Met: KIPPEmpowerAcademy," California Department of Education, http://api.cde.ca.gov/Acnt2013/2013GrowthSch.aspx?cYear=2005-06&all-cds=19-647330121699（アクセス確認日：2013年9月10日）.
㊺ Bernatek, Cohen,Hanlon, and Wilka, "Blended Learning in Practice." 教員数を予定より2名少なくすることにより、生徒一人当たり623ドルの節減となった。入学生徒数を初年度の200人から2年目に231人に増やすことにより、生徒一人当たりの州および連邦助成金が844ドル増額された。
㊻ 追加の人件費は、技術指導アシスタント。
㊼ 第1章および2章は、主に本書執筆に至る数年間にネット上で公開した以下4本の文献から抜粋。"The Rise of K-12 Blended Learning," Clayton Christensen Institute, Charter School Growth Fund, and Public Impact, January 2011, http://www.christenseninstitute.org/wp-content/uploads/2013/04/The-rise-of-K-12-blended-learning.pdf; Staker, "The Rise of K-12 Blended Learning"; "Classifying K-12 Blended Learning," Clayton Christensen Institute, May 2012, http://www.christenseninstitute.org/wp-content/uploads/2013/04/Classifying-K-12-blended-learning.pdf; and "Is K-12 Blended Learning Disruptive?," Clayton Christensen Institute, May 2013, http://www.christenseninstitute.org/wp-content/uploads/2013/05/Is-K-12-Blended-Learning-Disruptive.pdf.

## ＊付録1-1
## 重要用語の定義

**オンライン学習**

インターネットで講義および教材を配信する教育法。実在のオンライン教師がすべてネット上で生徒と交信し、宿題をチェックし、授業を行うものもある。テレビ電話のように参加者がリアルタイムで交信するものもあれば、メールや討論フォーラムのように交信に時間差があるものもある。

**伝統的授業**

工場のシステムに似た、工業化時代の遺構。生徒を年齢で学年分けし、一律で進級させる。学年ごとすべての生徒に年間授業時間で規定された画一のカリキュラムを実施する。形式は圧倒的に対面で、教師が主導する講義または教材の説明である（一般的には「直接指導」と呼ばれる）。指導教材は主に教科書、講義および文章課題である。コースおよび科目は、とくに高等学校においては統合的かつ横断的ではなく、一般に縦割りで個々に独立している。伝統的な教室の主な役割の一つは、生徒を事前に決められた一定時間着席させて学習させることである（公的教育では「授業時数」という）。

**テクノロジー装備の教室**

伝統的授業の特徴を維持しつつ、電子黒板やインターネット接続機器、書画カメラ、電子教科書、グーグルドキュメント、オンライン学習計画などのデジタル機器を装備している。そうしたデジタル機器があるにもかかわらず、授業は相変わらず対面式で、オンライン学習への移行は進んでいない。

**ブレンディッド・ラーニング**

正式な教育課程において、学習の少なくとも一部をオンラインで実施し、時

間、場所、方法または進行速度について生徒が自己管理する。かつ少なくとも一部は自宅以外の監督された校舎において授業を受ける。コースまたは科目ごとの各生徒の学習は、組み合わされて一つの統合された学習体験となる。ブレンディッド・ラーニングは、一部の選ばれた生徒のためだけでなく、世界中どこでも生徒中心の学習を実現する原動力である。オンライン学習はモジュール組立式（第7章参照）の設計であるため、個別化された習熟度基準の学習に合うよう自然とできている。したがって、個別化学習と習熟度基準学習はブレンディッド・ラーニングと密接に関連している。

**プロジェクト・ベース学習**

実社会における課題や問題を、生徒が活発かつ積極的、能動的に探究できるよう開発された授業。生徒が学んでいる課題について、より深い理解を得られるよう生徒を導くことが目的である。ブレンディッド・ラーニングの多くがオンライン学習とともにプロジェクト・ベース学習を導入し、学習から得た知識と理解をさまざまな場面で応用できることを示せるよう手助けする。オンライン、オフラインどちらでも実行可能。

＊付録1-2
## ブレンディッド・ラーニングのモデル分類

以下の分類はいまだ不完全で発展途上であるが、現時点（2014年）でのアメリカおよび海外の初等中等教育機関におけるブレンディッド・ラーニングのプログラムをタイプごとに仕分けしたものである。

### 1. ローテーション・モデル

一つのコースまたは科目の授業において、一定時間ごと、あるいは教師の指示により、生徒が異なる学習形態をローテーションで移動して回る。学習形態

### 図A1-1 ステーション・ローテーション

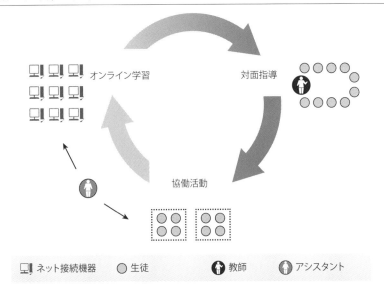

のうち少なくとも一つはオンライン学習で、その他には、少人数学習、全体講義、グループ活動、個別指導、問題演習などが含まれる。宿題を除いて、生徒はほとんどの時間を従来型の学校で過ごす。

a. ステーション・ローテーション
　一つのコースまたは科目の授業において、生徒は特定の教室（一つまたは複数）の中をローテーションで移動する。個別ローテーションとの違いは、生徒は必ずすべての学習形態をローテーションする点で、個別ニーズに合わせて時間割をカスタマイズすることはできない（図A1-1参照）。

b. ラボ・ローテーション
　一つのコースまたは科目の授業において、生徒はオンライン学習の時間にはコンピュータ室へ移動する（図A1-2参照）。

c. 反転授業
　一つのコースまたは科目の授業において、生徒は学校外では伝統的な宿題

図 A1-2　ラボ・ローテーション

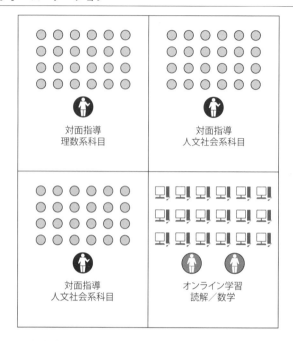

図 A1-3　反転授業

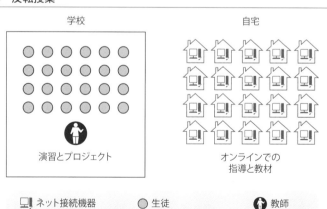

図A1-4　個別ローテーション

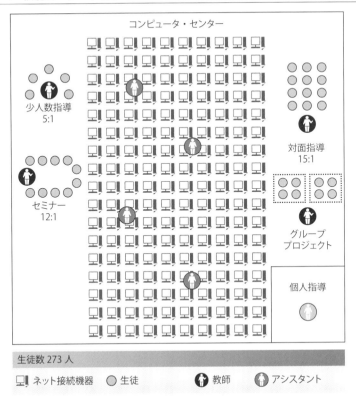

の代わりにオンライン学習に取り組み、学校では対面の教師主導のもとで演習またはプロジェクトに参加する。授業と教材の配信は主にオンラインで、この点が夜間自宅で宿題だけオンラインで済ませる生徒とは違う（図A1-3参照）。

d．個別ローテーション

　一つのコースまたは科目の授業において、生徒は一人ひとり個別の課題リストを持ち、すべての学習形態をローテーションで移動する必要はない。アルゴリズムまたは教師が生徒ごとに個別の時間割を作成する（図A1-4参照）。

図A1-5 フレックス・モデル

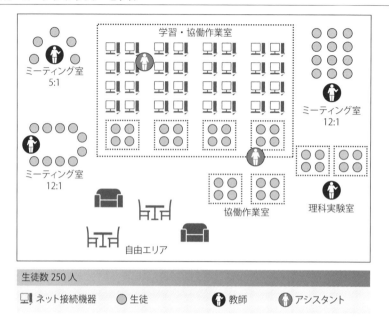

## 2. フレックス・モデル

　一つのコースまたは科目の授業において、時に校外学習を実施することはあっても、オンライン学習が中心になる。生徒は、個別にカスタマイズされ柔軟な時間割に従って学習形態を移動する。担任の教師は学校内にいて、生徒の学習拠点は宿題を除いて主に学校である。担任の教師またはその他の講師が、少人数学習やグループ活動、個別指導などの活動において生徒のニーズに応じて柔軟で生徒に適合した支援を対面で提供する。対面でのサポートが非常に多い場合もあれば限定的な場合もある。たとえば、正規の教師がオンライン学習を補完する形で毎日対面指導するケースもあれば、対面サポートはほとんどないケースもある。また、有資格教師の配置の組み合わせが異なるケースもある。こうしたバリエーションは、特定のフレックス・モデルの説明には当てはまる（図A1-5参照）。

図A1-6 アラカルト・モデル

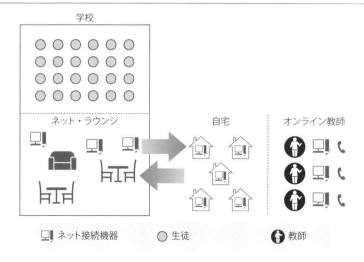

3. アラカルト・モデル

　学習活動は学校または学習センターで実施されるが、特定のコースの授業はすべてオンラインで完結し、担任の教師はネット上に存在する。オンライン学習は学校で実行することも学校外で受けることも可能である。ここが完全オフキャンパスのフルタイムのオンライン学習とは異なる点である。アラカルトのコースも学校で対面指導される場合がある（**図A1-6参照**）。

4. 通信制教育

　一つのコースまたは科目の授業において、生徒はあらかじめ決められた担任教師との対面授業に出席すれば、残りは対面授業に参加しなくともコースを完了することができる。生徒が遠距離の場合、オンライン学習が学びの中心になる。通常は一人の講師が対面授業とオンライン学習を担当する。通信制教育の多くは、もともとフルタイムのオンライン学習としてスタートしたが、学校での対面授業も組み合わせたブレンディッド・ラーニングに進化した。反転授業との違いは、生徒は平日は毎日オンラインで担任の教師と顔を合わせる点であ

### 図A1-7　通信制教育

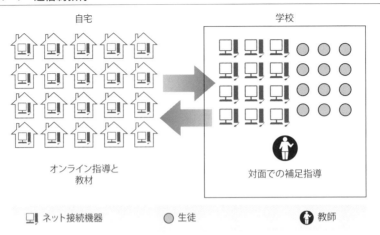

る。フルタイムのオンライン学習とは、対面授業が自由選択や校外活動だけではなく必須である点が異なる（**図A1-7参照**）。

〈注釈〉

① International Association for K-12 Online Learning, "The Online Learning Definitions Project," October 2011, http://www.inacol.org/cms/wp-content/uploads/2013/04/iNACOL_DefinitionsProject.pdf, p. 7; Watson et al., *Keeping Pace with K-12 Online & Blended Learning* (注釈③参照), p. 8.

② ブレンディッド・ラーニングの定義は、学習者中心という考え方に合わせて、学校目線ではなく生徒一人ひとりの立場から見たものであることに留意することが重要である。ブレンディッド・ラーニング導入校の定義は何であろうか。キーピング・ペース年次報告書は、一つの定義を提示している。「カリキュラムの多くをブレンディッド・ラーニング形式で提供し、生徒に定期的な出席を求めている（一つのプログラムではなく）校則を持つ単体の学校である」。　以下参照。Watson et al., *Keeping Pace with K-12 Online & Blended Learning* (注釈③参照), p. 9.

③ "What Is Project-Based Learning?," Edutopia, http://www.edutopia.org/project-based-learning/.

# 第 I 部　理解

理解 → 発動 → 設計 → 実装

第1章　ブレンディッド・ラーニングとは何か？

第2章　すべての教室が
　　　　ブレンディッド・ラーニングに代わるべきか？

# 第1章

# ブレンディッド・ラーニングとは何か？

　ここ最近、アメリカの教育界でブレンディッド・ラーニングが話題にのぼらない日はありません。教育改革のニュースのなかでも、最も注目されるテーマです。圧倒的な数のビデオ教材や演習問題を提供し、200以上の国々で毎月1,000万人以上が利用するカーン・アカデミー、その創始者、サル・カーンの尽力もあり、ブレンディッド・ラーニングは全世界で広まりつつあります。カーン・アカデミーが創設される以前、いやブレンディッド・ラーニングという言葉が広まる以前から、すでに何百万もの生徒が学校でオンライン学習を経験していました。スコラティック社の読書教材"READ 180"は、1998年から学校で利用され始め、CDインストールからオンライン提供へ移行しましたが、今日では全米4万以上の教室で約130万人の生徒に利用されています。アメリカの初等中等教育におけるブレンディッド・ラーニングの普及率は正確にはわかりませんが、専門家の推定では75％以上の学区でオンライン教材またはブレンディッド・ラーニングが利用されている模様です。

　しかし、アメリカの初等中等教育への教育テクノロジーの導入を俯瞰すれば、過去20～30年の間に1千億ドル以上がコンピュータに投資されたにもかかわらず、目立った成果を上げていないという事実を無視するわけにはいきません。それにもかかわらず、なぜブレンディッド・ラーニングがいま注目を浴びているのでしょうか。これまでのコンピュータ技術とは何が違うのでしょうか。

## 1. オンライン学習の急速な普及

　ブレンディッド・ラーニングのルーツはオンラインです。アマゾンや税務申

告ソフトのような破壊的イノベーションと同様、より競争の激しい市場でより厳しい消費者の高い要求水準に応えるため、オンライン学習は常に改良を重ねて進歩しています。

オンライン学習の未来を予測するには破壊的イノベーションのこの進化パターンが欠かせません。オンライン学習が利用され始めたころは、従来型の対面式授業の単なる補完機能としか見られていませんでした。2000年当時、初等中等教育では約4万人の児童・生徒が、少なくとも1つのオンライン講座を受講していましたが、そのほとんどは、卒業に必要な不足単位を補うため、中退を避けるため、もしくはホームスクーリングや遠隔授業など一人で勉強する環境で最終手段として利用したに過ぎません。その当時は、オンライン学習は、標準的な生徒にはほとんど見向きもされなかったのです。

しかし、オンライン学習もまた破壊的イノベーションの進化パターンの常として、利用者が上位市場の一般の生徒にまで拡大し、伝統的な対面授業から乗り換える生徒さえも出てきたのです。外国語のオンライン学習コースは、対面授業の代替として最初の有効な手段でした。たとえば、サンディエゴのチャーター・スクールであるハイ・テック・ハイ高校（High tech High）では、通常のレクチャー形式の授業よりも速く外国語を習得できるという評価を聞いて、ロゼッタストーンの外国語講座を使い始めました。「ロゼッタストーンはソフトの研究開発に何百万ドルもかけて、非常に有効な利用者との会話手法を開発しました」と評価する高校の校長は、ロゼッタストーンを使えば、従来タイプで最高の教師よりも多くのことが学べると信じています。

オンライン学習が進化した最も大きな点の一つが、オンライン学習を補完するために、従来型教室の対面式授業を多用することでした。オンライン学習が普及し始めたころは、学習場所はほとんど関係ありませんでした。自己完結型のコースでは、学習場所が自宅だろうがコンピュータ室だろうが図書館だろうがかまいませんでした。ネットへの接続環境と完全にバーチャルな環境で学習する熱意さえあれば、物理的な場所は関係なかったのです。

しかし、オンラインコースの提供者は、大人の対面指導なしに一人で学習できる生徒の数には限りがあることにすぐに気づきました。2019年までに高校の半数のクラスで何らかのオンライン学習が取り入れられるだろうと予測した前著『教育×破壊的イノベーション』では、ホームスクーリングやバーチャ

ル・スクールが伝統的な教室での授業に完全に取って代わることはないだろうとも予測しています。こうしたオンラインスクールは、アメリカの初等中等教育の生徒数のわずか10％で頭打ちになり、残りの90％は今までどおり教室で大人の指導に頼るだろうと見ています。

　この90％という推測は概ね妥当であるようです。ほとんどの生徒には、日中両親が忙しく働いている間、安全に過ごせる場所が必要です。実際、学校の主な機能の一つは、ひとえに生徒を保護することです。子どもたちを見守り、安全を確保することです。また、子どもたちは、友だちと一緒になって遊びふざけたり、教師から指導を受ける場所がほしいのです。これが学校が持つ授業以外の2つの重要な機能です。

　オンライン学習の恩恵を、これら90％の生徒にも享受してもらう方法として、革新的な学校の指導者と教師は、オンライン学習を従来型教室での通常授業に組み込むことを考えました。その努力の結果がブレンディッド・ラーニングという言葉を生んで、21世紀に入る前後に初等中等教育で利用されるようになったのです。ほとんどの生徒とその保護者にとって、バーチャルな学校だけでは不十分なので、オンライン学習を通常教室での学習活動と「ブレンド」することが突破口となったのです。

　教育分野以外でも、バーチャルな技術がより多くの顧客を得るために実店舗を開くことがあります。たとえば、オンラインの小売業が地盤を築く方法の一つは、潜在的な顧客が、従来はオンラインでしか見ることができなかった商品を実際に手にとって試してからネットで購入できる場所、すなわちショールームとして機能する実店舗をオープンすることです。紳士衣料のボノボス（Bonobos）は、以前はオンライン販売に限定していましたが、2012年に実店舗を6店オープンしました。陳列商品は限定的で店員もわずかですが、このオンラインショップは破壊的イノベーションの進化の一例です。単純なオンライン販売からスタートして地盤を築き、破壊的イノベーションへの道である持続的イノベーション（この場合はショールーム開店）でより要求水準の高い顧客層にもサービスを提供するのです。

## 2. ブレンディッド・ラーニングの見分け方

　ブレンディッド・ラーニングは、教室にデバイスやソフトを装備するというデジタル化の大きな流れとは明らかに違いますが、混同しやすいのも事実です。教育界とメディアが共通して使うブレンディッド・ラーニングという言葉は、典型的なゴルディロックスの問題を抱えます。すなわち、教育現場に投下されるあらゆる教育テクノロジーを指す広義で使われるか、逆に好ましいタイプのブレンディッド・ラーニングモデルのみを指す狭すぎる定義で使われるか、の両極端です。

　私たちは、2010年以降150件を超えるブレンディッド・ラーニングを実践している教育者にインタビューを実施し、「ちょうどよい」中庸の定義を確立しました。それは、バリエーションを許容しつつも、学校で利用されるあらゆる教育テクノロジーとは区別されます。すなわち、ブレンディッド・ラーニングには次の3つの要素があります。

### 一部はオンライン学習

　第一に、ブレンディッド・ラーニングとは、**少なくとも一部がオンライン学習から成り、生徒自身が学習の時間、場所、方法またはペースを管理する正式な教育プログラム**です。

　ブレンディッド・ラーニングには、学校以外の自宅などで教育ゲームソフトで遊んだり、スーパーのレジに並びながら学習アプリを閲覧したりすることは含まれません。「正式な」教育プログラムであることが重要です。より重要な要素は、一部でも生徒が選択権を持つオンラインでの学習ということです。すべてのブレンディッド・ラーニングにおいて、生徒は少なくとも一部はネットを通じて学習しますが、表計算やドキュメントソフトなどがオンラインでさえあればよい、という意味ではありません。オンライン学習とは、教師による対面授業を、ウェブベースの教材を使って学習し、指導を受けることに大きく転換することを意味します。

　一部にせよ、生徒側に学習の主導権があることが非常に重要です。そうでなければ、ブレンディッド・ラーニングは教師が電子黒板にオンラインの学習教

材を映写するのと何ら変わらないからです。生徒目線でのブレンディッド・ラーニングであるためには、教室で教師主導でデジタル機器を使うのではなく、オンライン学習教材の選択権を生徒側に移すことが不可欠です。生徒の主導権とは、オンラインの動画を生徒が途中で止めたり、巻き戻したり、先へ進めたりと、生徒が学習のペースを自由に調整できるだけでもよいのです。しかし、オンライン学習には他の面でも生徒が自由に管理できることがあります。それは、教室であろうとどこにいようと、学習する時間を選んだり、要点を学習する順番を変えたり、取り組む場所さえ選ぶことが可能だということです。

　オンライン学習であることと、生徒が学習の時間や場所、順番、ペースについて一部でも選択権を持っていることが、ブレンディッド・ラーニングの最低要件です。

### 一部は従来の壁に囲まれた教室での授業

　ブレンディッド・ラーニングの第二の要素は、**少なくとも一部は自宅以外の監督者のいる教室で学習することです**。言い換えれば、生徒は教師またはコーチがいる学校に通うことが必要です。近隣の学校である場合が多いのですが、ショッピングセンターの一角をコンピュータ室に転換した学習センターであってもかまいません。では、スターバックスの店内でオンライン学習している生徒はどうでしょうか？　それはブレンディッド・ラーニングとは言いません。スタバの店員は監督者ではないからです。常に自宅の食卓でオンライン学習している生徒はどうでしょうか？　これもブレンディッド・ラーニングとは言いません。なぜなら、自宅以外の場所での学習が含まれないからです。ブレンディッド・ラーニングは、学習カリキュラムの少なくとも一部は自宅以外の場所で実施されることが必須です。

### 組み合わされた学習体験

　第三の要素は、**各生徒の一つのコースにおける学習内容は、カリキュラム全体の一部として機能するよう統合されるということです**。ブレンディッド・ラーニングではオンライン学習と対面授業が適切に組み合わされるということです。反対に、うまくいっていない例としては、オンラインで学習した同じ内容を対面授業でくり返すことです。このような調整不足を避けるために、ブレ

ンディッド・ラーニングを導入している学校では、各生徒の学習進捗データをコンピュータで管理し、オンライン、マンツーマン指導、対面授業などの学習方法をうまく組み合わせて生徒に合ったレベルと内容を提供しています。生徒の学習進捗状況を昔ながらの方法で記録し、学習方法の組み合わせを手作業で管理している学校もあります。いずれの方法でも、ブレンディッド・ラーニングの中心的な考え方は、一連の勉強のなかでいろいろな方法を実際に「ブレンド」することです。今日、すべての学習方法を完璧に統合して運用しているブレンディッド・ラーニング導入校はまだ多くありませんが、これこそがブレンディッド・ラーニングを着想した当初に多くの教育者の念頭にあった形なのです。さまざまな学習方法を組み合わせることは、ブレンディッド・ラーニングの定義にとっては重要な要素です。

**定義を適用する**

上記のブレンディッド・ラーニングの定義を使って、次の３つの事例がブレンディッド・ラーニングと言えるかどうか判断してみましょう。

シナリオ①：生徒の学習計画から宿題、小テストまですべてがコンピュータ上の学習管理システムに掲示されています。このシステムには、教室にいても自宅にいても、学校から貸し出されたタブレットでアクセス可能です。

シナリオ②：通信制高校の生徒の学習は、すべて学校外で完遂しますが、ウェブカメラやスカイプなどを使ってオンラインで教師とつながっています。またスカイプで、チェスクラブや生徒会活動にも参加しています。

シナリオ③：学校の図書館にあるコンピュータでオンラインの算数ゲームソフトを楽しんでいる生徒がいます。教室で算数の授業も受けており、教師はオンラインゲームのことは知りませんが、算数が得意な生徒だという認識はあります。

上記３例いずれもブレンディッド・ラーニングではないと回答した人は、正解です。シナリオ①では、クラスの情報を伝えるツールとしてネットが利用さ

れていますが、ネットを通じて教材や解説は配信されていません。対面で授業が実施されているため、生徒は学習の時間、場所、順番、ペースについて何も選択権はありません。クラス全体が一律同じ内容を同じ時間に時間割に従って受けているだけです。もしかしたら少人数指導があるかもしれませんが、生徒一人ひとりに適した内容をオンライン指導で使っているわけではありません。これは単にテクノロジーで装備された教室であり、ブレンディッド・ラーニングではありません。

ブレンディッド・ラーニングに関して最も多い誤解は、単にテクノロジーが装備された授業との混同です。多くの学校でパソコンから個別のプログラムにアクセスはできます。しかし、学校現場にテクノロジーを持ち込むことが、ブレンディッド・ラーニングであるということではありません。この混同はアメリカ以外でも、ヨーロッパからアジアまで同じように見られる現象です。**付録1-1**（P35）では、テクノロジー装備の教室とブレンディッド・ラーニングに関連する用語を定義しています。

シナリオ②では、生徒は自宅から離れ、監督者のいる実際の教室で勉強しているわけではありません。リアルタイムでクラスメイトや教師とつながっていますが、教室で対面しているわけではありません。これはバーチャルな生徒であって、ブレンディッド・ラーニングの生徒とは言えません。

シナリオ③では、算数のゲームソフトは数学のコース全体の一部として統合されているわけではありません。図書館でソフトを使って勉強してはいますが、その学習結果は記録されませんし、教室で受ける算数の授業に反映されるわけでもありません。図書館でオンラインの算数ソフトで勉強しても、ブレンディッド・ラーニングの一部として取り組んだわけではありません。

## 3. ブレンディッド・ラーニングのモデル分類

上記3例がブレンディッド・ラーニングではないとすると、ブレンディッド・ラーニングは学校現場においてどのような形式をとっているのでしょうか。ブレンディッド・ラーニングはいまだ発展の初期段階にあり、各学校では何百とおりもの方法を試行しつつ、最適な方法を模索しています。その結果、一見すると多くの教育者が、自分たちのモデルはどの種類にも属さない、他のどの

プログラムとも全く違うのだ、と主張しているかのようです。

しかし私たちの調査では、ほとんどのブレンディッド・ラーニングプログラムが広い意味で4つのモデルのいずれかに当てはまることが分かっています。ローテーション（Rotation）、フレックス（Flex）、アラカルト（A La Carte）、そして通信制教育（Enriched Virtual）です。図1-1はそれら4つのモデルの分類を表しています。

図1-1　ブレンディッド・ラーニングのモデル分類

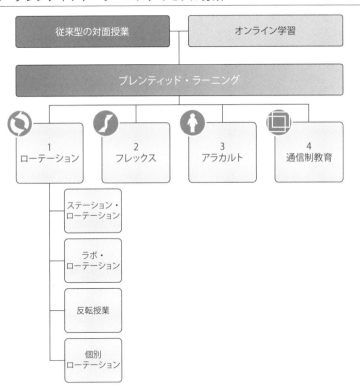

多くの学校が、複数のモデルを組み合わせて独自のプログラムをつくりあげています。4つのモデルに分類した目的は、組み合わされたプログラムを構成する一つひとつの基本モデルを描くためです。以下に、それら4つのモデルについて概説し、現実にはどのようなモデルなのか詳説します。4つのモデルの

正式な定義とサンプル図は**付録1-2**（P36）に掲載します。

**ローテーション・モデル（Rotation Model）**

　とくにクラス担任の教師が最初に考えるのが、ローテーション・モデルです。この方法を導入した授業では、生徒は時間割または教師の指示に従って、オンライン学習を含む複数の学習方法を移動して回ります。よく見られるケースは、「オンライン学習→少人数学習→机での問題演習」というサイクルを順番に繰り返すものです。オンライン学習とクラス全体での討論やプロジェクトを交互に繰り返す場合もあります。ポイントは、時間が来たらチャイムまたは教師の合図で生徒が次のローテーションへ進む点です。

　異なる学習モードを移動する考え方は、教育界では以前からありました。実際、とくに小学校レベルでは、何十年も前からグループ単位で児童をローテーションしてきました。ブレンディッド・ラーニングの新しい点は、オンライン学習がローテーションの一部になっていることです。

●ステーション・ローテーション（Station Rotation）

　一つの教室内または複数の教室間を移動する形式を「ステーション・ローテーション」と呼びます。典型的な事例がスコラティック社のREAD 180で、1998年の発売当初からステーション・ローテーションへの転換を促してきました。現在、4万以上のクラスで採用されるなど、最も長い歴史を持ち、広く使われているモデルです。READ 180は、小学校から高校までの読解力が平均以下の生徒向けのシステムで、教師は授業の最初と最後にクラス全体で議論する時間をとり、その間に生徒は3つのグループに分かれて順に移動して回ります。

①「少人数対面指導」教師が参考書を使って個々の生徒に指導
②「個別学習」パソコンで読解の練習問題
③「一人読書」READ 180のペーパーバックまたはオーディオブックを利用

　政府が運営する学習改善効果を分析するデータベースによれば、READ 180は読書スピードで平均12％、読解力で4％の改善効果が見られました。この結果からREAD 180の潜在的な効果は「中〜高」と評価されています。効果のほどは別にしても、このソフトが使われている規模の大きさがステーション・ローテーションの効果のほどを示しています。

その他のステーション・ローテーションまたは他のブレンディッド・ラーニングの事例に興味のある方は、クリステンセン研究所が提供しているデータベース Blended Learning Universe（BLU）をご参照ください。このサイトには、序章でご紹介した KIPP など複数の事例が掲載されています[14]（**ビデオ 3、4**）。

ビデオ 3: アライアンス・カレッジレディ・パブリックスクール（ステーション・ローテーション）

www.wiley.com/go/blended3

ビデオ 4: アスパイア・エレス・アカデミー（ステーション・ローテーション）

www.wiley.com/go/blended4

●ラボ・ローテーション（Lab Rotation）
　「ラボ・ローテーション」はステーション・ローテーションに似ていますが、生徒がオンライン学習をする時間はコンピュータ室へ移動する点が違います。別の教室で別のスタッフがオンライン学習を管理する目的は、クラス担任の手と教室のスペースを空けることです。コンピュータ室はこれまで何十年も使われてきましたが、今日のモデルの違う点は、コンピュータ室での自習内容を教室での授業と統合していることです。

サンノゼにあるロケットシップ校（Rocketship）が、最初にラボ・ローテーションを実践した学校だと言われています。この学校は、人種や社会経済環境によって生じる学力差を縮めるために、2006年に設立されました。目標は、外部の寄付などに頼らずに政府の助成金だけで都市部低所得層の小学生100万人の学力を伸ばすことでした。

　この目標を達成するために、学校創立者はラボ・ローテーションを編み出しました。学校で過ごす時間の25％は、コンピュータ室での要点基本のオンライン学習に費やされます。生徒の様子は、教師ではなく、モニターを通して監督します。残りの75％の時間は、教師が指導する通常教室で理数系科目を1コマと人文社会系科目を2コマ勉強します。このモデルによって、ロケットシップ校は通常の学校に比べて教員数を75％に削減することができ、教室スペースも通常の小学校の75％で足りるのです。さらに、教師は基礎要点の講義の時間をより応用的な問題や批判的思考の指導時間に充てることができます。

　創立からわずか3年で、ロケットシップ校の1号校は低所得者層が70％以上を占める学校のなかでは郡内トップ、カリフォルニア州内でも5番目にランクされるまでになりました。2号校も同様の成果を収めました。2011-12年度には、ロケットシップ校の生徒が算数の成績で優良または良をとった割合は、カリフォルニア州の高所得者層生徒が通う学校の平均よりわずか5％低いだけでした。ラボ・ローテーションの導入により、これほど学業格差を縮めることに成功したのです。1校当たり年間約50万ドルもの節約が実現しました。ただし実際には、出費が減ったわけではなく、浮いた資金は教師の給与を上げたり（周辺の平均より10～30％高い）、休暇を減らして開校日数を増やしたり、リーダーシップ研修を開催したり、教員研修の専門家を3、4人雇ったりするために使われています。クリステンセン研究所のBLUサイトには、この他にもラボ・ローテーションモデルの実践例が掲載されています（ビデオ5、6、7）。

●反転授業（Flipped Classroom）

　ローテーションモデルの3番目は、現時点でマスコミの注目を最も集めている「反転授業」です。名称は、典型的な教室の役割を引っくり返したことに由来します。生徒は、自宅（または学校）で独自にオンラインの授業ビデオを視聴します。教室では、これまで教師の講義に充てられていた時間を使って、必要に応じて教師の助けを借りながら「宿題」に取り組みます。

ビデオ 5: ミッション・ドローレス・アカデミー（ステーション・ローテーション）

www.wiley.com/go/blended5

 ビデオ 6: アベニューズ・ワールド・アカデミー（ステーション・ローテーション）

www.wiley.com/go/blended6

 ビデオ 7: ロケットシップ（ラボ・ローテーション）

www.wiley.com/go/blended7

どうしてこれが成績アップにつながるのでしょうか。ただ単に宿題と授業の時間が入れ替わっただけではありませんか。生徒は依然として講義から学び、そのオンライン授業の多くは単なる録画ビデオです。

その説明自体は正しいのですが、反転授業に隠された重要な意義を見逃しています。教室の授業では、分からないところがあっても生徒には他に頼る人がいません。教師は生徒のニーズに合わせて授業のスピードを遅くしたり速くしたり調節することはできますが、ある生徒には速すぎても他の生徒には遅すぎるという事態は避けられません。ところが、要点基本の説明部分をオンラインに移行することにより、生徒は各自の理解度に合わせてビデオを巻き戻したり早送りしたりすることができるのです。しかも、生徒はいつどこで視聴するのか決めることができるので、少なくとも理論的には生徒に学習の主導権があるのです。

オンラインで講義ビデオを見ることは、宿題で教材を読むことと大差ないように見えますが、少なくとも一つ大きな違いがあります。教室での時間が受動的な授業に費やされることはもうないという点です。その代わり学校では、演習問題を解いたり、議論をしたり、プロジェクトに取り組めるのです。こうして教室での時間は能動的な学習の時間となり、多くの研究が指摘するように、受動的な勉強よりはるかに効果的です。認知科学的に言えば、学習は短期的な記憶を長期的なものに置き換えるプロセスだそうです。能動的な学習が最も効果的であるという調査もあります。

2007年に初めて高校に反転授業を導入した2人の理科教員が、高校レベルでの反転授業の先駆者だと言われています。彼ら曰く「ポイントは、対面授業の時間をどう使うかです。教師が生徒の前に立っておしゃべりする、というのは私のやり方ではありませんでした。正解は、体験学習や事実の探究、またはプロジェクトベースの学習です」。こういった学習方法が最も効果的で意味があり、重要だという研究があります。

2013年にアイダホ州の学校が、カーン・アカデミーのビデオを使って反転授業を導入するために、基金から150万ドルの寄付を受けました。48校から12,000人の生徒がこの試験的なプロジェクトに参加しました。中学の数学の教師は、このプロジェクトによって教室で授業をする必要がなくなったと言っています。その代わりに、マンツーマンまたは少人数で生徒指導に当たるので

す。「ある意味、先生らしさが少なくなります。教師の役割を再定義する必要があります。自分ではグラウンドの外にいるコーチまたはチアリーダーだと思っています」。クリステンセン研究所のBLUサイトにも反転授業の事例が数多く掲載されています(ビデオ8、9)。

ビデオ8: ウッドランドパーク高校（反転授業）

www.wiley.com/go/blended8

ビデオ9: 韓国ドンピョン中学（反転授業）

www.wiley.com/go/blended9

● 個別ローテーション（Individual Rotation）

　ローテーションモデルの4番目が、「個別ローテーション」です。このモデルのモットーは「自分の方法を選べ」です。これは、序章で紹介したティーチ・トゥー・ワンと同じ考え方です。個別ローテーションでは、コンピュータまたは教師が生徒一人ひとりに個別カリキュラムを設定し、生徒は各自の個別カリキュラムに沿って学習モードを移動して回ります。個別ローテーションは、生徒が必ずしもすべての学習モードを回る必要はないという点で、他のローテーション・モデルとは異なります。当日の時間割が、各生徒ごとの課題リスト

に従って設定されるためです。

　ティーチ・トゥー・ワンでは、生徒は授業の終わりに毎回テストを受けます。コンピュータがその結果を分析して、生徒一人ひとりに翌日の最適な授業や教材を選びます。結果的に、毎日の時間割は生徒、教師それぞれに個別のものが仕上がります。理想は、データが集まれば集まるほど生徒の状況が把握され、生徒ごとに最も効果的な課題リストを予想できるように改良されることです。

　アリゾナ州ユマで創立され、今では複数の州で運営されているカルペ・ディエム校（Carpe Diem School）も、個別ローテーションの好例です。同校の創立者は、2003年に全校的なブレンディッド・ラーニングを考え出しました。カルペ・ディエムのユマ校の中央に位置する大教室には、コールセンターのようにパソコンが並べられていました。そこでは生徒は35分ごとにマイペースでオンライン学習したり、周辺の小部屋で教師から対面指導を受けるなど、異なる形式で学習を進めます。生徒は各自の課題リストを持ち、それに従って移動します。アシスタントの教師がソフトの使い方を教えてくれます。対面指導では、生徒がオンラインで学習した内容をベースに、応用問題に取り組めるよう教師が助けてくれます。

　アリゾナ州では、チャーター・スクールに支給される助成金は公立学校より生徒一人当たり平均で1,700ドル少ない額です。カルペ・ディエム校では、アシスタントを採用した分、正式教員が少ないため、ユマ校では生徒一人当たりの助成金6,300ドルのうち5,300ドルしか使っていません。余剰金のほとんどは、校舎建設費用260万ドルの返済に充当されています。校舎建設そのものも大きなコスト削減を実現しています。教室は、対面指導用の小部屋を5つつくっただけなので、生徒数が同程度の伝統的な学校の半分以下の教室数で済みました。近くにある伝統的なつくりの学校では、カルペ・ディエムのユマ校より生徒数がわずか200人多いだけなのに、建設費が1,200万ドルもかかりました。生徒一人当たりに換算すると、ユマ校の2.5倍以上です。

　個別ローテーションに転換してから4年後、カルペ・ディエム・ユマ校はアリゾナ州の統一テストにおいてほとんどすべての学年・科目で郡内トップの成績を収めました（ビデオ10）。ある経済誌は、同校を2009年アメリカのベストハイスクールのなかで「最も改善した高校」に選出しました。2010年には、数学で郡内トップの成績を残し、アリゾナ州内のチャーター・スクールのなか

でもトップ10%に入りました。USニュース誌は、同校に2010年のベスト高校部門で銅メダルを授与しました。

---

 ビデオ10: カルペ・ディエム・ユマ校（個別ローテーション）

www.wiley.com/go/blended10

---

この他にも多くの学校が、個別ローテーションの事例としてクリステンセン研究所のBLUサイトで紹介されています。

**フレックス・モデル（Flex Model）**

世界中で反転授業やオンライン学習が導入される以前から、主に単位補習クラスやオルタナティブ教育センターなど通常の授業以外で、ローテーション・モデルとは別のブレンディッド・ラーニングが開発されていました。カンザス州のウィチタ公立学校（Wichita Public Schools）は、2007-08年に学習ソフト会社と契約して、卒業単位が不足している生徒や退学者向けにオンラインコースを開設しました。地元のショッピングモールの一角を借りて、広々とした学習センターに改修しました。生徒は何時に来てもよく、正式な教員の指導のもとでオンラインのコースに取り組むことができました。1年もしないうちに、ここで449人の生徒が931コースを修了したのです。その学区としてはけっして少なくない数字でした。

これ以外の生徒にも学習機会を提供するために、オンライン学習の拡充が必要となりました。たとえば、発展コースへ進みたい生徒や学校外で勉強するならばと中退した生徒、夏期講習を必要とする生徒などへと対象範囲を拡げていったのです。このプログラムでは、オンラインの教材や指導にアクセスするには、キャンパスへ登校する義務がありましたが、時間割がきっちりと決められ

ているローテーション・モデルとは対照的に、生徒一人ひとりに合わせた柔軟な学習計画で進行できました。オンライン学習と少人数学習などの対面指導とを必要に応じて個別に選択できたのです。

　このようなモデルのことを「フレックス」と呼んでいます。対面で指導することも時にはありますが、オンライン学習が中心となるコースや科目を指します。担任の教師が教室に常駐し、宿題を除いて、生徒は主に学校の教室で学習を進めます。生徒は各自の必要に応じて学習コースを選びます。教師が側にいてサポートしてくれますし、関与の度合いはまちまちですが、多くのコースで学習内容の理解を深めるためにプロジェクトや討論を設定してくれます。

　ある教育研究者は、ローテーション・モデルは伝統的な教室にオンライン学習を追加したものであるが、フレックス・モデルはまずオンライン学習から始まって、必要に応じて対面指導を補完していると、2つのモデルの違いを指摘しています(27)（例外は個別ローテーションで、よりフレックス・モデルに近い）。

　フレックス・モデルの多くは、初めは中退者など標準的な教育課程から外れた非消費領域を対象にしていましたが、徐々に通常授業にも取り入れられ始めています。ミシガン州の改善強化学区では、最底辺5％の教育困難校の改善に取り組んでいます。使命は「伝統的な公立学校教育を破壊して、21世紀の教育と学習のモデルとなる」ことです。この目的のためにフレックス・モデルが導入されています(28)。

　デトロイトのノーラン小・中学校（Nolan Elementary-Middle School）では、一列に並んだ机を廃止して、テーブルとクッション、パソコンのワークステーションを導入しました。家具類は可動式で、グループに応じて自在に配置できます。ノーラン校は年齢ではなく習熟度別のグループ分けなので、こうした柔軟性が重要です。このモデルのベースになっているのが、生徒が自由に学習計画を立てて自分で管理し、自分の実力を実演や共通テストで証明し、市民としての資質・能力や学力の進捗状況を証明すれば進級可能な、達成度基準システムのソフトです。このシステムは、教師が生徒を監督して効果的に指導することを支援します(29)。ノーラン校の改善計画の初年度2013年末には、同校生徒の71％が読解力で1年分以上の改善を示し、算数でも61％で改善が見られました。ノーラン校はデトロイト市の124校のうち、読解力の成長率で第3位でした(30)。その他多くのフレックス・モデルの導入事例が、クリステンセン

研究所のBLUに掲載されています（ビデオ11）。

---

ビデオ11: サンフランシスコ・フレックス・アカデミー（フレックス）

www.wiley.com/go/blended11

---

### アラカルト・モデル（A La Carte Model）

　高校レベルでのブレンディッド・ラーニングの最も一般的なモデルは、「アラカルト」です。このモデルは、生徒が学校に通いながら、同時にオンラインも学習するあらゆるコースを含みます。たとえば、近隣の高校では中国語または物理のクラスが選択できないとします。これらのコースは、学校の通常授業とは別に、オンラインならば自習時間や放課後を使って勉強できます。生徒はオンライン学習と教室での通常授業を組み合わせて学習を進めているので、オンライン学習に対面指導は一切ありませんが、これは一種のブレンディッド・ラーニングといえます。アラカルトもフレックスと同じように、オフラインの時間を持つことはできます。しかし、両者の大きな違いは、アラカルトでは担任がオンラインの教師であるのに対し、フレックスの担任は対面指導の教師である点です。

　高校卒業までにオンラインのコースをとることを義務づける州が増え、アラカルト・モデルは各地に広がっています。2014年4月現在、アラバマ、アーカンソー、フロリダ、アイダホ、ミシガン、バージニアの6州で義務づけられています。この他にも、年間に一定数のオンラインコースの費用を補助するというかたちでアラカルト・モデルを推進している州もあります。ユタ州は、オンラインコースの受講費用補助を打ち出した最初の州です。2012年に開始して以降、通常授業の他に年間2コースまでオンライン学習が認められています

が、2016年までに6コースへ増やされる予定です。

　テキサス州カナディアンに住むエイブラハム一家の事例が、アラカルトが普及している理由を語っています。カナディアンはテキサス州の北端に位置する人口2,649人の田舎町です。非常に辺鄙な地域であるため、トム・ハンクス演じる男が砂漠で立ち往生する映画"*Cast Away*"（邦題『キャスト・アウェイ』）の撮影にも使われたほどです。エイブラハム家には子どもが8人おり、子どもが希望すれば一流大学へ通わせたいと願っていました。ところが、町で唯一の高校には生徒が206人しかおらず、一流大学を受験するのに必要な発展コースや外国語、選択科目などの授業が揃っていなかったので、進学どころか願書すら出せない状況だったのです。

　エイブラハム氏は地元の学校の評議委員を12年間務めて、地元の町だけでなく、テキサス州全体、とくに田舎町の生徒にアラカルト・コースを認めるべきだと強く主張しました。彼の言い分は少なくとも自分の子どもたちについては認められました。長女はハーバード大学へ入り、次男はノートルダム大学、3人目はスタンフォード大学へ進学しました。合格の理由には、地元の高校では履修できなかったスペイン語その他の上級コースをオンラインで学習できたこともあるのです。

### 通信制教育（Enriched Virtual）

　ブレンディッド・ラーニング4番目のモデルは、通信制教育です。このモデルでは、必ず対面学習の時間がありますが、それ以外はどこでも好きな場所でのオンライン学習が許されます。たとえば、火曜と木曜に登校する授業があれば、それ以外の曜日は学校でもどこでもオンラインで学習することが認められています。学習の進捗状況により対面指導の頻度を変えることもあり、遅れている生徒は登校頻度が高くなる場合もあります。

　反転授業との違いは、通信制教育では毎日教師と顔を合わせることはない点です。完全なオンライン学習との違いは、このモデルには選択活動や年間行事の他にも登校して授業を受ける義務があることです。

　通信制教育の多くが、最初はオンライン学習コースのみでした。しかし、生徒にはより多くのサポートが必要であることに気づいて、対面指導を追加し、安全で静かな場を提供するブレンディッド・ラーニングを開発しました。その

好例が、ペンシルベニア州の生徒数9,000人のバーチャルなチャーター・スクールであるコモンウェルス・コネクションズ・アカデミー（Commonwealth Connections Academy）です。同校は、2003年にバーチャル・スクールとして開校しましたが、生徒数が増えるにつれて、一部の生徒がオンライン学習に困難を訴えるようになりました。補助金を出しても自宅でのネットアクセスが不安定であったり、孤独感に悩む生徒もいました。多くの生徒が対面で指導を受ける場所を必要としたのです。そこで同校では、教師と生徒が集える校舎を建設しました。

　2012年に、オンライン、オフラインの両方で学習したい生徒のために、最初のセンターをフィラデルフィアに建設し、困っている生徒に利用するよう呼びかけました。2013-14年度には150人ほどの生徒が入学し、各自の都合で午前または午後、週に2～4日通ってきます。常駐スタッフは15～17人の生徒を担当し、アドバイザーとして行動します。月曜から金曜まで開校していますが、金曜日は早めに閉校してスタッフの重要な業務である翌週の時間割準備の時間として使います。金曜午後の会議では、各生徒のデータを分析して予定の変更が必要な生徒はいないか議論します。変更が必要な場合は担任の教師に連絡し、担任の教師は何曜日にどの教師と面談するかも含めて、翌週の変更点をメールか電話で生徒に知らせるのです。

　同校のすべての生徒には、科目ごとに担任の教師がつきます。センターにも通う生徒には、教科担任の教師の他に、もう一人担当教師がいます。数学・英語の学習では、一人の教師が7～8人の生徒を受け持ち、必要に応じて補習を実施してから達成度を確認する小テストを実施します。また、マンツーマンのサポートが必要な生徒のために、金曜午前は相談時間になっています。学習カフェで理科、社会、外国語、選択科目を学習する生徒には、「成功コーチ」がついてマンツーマンまたは少人数で指導が受けられます。成功コーチとは、担当科目の専門家で、実務経験があり修士号を持っていますが、教員免許は保有していません。教師たちの関係は緊密です。担任はオンラインの教師ですが、対面指導の教師も重要なサポート役を担っているからです。

　このフィラデルフィアのセンターでは、生徒に公共バスの定期券を支給しています。このセンターの対面指導のために、近隣の郡から通って来る生徒もいます。このセンターが通信制教育の生徒に通学の動機を与えているのです。オ

ンライン学習がメインでありながら居場所も必要だという生徒に対して、対面指導と物理的な居場所を提供しているのです。この他の通信制教育の導入例は、クリステンセン研究所BLUのサイトを参照してください（**ビデオ12**）。

 ビデオ12: インパクト・アカデミー（通信制教育）

www.wiley.com/go/blended12

## 4. ブレンディッド・ラーニングのモデルを組み合わせる

　ブレンディッド・ラーニングの各モデルの定義は、何度も修正して、できるだけ広範囲にカバーするようにしました。ご紹介したモデルは、現存するすべてのブレンディッド・ラーニングをカバーできるよう努力しました。各モデルは相互に排他的ではありません。複数のモデルを組み合わせている学校も多くあります。混合アプローチです。

　反転授業とラボ・ローテーションを組み合わせている学校もあります。生徒は自宅でオンライン学習をして、学校ではコンピュータ室でも勉強します。フレックスと通信制教育を組み合わせている学校もあります。第8章の終わりに、モデル混合型を詳しく紹介しています。一般的に、ローテーション、フレックス、アラカルト、通信制教育のいずれか一つのモデルにすべておさまらなければ、混合型です。さらに、一つの学校でさまざまな生徒層に対応して、複数のモデルや混合モデルを同時に提供している例もあります。

# 1 章のまとめ

- アメリカの生徒の9割以上は、自宅外での保護監督が必要です。彼らを対象に、従来の授業にオンライン学習を組み込む学校が増加しています。

- ブレンディッド・ラーニングとは、授業の少なくとも一部はオンラインで学び、学習の時間、場所、方法またはペースを生徒自身が管理し、一部は監督された従来の教室で学ぶ教育プログラムです。一つのコースまたは科目における各生徒の学習内容は、学習プログラム全体に統合されます。

- ブレンディッド・ラーニングは、技術を濫用するだけの教育とは異なります。ブレンディッド・ラーニングでは、学習の時間、場所、方法またはペースの少なくとも一部は生徒自身が管理するのに対し、単なるテクノロジー装備の授業は、学習活動が標準化されています。

- 初等中等教育におけるブレンディッド・ラーニングには、ローテーション(ステーション・ローテーション、ラボ・ローテーション、反転授業、個別ローテーション)、フレックス、アラカルト、通信制教育の4つのモデルがあります。

- 多くの学校がブレンディッド・ラーニングのモデルを複数組み合わせています。

- クリステンセン研究所のブレンディッド・ラーニング・ユニバース(www.blendedlearning.org)は有効なデーターベースです。

## ☞演習問題

☐ 自分が中学生だとすると、テクノロジーで囲まれた授業がよいか、それともブレンディッド・ラーニングを希望するか。双方のメリット・

デメリットは何か。

- [ ] 対面指導を最も有効に活用する方法は何か。反転授業の発明者によれば、それは教師が生徒たちの前に立って話すことではなく、直接指導や質問ベースまたはプロジェクト・ベース学習である。この定義に対して、賛成（1）から反対（5）まで5段階で点数をつける。

- [ ] フレックス・モデルの長所・短所は何か。どのような環境であればフレックス・モデルがうまく機能すると思うか。また失敗する可能性が高い状況は何か。

- [ ] 仮に明日から外国語をブレンディッド・ラーニングで学習するとすれば、どのモデルを使いたいか。

〈注釈〉

① "Fact Pack," Khan Academy, April 1, 2014, https://dl.dropboxusercontent.com/u/33330500/KAPressFactPack.pdf

② Interview with Francie Alexander, Chief Learning Officer, Scholastic, Inc., September 6, 2013.

③ John Watson, Amy Murin, Lauren Vashaw, Butch Gemin, and Chris Rapp, *Keeping Pace with K-12 Online & Blended Learning: An Annual Review of Policy and Practice, 2013*, Evergreen Education Group, http://kpk12.com/cms/wp-content/uploads/EEG_KP2013-lr.pdf, p. 17.

④ 前著『教育×破壊的イノベーション』の推定では、2008年までの20-30年間に、600億ドルを優に超える資金が学校に投じられ、教室にコンピュータが実装された。以下参照。Clayton M. Christensen, Michael B. Horn, and Curtis W. Johnson, *Disrupting Class* (New York: McGraw Hill, 2011), p. 81. レキシントン研究所のショーン・ケネディによれば、ここ数年の投資も考慮すれば、金額は1,000億ドルに達する。以下参照。Sean Kennedy, "School Tech Plan Unlikely to Help Blended Learning," Lexington Institute, May 9, 2013, http://www.lexingtoninstitute.org/school-tech-plan-unlikely-to-help-blended-learning/?a=1&c=1136（アクセス確認日：2014年4月10日）.

⑤ Christensen, Horn, and Johnson, *Disrupting Class*, p. 98.

⑥ Heather Staker, *The Rise of K-12 Blended Learning: Profiles of Emerging Models*, Clayton Christensen Institute and Charter School Growth Fund, May 2011, http://www.christenseninstitute.org/wp-content/uploads/2013/04/The-rise-of-K-12-blended-learning.emerging-models.pdf, p. 93.

⑦ Michael B. Horn and Heather Staker, "The Rise ofK-12 Blended Learning," Clayton Christensen Institute, January 2011, http://www.christenseninstitute.org/wp-content/uploads/2013/04/The-rise-of-K-12-blended-learning.pdf, p. 2.

⑧ カリフォルニア州での調査によれば、初等中等教育でブレンディッド・ラーニングが急速に普及している。2012年～2014年のブレンディッド・ラーニング導入率は、一般の公立学校において43％増加し、チャーター・スクールでは287％という大きな伸びを記録した。全体では、ブレンディッド・ラーニングを経験した生徒数は2年間で74％増えた。Brian Bridges, "California eLearning Census:Increasing Depth and Breadth," California Learning Resource Network, April 2014, http://www.clrn.org/census/eLearning%20Census_Report_2014.pdf.

⑨ 当初はネット販売のみでスタートし、のちに実店舗をオープンした企業の例としては、眼鏡小売りのWarby Parker、婦人ファッションのPiperlime、美容品のBirchboxがある。Hilary Stout, "Birchbox, Seller of Beauty Products, Steps Out From Web With a Store," *The New York Times*, March 23, 2014, http://www.nytimes.com/2014/03/24/business/birchbox-seller-of-beauty-products-steps-out-from-web-with-a-store.html?_r=1（アクセス確認日：2014年4月10日）.

⑩ トム・ヴァンダー・アークの言うブレンディッド・ラーニングの特徴に賛同する。「単に生徒全員にデバイスを配って高度な接続環境を確保するだけでなく、ブレンディッド・ラーニングは学習効率を上げるため一部の授業を意図的にオンライン指導に移行している」。Digital Learning Now!, Blended Learning Implementation Guide 2.0, September 2013, http://learningaccelerator.org/media/5965a4f8/DLNSS.BL2PDF.9.24.13.pdf, p. 3.

⑪ フロリダ・バーチャル・スクールは、「学びは継続的な行為であり、教室の中や時間割の枠に閉じ込められるべきではない」という教育哲学を反映した「いつでも・どこでも・何でもマイペースで」をオリジナルのモットーとして商標登録している。このモットーは、オンライン学習が生徒に与える固有の教育的なメリットをつかんでいる。以下参照。Katherine Mackey and Michael B. Horn, "Florida Virtual School: Building the

First Statewide, Internet-based Public High School," Clayton Christensen Institute, October 2009, http://www.christenseninstitute.org/wp-content/uploads/2013/04/Florida-Virtual-School.pdf, p. 3.
⑫READ 180 は、2010 年まではオンラインでなく CD またはハードにインストールして使用するソフトであったため、厳密にはブレンディッド・ラーニングであったとは言えない。しかし、生徒たちは 1998 年当初から READ 180 ソフトと対面指導の間をローテーションしていたため、実質的にはブレンディッド・ラーニングと同じ体験であった。
⑬"READ 180," What Works Clearinghouse, Institute of Education Sciences, October 2009, http://ies.ed.gov/ncee/wwc/pdf/intervention_reports/wwc_read180_102009.pdf.
⑭IanQuillen, "Los Angeles Empower Academy First School in KIPP Network to Embrace Blended Learning," *Huffington Post*, November 20, 2012, http://www.huffingtonpost.com/2012/11/20/la-school-first-in-kipp_n_2166918.html（アクセス確認日：2012 年 9 月 10 日）.
⑮ロケットシップ・エジュケーションに関する記述は、ヘザー・ステイカーのレポートに掲載されたチャータースクール・グロスファンドのエリック・チャンの資料に基づく。Heather Staker, *The Rise of K.12 Blended Learning*（注釈⑥参照）, pp. 131-133.
⑯Sharon Kebschull and Joe Ableidinger, "Rocketship Education: Pioneering Charter Network Innovates Again, Bringing Tech Closer to Teachers," Opportunity Culture, Spring 2013, http://opportunityculture.org/wp-content/uploads/2013/07/Rocketship_Education_An_Opportunity_Culture_Case_Study-Public_Impact.pdf?utm_content=mhorn%40innosightinstitute.org&utm_source=VerticalResponse&utm_medium=Email&utm_term=Rocketship%20Education%3A%20Pioneering%20Charter%20Network%20Innovates%20Again%2C%20Bringing%20Tech%20Closer%20to%20Teachers&utm_campaign=Rocketship%20Education%3A%20Bringing%20tech%20closer%20to%20teacherscontent（アクセス確認日：2013 年 7 月 31 日）.
⑰反転授業に関する記述は、次のマイケル・ホーンの記事から抜粋。"The Transformational Potential of Flipped Classrooms," *Education Next*, Summer 2013, Vol. 13, No. 3, http://educationnext.org/the-transformational-potential-of-flipped-classrooms/（アクセス確認日：2013 年 9 月 10 日）.
⑱Craig Lambert, "Twilight of the Lecture," *Harvard Magazine*, March-April 2012, http://harvardmagazine.com/2012/03/twilight-of-the-lecture（アクセス確認日：2012 年 9 月 10 日）.

⑲ 前項と同じ記事では、ハーバード大学の物理学教授エリック・マズローについても言及している。彼は、1990年以来大学において反転授業を積極的に導入してきた。同教授によれば、教育は2段階プロセスであるという。まずは情報を伝達し、そして情報を理解・消化させること。「標準的なアプローチでは、教室の中に重点が置かれて、教室の外で生徒自身がやることは二の次である」。「合理的に考えれば、それをひっくり返して教室外の行動に重点を置いて、教室の中は2番目にすべきである」。さらに、認知科学の研究によれば、関連資料に当たる、資料を一貫した文書にまとめる、そしてそれをすでに持っている知識と結合させるなど、「能動的加工」が学びの重要なカギである。以下参照。Ruth Colvin Clark and Richard E. Mayer, *e-Learning and the Science of Instruction: Proven Guidelines for Consumers and Designers of Multimedia Learning* (San Francisco: Wiley, 2008), p. 36. 次も推奨する。Susan A. Ambrose, Michael W. Bridges, Michele DiPietro, Marsha C. Lovett, and Marie K.Norman, *How LearningWorks: Seven Research-Based Principles for Smart Teaching* (San Francisco: Wiley, 2010), p. 132. 能動的な読書の重要性に関する調査について触れている。

⑳ Stephen Noonoo, "Flipped Learning Founders Set the Record Straight," *THE Journal*, Jun. 20, 2012, http://thejournal.com/Articles/2012/06/20/Flipped-learning-founders-q-and-a.aspx?Page=1（アクセス確認日：2013年9月10日）。反転授業の方法論について詳細は以下参照。Jonathan Bergmann and Aaron Sams, *Flip Your Classroom: Reach Every Student in Every Class Every Day* (Washington, DC: International Society for Technology in Education, 2012).

㉑ Adam Cotterell, "48 Idaho Schools 'Flip the Classroom' and Pilot Khan Academy Online Learning," September 3, 2013, http://boisestatepublicradio.org/post/48-idaho-schools-flip-classroom-and-pilot-khan-academyonline-learning（アクセス確認日：2013年9月10日）。

㉒ 韓国における反転授業については、以下参照。Michael B. Horn, "Busan Schools Flip Korea's Society, Classrooms," *Forbes*, March 25, 2014, http://www.forbes.com/sites/michaelhorn/2014/03/25/busan-schools-flipkoreas-society-classrooms/（アクセス確認日：2014年4月10日）。

㉓ ジョエル・ローズがスクール・オブ・ワン（後のティーチ・トゥー・ワン）でこのスローガンを繰り返した理由は、以下参照。Staker, *The Rise of K.12 Blended Learning*（注釈⑥参照), p. 140.

㉔ "Carpe Diem: Seize the Digital Revolution," Education Nation, http://www.educationnation.com/casestudies/carpediem/（アクセス確認日：2013年9月10日）。

㉕ Nick Pandolfo, "In Arizona Desert, A Charter School Computes," NBC News.

com, Sep. 22, 2012, http://www.nbcnews.com/id/48912833/ns/us_news-education_nation/t/arizona-desert-charter-school-computes/#.Ui_XjcakqYw（アクセス確認日：2013年9月10日）.

㉖ Katherine Mackey, "Wichita Public Schools' Learning Centers: Creating a New Educational Model to Serve Dropouts and At-Risk Students," Clayton Christensen Institute, March 2010, http://www.christenseninstitute.org/wpcontent/uploads/2013/04/Wichita-Public-Schools-Learning-Centers.pdf.

㉗ Tom Vander Ark, "Flex Schools Personalize, Enhance and Accelerate Learning," Huffington Post, February 9, 2012, http://www.huffingtonpost.com/tom-vander-ark/flex-schools-personalize-_b_1264829.html（アクセス確認日：2013年9月11日）.

㉘ Next Generation Learning Challenges, "Grantee: Education Achievement Authority of Michigan," http://nextgenlearning.org/grantee/education-achievement-authority-michigan（アクセス確認日：2014年4月10日）.

㉙ Agilix, "Educational Achievement Authority (EAA) of Michigan: Disrupting Education in Persistently Low Achieving Schools," case study, http://agilix.com/case-study-buzz-eaa/（アクセス確認日：2014年4月10日）.

㉚ Next Generation Learning Challenges（注釈㉘参照）.

㉛ これはカリフォルニア州のデータに基づくため、同州におけるブレンディッド・ラーニングのモデル別割合が他の州でも同様であるとの仮定のうえに立っている。カリフォルニア州の2014年の調査では、59％の公立高校がアラカルト・モデルを導入している。通信制教育が53％、フレックス・モデルが32％、ローテーション・モデルが29％と続く。Brian Bridges, "California eLearning Census: Increasing Depth and Breadth," California Learning Resource Network, April 2014, http://www.clrn.org/census/eLearning%20Census_Report_2014.pdf. 私たち自身のオンライン学習の進化に関する調査および破壊的イノベーション理論からも、全米でだいたい同じような傾向にあると確信している。

㉜ コモンウェルス・コネクション・アカデミー（CCA）に関する記述は、CCAディレクターのダウナ・ソーントンとのインタビューに基づく。Connections Learning, May 30, 2014.

〈訳注〉

① イギリスの童話「3匹のくま」の主人公の少女名。彼女は熊の家に迷い込むが、熱すぎず冷たすぎず、ほどよい温かさのスープを飲み、硬すぎず柔らかすぎず、ほどよい寝心地の

ベッドで眠り込んでしまう。熊が戻りベッドの少女を発見するが、目覚めた彼女は驚き慌てて逃げ出す。何事も中庸が一番だが、そうした状態は長続きしないことを暗示。

② Enriched Virtual とは、もともとは完全な virtual、すなわちオンライン学習のみで成り立つプログラムとしてスタートしたものであるが、教師や他の生徒から隔絶された状態で学習を続けることに疎外感を訴える生徒が出現したことにくわえ、対面指導の有効性も認められることから、一定の頻度または生徒側の都合で通学できる場所を追加（enrich）したもの。スクーリング義務のある日本の通信制高校と似通っていることから、「通信制教育」との訳を当てている。

# 第2章

## すべての教室が
## ブレンディッド・ラーニングに代わるべきか？

　ブレンディッド・ラーニングはなかなか有効な選択肢のようですが、誰にでも効果があるのでしょうか？　ニューヨーク州北部の校長、教育長との会合で、富裕層の多い郊外の教育長が私たちに疑問を投じてきました。ブレンディッド・ラーニングは底辺校の低学力生徒には非常に有効ですが、成功している高レベルの学校も、これまで積み重ねた評判や信用を失いかねないリスクを冒してまでわざわざ新しい指導や学習法を取り入れる必要があるのでしょうか、と。

　他の業界でも過去に同じように考えた経営者はたくさんいました。世界初の商業用蒸気船が1807年にハドソン川を航行したとき、性能的にはほぼすべての面で大西洋航路を走る帆船にはかないませんでした。当時の蒸気船はコストは高く、スピードは遅いうえ、故障しやすかったのです。海の怖さを知っている船員たちは、蒸気船の話を聞いても、従来の安定した帆船にかなうわけがないと相手にしませんでした。蒸気船が有効なのは、風に逆らって航行したり風が吹かない狭い湖や川といった比較的短距離だけで、広い大西洋を横断するには帆船しかないと信じていたのです。

　1980年代半ばに最初のパソコンが発売されたとき、アメリカのコンピュータ会社DECの経営陣も同様に思ったことでしょう。簡単で安っぽいパソコンは、子どものおもちゃか趣味に使うにはよいけれども、本格的なミニコンピュータやメインフレーム・コンピュータを業務上使用している先進的な企業や大学の要求には応えられないだろうと考えたのです。実際、最初のパソコンはDECのミニコンよりあらゆる面で性能が劣っていました。処理スピードは非常に遅く、メモリ容量も限られ、同時に複数の作業をこなせませんでした。パソコンはDECの顧客には全く合わなかったのです。

今振り返れば、蒸気船もパソコンも破壊的イノベーションの好例であることは明らかです。あらゆる破壊的イノベーションと同様に、蒸気船もパソコンも徐々に改良されて、大多数の消費者が既存システムから乗り換えるのに十分なほど性能が向上したのです。仮に帆船メーカーやDECの経営陣が未来を見通せていたら、それぞれの業界で拡大する破壊的な変化を見て、トップに君臨し続けるための策を施したことでしょう。

　イノベーション理論を理解することは、未来が見える眼鏡をかけてイノベーションが進化する道を予測するようなものです。眼鏡をかければ、既存システムを持続するイノベーションもあることが分かります。そうした持続的イノベーションは、既存顧客が高く評価するすばやい方法で、以前よりうまく作業ができるようにします。長持ちするバッテリー、飛行距離の長いジェット機、解像度の高いテレビなどは、すべて持続的イノベーションの例です。一方、破壊的イノベーションは、初めは単純な機能しか必要としない顧客または他に選択肢のない顧客層から始まり、時間とともに上位層市場に食い込んでいくのです。重要な点は、破壊的イノベーションがいずれは市場の大半を占めるようになるということです。

　同じような眼鏡をかけて、ブレンディッド・ラーニングの未来を予測してみましょう。ブレンディッド・ラーニングは、従来の教育に大きな改良・改善を加える持続的イノベーションでしょうか？　それとも、未来の教室へと本質的に転換する破壊的イノベーションでしょうか？

　これに対する答えは、教育の未来に関する無数の課題に影響します。第一に、ブレンディッド・ラーニングを実践するにあたり、問題のない学校は破壊的イノベーションとは大きく異なる持続的イノベーションから始めるでしょう。第二に、学校の設計に影響します。持続的イノベーションは既存の設計を改修するだけなのに対して、破壊的イノベーションは教師の役割、設備、学習内容について全く新しい考え方を用います。第三に、影響度の大きさが異なります。持続的イノベーションは従来型の授業をただ改良するだけですが、破壊的イノベーションは学校制度全体を個別化し、達成度基準で、アクセスが容易な、コストの低いシステムへと転換するのです。最後に、戦略にも影響します。当然ながら破壊的イノベーションはいずれ既存のシステムに取って代わります。もしもブレンディッド・ラーニングが同じような破壊的イノベーションの道を進

むとすれば、このことを知っておいて損はないでしょう。

## 1. ハイブリッド理論

　今から200～300年前、造船会社も同じ課題に直面しました。その当時は、風力を利用した帆船で航海していました。蒸気エンジンは、発明された当初は未熟な技術でした。帆船に比べて価格は高く、安定性に問題があり、そのうえ効率が悪くて十分な燃料を積み込めなかったため、大西洋を横断することはできませんでした。しかし、風がなくても動力を供給できる蒸気エンジンは、狭い川や湖の船乗りたちには魅力的でした。その結果、蒸気船は内陸航海市場で最初に破壊的イノベーションの足場を築いたのです。蒸気船はアメリカ国内の川や湖を埋め尽くしていきました。

　その一方で、大西洋横断航路の帆船の製造に特化していた古い造船会社は、蒸気船という新しい技術を指をくわえて見ていたわけではありません。彼らが蒸気を利用できそうな唯一の可能性は、それまでの主要顧客である大西洋航路の帆船でした。より大きくて利益の出る大西洋横断用の船をつくる機会に恵まれていたため、内陸航路の運行会社にはほとんど注目しなかったのです。しかし、造船会社は蒸気を完全に無視することもできずに、妥協点を模索しました。そうしてたどりついた解決策が、蒸気と風力を組み合わせた「ハイブリッド」です。1819年に、蒸気と風力のハイブリッド船「サバンナ号」が最初の大西洋横断に成功しました。実際には、全行程633時間のうち蒸気を利用したのは80時間だけだったのですが。風が凪いでいるときや向かい風のときには、蒸気が重要な役割を果たしましたが、長距離のメイン動力としては使えなかったため、依然として風力は欠かせませんでした。

　帆船メーカーは、破壊的イノベーションである蒸気船の市場に本格的には参入しませんでした。そして結局はそのつけを払うことになるのです。1900年代初頭には、帆船会社には魅力的でなかった内陸航路から事業を始めた蒸気船会社は、大西洋航路にも進出し、多くが帆船から蒸気船に乗り換えたため、帆船会社は一つ残らず廃業に追いこまれたのです。

　この実例は、破壊的イノベーション理論には付きもののハイブリッド理論をよく表しています。つまり理論上は、破壊的な技術が出現すると、業界トップ

企業はその新しい技術を利用したいと願うのですが、性能が顧客を満足させるほど十分でないため、ハイブリッドを開発するのです。ハイブリッド製品は、古い技術と新しい技術を融合した、いわば「いいとこ取り」で、顧客にプレミアムのついた値段で提供できるからです。

しかし最終的には、ハイブリッド製品による解決策が業界を破壊することはありません。むしろ、トップ企業が中核市場により効果的かつ高価格で製品を提供して生き残ることを可能にするのです。したがって、ハイブリッドは一種の持続的イノベーションです。一方、真の破壊的イノベーションは市場の下層領域または非消費領域から始まりますが、上位層の顧客のより複雑な要求に応えるよう改良を重ねて、最終的にはハイブリッド製品を凌駕するのです。手ごろな価格、利便性、容易な入手、単純操作といった面で破壊的な価値を創造しつつ、十分な性能も持つようになるのです。

ハイブリッド理論で留意すべき点は、ハイブリッド技術は破壊的イノベーションの一面を持ちつつも、破壊的イノベーションにはなりえない、ということです。

## 2. ハイブリッド理論と自動車業界

ハイブリッド理論は、さまざまな業界の未来を予測するのに役立ちます。たとえば自動車業界では、電気自動車はガソリン車に対する破壊的イノベーションと位置づけられます。電気自動車は、1回の充電による走行距離が短く、ガソリン車ほどスピードも出せません。高価な電気自動車は富裕層に人気がありますが、破壊的イノベーション理論によれば電気自動車を最初に売り込むべき先は、電気自動車の弱点がむしろ歓迎される非消費領域です。シニア層や、保護者がスピードの出しすぎや遠乗りを望まない10代の若者などです。実際にこの2つの市場で電気自動車が売れ始めています。

しかし、電動エンジンはハイブリッド車として自動車産業により大きな影響を与えています。ガソリンと電気を組み合わせたトヨタのプリウスは、市場に投入された最初のハイブリッド車です。ガソリン燃費のよさから多くのドライバーが殺到しました。最終的には完全な電気自動車が自動車産業を席巻すると予想されますが、当面は、ハイブリッド車によってガソリン車とそのメーカー

は生き延びるでしょう。

## 3. 破壊的イノベーションへの引き延ばし

　ハイブリッド理論で、写真から小売まで、多くの業界の進化が説明できます。⁶⁾一つ留意すべき事例は、商業銀行の進化パターンです。この業界における破壊的イノベーションは、顧客がすべての取引をおサイフケータイやネット銀行で実行することです。⁷⁾しかし実店舗を構える伝統的な銀行は、ネット取引と店頭取引を組み合わせたハイブリッド解決策で紙幣の両替や預金、小切手の換金などのサービスを提供しています。なぜATMやネット銀行、おサイフケータイが有人店舗を完全に駆逐しないのか、不思議に思う人もいるかもしれません。結局、現在の商業システムではいまだ重要な要素である紙幣や貨幣の取り扱いに関して、有人店舗が価値ある役割を果たしているのです。ATMやおサイフケータイが、そうした機能を100％代替できるにはまだ至っていません。破壊的イノベーション理論によれば、将来的に電子マネーが紙幣・貨幣と完全に入れ替われば、ほとんどの有人店舗、あるいは少なくとも窓口業務は時代遅れになるでしょう。破壊的な技術が出現しているにもかかわらず、従来型の銀行が生き延びている状況は、初等中等教育において起こっていることと重大な類似点を喚起させます。

## 4. ブレンディッド・ラーニングは破壊的イノベーションか？

　ハイブリッド理論に加えて、全米で進行中の何百ものブレンディッド・ラーニングが、それは破壊的イノベーションなのか持続的イノベーションなのかについて手がかりを示しています。今のところ、答えは「両方」です。ハイブリッドの持続的イノベーションの特徴をよく表しているブレンディッド・ラーニングもあります。従来型の教室の未来を明るくするような改善をしていますが、破壊するまでには至りません。一方、明らかに破壊的イノベーションの特徴を有しているモデルもあります。しかしながら、本章後半で説明しますが、それらのモデルも「学校」全体を破壊するのではなく、学校の中で従来型の「教室」を破壊するにとどまっています。

図2-1はハイブリッド型と破壊型のブレンディッド・ラーニングの区分けを示しています。ハイブリッド型は従来型の教室を維持し、破壊型は教室を全く別のものに置き換えます。

ブレンディッド・ラーニングの将来像を予測したい人々にとって、この違いは注目すべきポイントです。

**図2-1　ブレンディッド・ラーニングのハイブリッド・モデルと破壊的モデル**

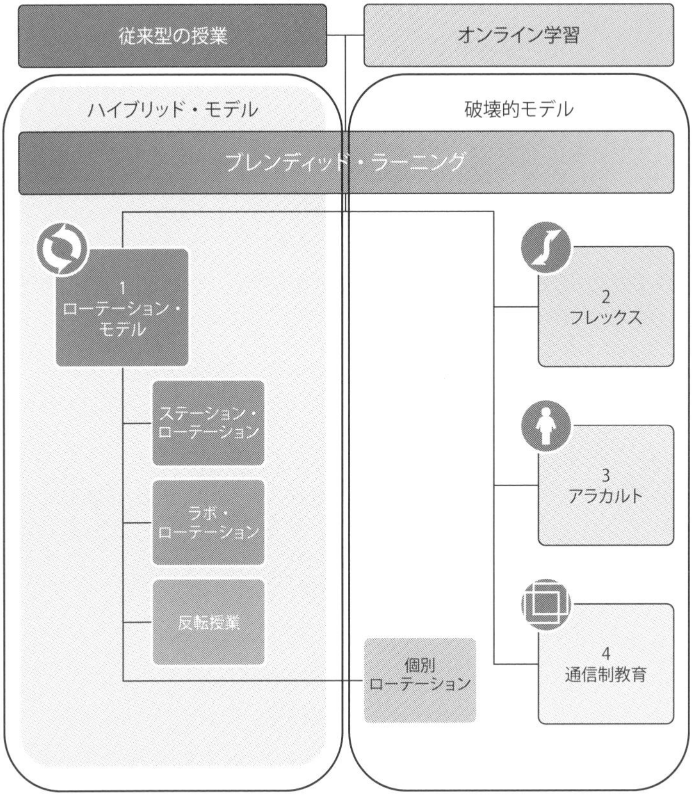

```
                従来型の授業              オンライン学習

         ハイブリッド・モデル          破壊的モデル

                   ブレンディッド・ラーニング

              1                            2
         ローテーション・                 フレックス
             モデル

         ステーション・                    3
         ローテーション                 アラカルト

         ラボ・
         ローテーション                   4
                                      通信制教育
         反転授業

                       個別
                       ローテーション
```

## 5. ハイブリッド型ブレンディッド・ラーニング

従来型の教室を担当する教師は、いくつかの点で帆船メーカーやトヨタ、実

店舗を持つ銀行の経営陣に似通っています。オンライン学習の出現を認識してはいるものの、それが中核をなす一般生徒のニーズに対して従来型の授業ほどには応えていないため、そのままの形で導入することを躊躇しています。そこで考え出されたのが、従来型の授業とオンライン学習の「いいとこ取り」をしたハイブリッド型です。教育界では他の業界と同様、技術そのものよりも技術が取り入れられたモデルがより大きな影響を持ちます。

一般的にブレンディッド・ラーニングには3つのモデルが採用されています。他の産業でハイブリッドが導入されたのと似たパターンで、ステーション・ローテーション、ラボ・ローテーション、そして反転授業です。このパターンには次の4つの特徴があります。

### ①新旧両方の技術を活用

蒸気船サバンナ号は、風力と蒸気エンジンの両方を使いました。トヨタのプリウスは、ガソリンと電気の両方で動きます。銀行の顧客は、実店舗でもネットでも取引をすることができます。

それと同様に、ステーション・ローテーション、ラボ・ローテーション、反転授業というブレンディッド・ラーニングのモデルは、新旧両方の技術を組み合わせています。設備、教師の役割、基本的な指導法などは従来型の教室の大枠を維持しつつ、同時にオンライン学習を導入しています。これは「いいとこ取り」の手法とよく言われます。

たとえば序章でご紹介したKIPPでは、従来型の教室とオンライン学習の両方を使ってステーション・ローテーションを実践しています。教室の壁を取り払ったり、対面での直接指導を廃止したり、時間割を大きく変更したりなどはしていませんので、この点では従来どおりだと言えます。同時に、授業の中心的要素の一つとしてオンライン学習を取り入れていますので、革新的でもあります。⑧

ステーション・ローテーション、ラボ・ローテーション、反転授業ではいずれもこうした組み合わせを導入しています。従来型の授業にオンライン学習を組み入れて、両方のよい点を利用しているのです。ところが破壊的イノベーションは、本章後半で触れますが、従来の手法を一切排除しています。

### ②既存顧客を対象

帆船メーカーは、ハイブリッド蒸気船サバンナ号を大西洋横断航路を運行す

る既存顧客のために造ったのであり、内陸水路で貨物を運搬する船会社を対象にしたわけではありません。トヨタのプリウスは高速道路を走る一般のドライバーをターゲットにしているのに対し、破壊的な電気自動車はまずシニア層に最も受け入れられました。一般的に、ハイブリッドモデルは既存顧客の満足度を高めるために開発されるのであって、他に選択肢のない非消費領域を対象としているわけではありません。したがって、ハイブリッドは持続的イノベーションだと言えるのです。

　ブレンディッド・ラーニングのハイブリッド型も全く同じです。実際、ローテーション・モデルは、通常の授業で主要科目を勉強する一般の生徒を対象に開発され、これまでも数十年にわたり学校の通常の授業で実践されてきました。ただ単にブレンディッド・ラーニングにしてオンライン学習を組み込んだだけです。そのうえ、ブレンディッド・ラーニングのローテーション・モデルの多くは、数学や読解といった主要科目に導入されているのであって、新規のコースとして導入されたわけではありません。

③**顧客の要望は現行システムでの性能向上**

　ハイブリッド蒸気船サバンナ号の設計者は、大西洋横断航路をより快適なものにするために蒸気エンジンを使いました。対照的に、最初に100％蒸気を使う船を製造した造船会社は、主な対象を外洋航行にしませんでした。彼らにとって重要だったのは、風向きがよくないときに内陸航路で進むことのできる性能だったのです。成功する破壊的イノベーションは現行システムに挑戦するのではなく、新しい技術に価値を見出してくれる新たな市場を見つけるのです。

　この点において、ブレンディッド・ラーニングのハイブリッド型も他の産業と同じです。生徒を規定の時間だけ席に座らせるなど、従来のクラスのやり方は踏襲しています。従来の手法に基づいて、授業をより効率的にするための持続的改良なのです。

　たとえば典型的な反転授業では、生徒は放課後、主に自宅で端末を使ってビデオを視聴して、理解度確認のテストを受けます。学校では、先生と対面で演習をこなして応用問題に取り組みます。反転授業は、簡便さや利便性といった新しい物差しでは効果を測れません。オンライン学習を使って、従来型の授業をより効率的に遂行する持続的イノベーションに過ぎないのです。

　対照的に真の破壊的イノベーションは、生徒を規定の時間どおりに座らせる

といった従来型の作業は対象としません。全くの正反対です。ブレンディッド・ラーニングの破壊的モデルは、各生徒が完全にマイペースで各学習モード間を移動し、着席時間も完全に自由化されているという点で優れているのです。理想的には、従来型の授業とは全く違う物差しで比較することです。しかしながら、学習時間を規定する古い規則がある場合は、それを守るために時代に逆行しなければいけないこともあれば、学習構成が複雑になる場合もあります。破壊的イノベーションの強みは、個別化、教育機会の拡充、コスト管理の最大化にあるのです。

④ **破壊的イノベーションよりも運営が複雑**

ハイブリッド蒸気船サバンナ号の事例は、ハイブリッドモデルの4つ目の特徴をよく表しています。帆船と蒸気船ではどちらの操縦がむずかしいかは議論の分かれるところですが、サバンナ号は両方の操船知識を要したことから、操縦が最もむずかしかったことは間違いありません。

同様に、ハイブリッド型のブレンディッド・ラーニングも教師にとって運営がとくに簡単になるわけではありません。むしろ多くの場合、従来型の授業テクニックに加えて、デジタル機器の操作やオンライン学習の結果を対面指導のローテーションに統合するなど、新しい知識が必要になります。

それとは逆に、破壊的イノベーションは簡便性を追求しており、破壊型ブレンディッド・ラーニングも同じです。ネットに接続さえできれば、バス停で待っている間にさえ、オンラインのコースにアクセス可能です。子どもたちの成長にとって対面で指導する大人の存在ももちろん大事ですが、生徒自身に学習を管理させることで成長と自立を育むのです。

## 6. 破壊的イノベーション型ブレンディッド・ラーニング

従来の教育者がハイブリッド型ブレンディッド・ラーニングを実践している一方で、破壊的なモデルを導入して学習環境の転換に向けてひた走っている教師たちもいます。個別ローテーション、フレックス、アラカルト、通信制教育はいずれも破壊的イノベーションを起こす可能性を秘めています。

破壊的なブレンディッド・ラーニングの簡単な見分け方が一つあります。ブレンディッド・ラーニング環境で学習している教室に入って、どちらが前か見

分けがつかなければ、多分それは破壊的なモデルです。この方法は絶対ではありませんが、たいてい当たります。オンライン学習が生徒の学習記録の要であるため、教室の前にある黒板やホワイトボードなど、従来型の教室では必需品であったものは必要ないのです。教師の役割が重要であることに変わりはありませんが、理想としては「教壇の賢人」から助手、議論の進行役、プロジェクトのリーダー、カウンセラーなど、別の役割に変わることです。さらに破壊的モデルでは、校舎の建築様式、施設・設備、運営方法などが従来型の方法と大きく異なるでしょう。フレックスと個別ローテーションは、一般的には教室というよりスタジオとでも呼べるような広くオープンな学習スペースで実践されます。フレックス・モデルのなかには、通常は店舗用に確保されているスペースで運営しているものも多くあります。これらのモデルの教師は、事前に決められた特定の日時に計画に従って授業を進めることはありません。アラカルト・モデルでは教室そのものをすべて廃止してしまいます。なぜなら担任の教師は画面の向こう側にいるからです。通信制教育では、ネット小売業が在庫を持たない実店舗を出したように、オンライン学習を補完するために教室を確保してきました。その結果、通信制教育の教室は、フレックスや個別ローテーションのような学習スタジオに似たスペースになりました。一般的に、破壊的ブレンディッド・ラーニングはオンライン学習が中心で、従来型の教室とは異なる性質のスペースが追加されます。これは、従来型の教室にオンライン学習を追加した持続型やハイブリッド型とは逆の進化です。

　他の産業の破壊的イノベーションと同様、初期の破壊的ブレンディッド・ラーニングは非消費領域を対象として普及してきました。初期のフレックス・モデルの多くは、中退者や補習、夏期講習の受講者を対象にしました。アラカルト・モデルも最初、多くは上級コースや外国語などを受講できない生徒を対象としました。通信制教育も、バーチャル・スクールの生徒やバーチャル・スクールが禁止されている州に住む生徒をサポートするところから始まりました。個別ローテーションはまだ少ないですが、今後学区の主要な消費者層からはずれたところで大きく成長するでしょう。

　破壊的モデルは、従来型の教室とは異なる条件で勝負し、違うメリットを提供します。一つは、生徒が自分のペースで学習を進めて席に座っている時間が決められていない点です。個別化、教育機会の拡充、コスト管理といった恩恵

をもたらす点も支持されています。対面指導の教師がオンライン学習と普通の授業の両方を監督するのではなく、対面授業はネットに任せて、その分空いた時間を生徒のサポートやアドバイスなど、他の重要な仕事に回すこともできるのです。

## 7. 初等中等教育の変革を予測する

　ここまでのハイブリッドに関する説明は、要するにブレンディッド・ラーニングのなかには新旧両システムのハイブリッド型があり、それは持続的イノベーションに過ぎないということです。旧来の工場型教育制度のうえに持続的な改良を加えただけであり、抜本的な再設計ではありません。

　よくある誤解は、持続的イノベーションは悪で、破壊的イノベーションが善という考えです。これは間違いです。持続的イノベーションは、健全で安定した産業には不可欠です。企業は、よりよい製品やサービスを主要顧客に提供しようと努力するからです。よく管理された会社を成長させる推進力は常に作動していて、成功する組織の重要な一部なのです。伸び悩みまたは悪化する学業成績や限られた財源に苦戦している学校は、ステーション・ローテーション、ラボ・ローテーション、反転授業などを導入することで一息つくことができます。

　しかし、破壊的モデルのブレンディッド・ラーニングは、ハイブリッド型とは異なる道を進みます。オンライン学習を利用して、さらなる個別化、教育機会の拡充、コスト管理といった新しい機会に魅了されたより多くの生徒や教育者のニーズに応えられるよう、改良しながら進化します。破壊的モデルは、進化するにつれて、徐々に従来型のシステムを凌駕していきます。ブレンディッド・ラーニングのハイブリッドモデルは、破壊的モデルの性能が向上するにつれて、長期的には消滅するでしょう。ちょうど、大西洋航路でも蒸気船が帆船に入れ替わり、SNSの写真共有がプリント写真に取って代わりつつあるように。

　この予測には２つの留意点があります。一つは、破壊的モデルは、小学校よりも高校および中学校で普及する可能性が高いという点です。高校と多くの中学校では、上級コースや外国語、補習授業など手つかずの非消費領域が多くあります。小学校では、そうした不足分野はそれほど多くないか、表には出てき

ません。さらに、高校や中学校のカリキュラムは、ほとんどがコースごとの編成になっているため、単一コースに分かれているオンライン学習が受け入れられやすいためです。

　対照的に、現時点では小学校の将来は主に持続的イノベーションにとどまる可能性が高いでしょう。小学校で破壊的モデルのブレンディッド・ラーニングになる可能性が最も高いのは、課外授業の時間または放課後のプログラムです。たとえば、シカゴ・パブリック・スクール（Chicago Public Schools）では「追加学習機会」としてフレックス・モデルを放課後に導入し、パソコンを使い助手を採用して1年生から8年生までの下校時間を延長しました。小学校が今後も予算削減のために授業時間数を減らし続けなければならないとすれば、大きな非消費領域が創出されて破壊的モデルの足場となる可能性もあります。しかしこのシナリオは、今のところ実現しそうにないため、小学校の未来は予測困難です。スピーチから英語や外国語まで個人指導の分野も非消費領域としての可能性があり、小学校に破壊的モデルをもたらすかもしれません。

　2つ目の留意点は、「長期的」というのが非常に長期間になる可能性が高いということです。多くの場合、破壊的モデルは既存のふ卵器型をした学校のなかから発生しているので、文字どおり壁を取り払うか不十分な床面積で我慢しない限り、そもそも基盤となる物理的なスペースさえ欠くことが多いのです。従来型の店舗銀行と同様、学校という制約の多いシステムのなかで破壊的モデルを導入することは、ゼロから始めるより時間がかかります。

　こうした留意点にもかかわらず、高校、中学校レベルで破壊的モデルは全般的には持続型を凌駕していくでしょう。破壊的モデルが導入される際には、既存システムの存立には影響がないように見えます。初等中等教育も同様です。フレックスやアラカルトなど破壊的モデルは、数ある教育方法のほんの一つに過ぎないと見られるのです。しかし、破壊的イノベーションの進化パターンを鑑みれば、ブレンディッド・ラーニングの今後の規模と範囲が予想できます。高校と中学校における、そして小学校もある程度は、将来の学習環境は現在の典型的な教室とは大きく違ったものになることを示唆しているのです。

## 8. 学校の未来

　多くの点で、教育はインターネットの最後の未開拓市場です。その他のほとんどの産業ではネット化が進んでいます（おそらくは鉱山とマッサージを除いて）。ネットはアメリカのあらゆる学校のあらゆる学年で急速に普及し始めています。よく見られるのが、学校にコンピュータを導入して教室をテクノロジーで装備したり、ハイブリッド型のブレンディッド・ラーニングを実践する光景です。2012年の秋に、ペンシルベニア州の5つの学区で15の学校がブレンディッド・ラーニングのローテーション・モデルの実証を始めました。同様の試みは、ワシントンDCやロサンゼルスなどの公立学校、独立系、チャーター・スクールでも始まりました。

　従来型の教室にコンピュータを装備するこうした試みの影響はさまざまです。前著で指摘したように、コンピュータは何十年も前から存在し、学校にも多く導入されましたが、教育の基本システムはパソコン革命の前とほとんど変わらないままです。指導と学習のプロセスはコンピュータ時代以前と同じままで、その結果、学業成績の改善もせいぜい微々たるものでした。従来型の学校にコンピュータを大量に導入したところで、生徒指導や学校運営の方法は現状維持かわずかな改善しか見られません。

　それに対して、持続的ブレンディッド・ラーニングの高度な実践は、従来型教室の起死回生につながっています。算数のオンライン学習と従来型の対面授業を併用したローテーション・モデルの効果について、ランド社と教育省が共同で2年がかりで実施した大規模な調査があります。調査対象は、7州147校18,000人以上ものさまざまな年齢層の生徒たちです。対象生徒の半分がローテーション・モデルを受け、残り半分はオンライン学習なしです。実証はあえて「通常の教室を選んで実施され、先生や生徒とカリキュラムやクラス分けなどは通常どおりの運営をして」、影響を最小限に抑えました。

　調査の結果、ローテーション・モデルのブレンディッド・ラーニングは平均的な高校生の成績を2年間で8ポイント伸ばすことが判明しました。これは、1年間の成績の伸びに換算すると平均のほぼ2倍の数字です。何千もの学校が成績の格差や全体平均を改善しようと悪戦苦闘しているなかで、この結果は驚

異的です。教育の改善に関心のあるすべての関係者は、従来型の教室にオンライン学習を導入して持続的改善の成果をできる限り多く引き出すべきです。こうした試みはすでに何年も前から始まっています。次章では、ブレンディッド・ラーニングの可能性をフルに具現化する方法を書いています。破壊的な方法だけでなく、従来型の教育を持続的に改良する方法も合わせて示します。

　同時に、比較的数は少ないものの、通常授業の周辺でも確実に変化が起こり始めています。高校と多くの中学校、そして一部の小学校でも、従来型の授業を完全に転換する方向へ進んでいます。しかしながら、オンライン学習と破壊的ブレンディッド・ラーニングの出現は、アメリカの公立学校の命運を全く変えていません。留意すべき点は、破壊的イノベーションは学校レベルではなく教室レベルで進行していることです。その意味では、前著を『学校破壊』ではなく『教室破壊』と命名したのは正解でした。

　それでは、学校の未来の役割とは一体何でしょうか。従来型の学校は徐々に下降または消滅するにまかせるのではなく、破壊的イノベーションに対応して活動の焦点の一部を変える機会を得ているのです。学校が勉強や授業の中心場所でなくなるとは思いませんが、機能を他のサービスに集中することはできます。つまり第1章の「学習と指導がネット中心にシフトすると、対面指導はどう使うのが一番よいのか」という問いに戻るわけです。

　学習と指導がオンラインに移行するので、学校ではこれまで時間的・物理的・資源的に不足しがちであった活動に重点をシフトすることができます。より深い学びを実践する知識やスキルの応用から、子どもの将来に不可欠な勉強以外のサービスへのシフトです。

## より深い学び

　アメリカの学校と教師は、生徒が単に知識を憶えるだけでなく、習った知識を深く応用して探究心や創造性だけでなく、批判的思考や協調性、コミュニケーション能力までも育めるよう、長い間尽力してきました。これまでは、こうした活動の前提となる基礎知識の習得を優先するのか、または活動を通じてさまざまな分野で生徒が知識の穴を埋めることを期待するのか、その妥協点を探ることがしばしばありました。しかし、学習と指導のオンライン化により、習得した知識やスキルを具体的に応用する方法を教えるシステムを開発し始めて

いる学校もあります。テキサス州オースチンで創立されたアクトン・アカデミー（Acton Academy）は、フレックス・モデルを導入してオンラインでの個別・自律学習とソクラテス式討論やプロジェクト学習を組み合わせています（ビデオ13）。ソクラテス式討論の授業とは、教師と生徒が輪になって発言し、相手の話を聞き、反対意見を述べる形式です。この授業では、生徒は対面のチームに分かれ自習で習得した知識を応用する必要があります。このことは、オンライン学習の動機となる「調べる心」を育み、人前で成果を披露する手段になります。他にも「より深い学び」と呼ばれるグループ討論や実験、体験学習などを従来型の教室で応用する機会を設けている学校もあります。オンライン学習が知識の習得をサポートする方向へシフトするなかで、学校現場は知識を具体的に応用する方向へとシフトしていくべきでしょう。

ビデオ13: アクトン・アカデミー（フレックス・モデル）

www.wiley.com/go/blended13

**安全見守り機能**

　家族や広く一般国民を含む社会全体は、学校にいくつもの機能を期待しています。勉強を教えることはそのうちの一つに過ぎません。この他の重要な使命は、保護機能です。保護者が仕事などで不在の間、子どもたちの面倒を見て、安全を確保することです。多くの学校がこの点において改善可能です。2011−12年度には、シカゴの681校中35％の学校が食品衛生検査に不合格でした。理由は、バスタブでお湯が出ない、食品が適温で保存されていないなどの他、給食場でねずみの糞が200以上も発見された例もありました。こうした子ど

もたちの基本的な安全衛生に関する欠陥は、保護者にとって恐ろしいことですが、教育者が学習指導を優先せざるを得ないために、学校ではしばしば見過ごされてきました。学習指導をインターネットにシフトしていくにつれて、より多くの時間と資源を世界水準の安全を確保するために使えるようになるでしょう。

**包括的社会サービス**

　こうした保護機能に加えて、学校は相談・助言、医療、無料給食などの社会的サービスを、すでに多くの生徒に提供しています。今後、学校はこうしたサービスをさらに多くの生徒に提供していくでしょう。テクノロジーの進化により、学校がこれまで提供してきた相談・助言機能は強化され、学業監督から生徒の主体性育成、大学進学への助言、成績表の管理からコースの選定まで、生徒が進学、就職、人生で成功するよう準備できるようになると予想する人もいます。

　ニューヨークのハーレムで「子どもの安全地帯」を創立したカナダ氏は、一般的には学校の役割ではないと考えられている領域にまで手を広げ、低所得者層の子どもたちを支援するプロジェクトをリードし、生徒だけでなく地域全体を助け、場合によっては保護者のしつけにまで踏み込むべきだとしています。低所得者のマイノリティ生徒には、学校が「新父性主義」を担うことが必要だと言う専門家もいます。彼は、家庭で放置されている子どもに基本的な生活ニーズを提供している「いいわけなし」の中学校6校の例をあげています。なかでも最も重要なのが、学校が暖かく安全な場所で、教師や校長が生徒と保護者的な関係を結んでいることです。

　シンシナティの公立学区も同様の考えに基づいてコミュニティ・スクールを創立し、今では55校中34校で実践しています。コミュニティ・スクールは地域サービスの提供者と手を組んで、生徒だけでなく地域全体に一連のサポートを提供しています。夕食を用意し、移動手段を手配し、保険の申請を手伝うなど、限りがありません。前校長の一人は「他に方法がありますか？」と取材に来たニューヨークタイムズの記者に問いかけています。「椅子に座って、状況が悪化するのを指をくわえて見ていろと言うのですか？」。こういったサポートを学校で提供することが、生徒の学業成績を改善することを保証するわけ

ではありませんが、学校が援助しない限り、大半の生徒に望みはありません。まさに腹が減っては勉強はできないのです。子どもたちには学習の前提としてより広範囲の社会サービスが必要だと考え始める学校指導者が増えています。そうしたサービスとともに現れたオンライン学習は、学校の負担を軽減し、余力を学業以外の重要な使命に注力させてくれるため、学校にとっては歓迎すべきことなのです。

**交友関係と放課後活動**

　子どもの立場からすれば、従来型の学校が果たすもう一つの重要な役割は、運動や美術などの放課後活動とともに、友人たちと遊ぶ場を提供することです。複数のブレンディッド・ラーニングモデルの学校を成功させたある学校法人では、オンライン学習と対面授業、革新的な施設の組み合わせが、州の共通テストで算数と読解の成績を向上させる効果を上げていました。この学校への訪問者は、きっちり並べられたパソコンと間仕切りを見て、学校の優れた環境に目を見張ったと言います。オンライン学習を通じて成績を上げる方法が分かると、その次にはその他の分野においても世界的な水準を提供する能力と資源を持つのかもしれません。たとえば、最高のダンスレッスンや地域との共同工房、オーケストラなどを複数のキャンパスで提供することです。

　多くの点で、オンライン学習の出現はこれまで長い間資源不足で悩みながら多くのことを要求されてきた学校にとっては朗報です。オンライン学習の性能が十分に向上すれば、学校は生徒一人ひとりに合った質の高い学習を継続的に提供することができます。そして学校はその他の役割に注力できるのです。それには清潔で快適な環境、いじめの撲滅、栄養のある給食、卓越した対面指導、討論、振り返りの機会、リテラシーのある市民の育成、健康の増進、そして運動、美術、音楽などの活動などが含まれます。加えて、生徒がオンライン学習で知識を習得すれば、生徒が卒業後の社会で必要とする創造性などのスキルを伸ばすことに専念できるよう支援する余裕が生まれます。

　こうした考えにおける最大の懸念は、オンライン学習の普及によって生まれる機会を学校が利用しないことです。学習指導の多くをネットに移行しながら、対面指導の教師や従来型の設備をオンライン学習の補足という役割に変更しない事態です。あるブレンディッド・ラーニングの導入校では、教師はただ椅子

に踏ん反り返り、オンライン学習に任せっきりにしています。そのような教師たちは、自分たちが機械に「取って代わられた」と感じていて、生徒の学習を助けたり助言することはほとんどありません。そういった学校は、活気もなく効果的でもありません。本書の残りの章の目的の一つは、教育指導者たちが従来型の教室と対面指導の教師を最大限に活用して、質の高いブレンディド・ラーニングの実践を設計し、損失を減らすことです。

## 2章のまとめ

- ブレンディド・ラーニングの主要モデルのうち、ステーション・ローテーションとラボ・ローテーション、反転授業は、新旧指導法の長所を組み合わせた「いいとこ取り」のハイブリッド解決法です。これらのモデルは持続的イノベーションで、従来型教室の一般生徒を対象によりよいサービスを提供します。

- 対して、個別ローテーション、フレックス、アラカルト、通信制教育の各モデルは、純粋に破壊的なパターンに分類されます。したがって、高校ではもっとも伝統的な教室を、中学校でも多くの教室を、そして小学校では一部の教室を破壊する可能性があります。

- ブレンディド・ラーニングの持続的モデルを高い次元で実践すると、従来型の教室は大きく改善されます。持続的モデルの可能性を最大限引き出すことは、教育制度全体にとって重要かつ価値ある優先課題です。

- オンライン学習とブレンディド・ラーニングの破壊的モデルが従来型教室にも普及し始めるに従って、学校は授業以外の重要な課題に資源配分をシフトすべきです。たとえば、優れた対面でのカウンセリングやロールモデルの提供、討論会、振り返り、清潔で快適な環境、いじめの撲滅、栄養十分な食事、知識型市民の育成、健康福祉の増進、体育・音楽・芸術系のプログラム、生徒を創造的なイノベーターへ転換すること、等です。

## ☞ 演習問題

☐ 学校は存続するが高校の教室は存続しないという意見に賛成か。それはなぜか。

☐ 学校がオンライン学習を使って始めることが可能なより深い学び、安全ケア、包括的社会サービス、学童保育の4つのなかで、あなたのコミュニティで最も重要なものはどれか。重要度で優先順位をつけよ。また、その順位をつけた理由は何か。

☐ 上記4つ以外に学校が導入すべき必須のサービスは何か。それが重要なのはなぜか。

〈注釈〉

① 蒸気船に関する逸話はおおむね次の記事からの抜粋。Clayton M. Christensen, *The Innovator's Dilemma: When New Technologies Cause Great Firms to Fail* (Boston: Harvard Business School Press, 1997), pp. 75-76.

② サバンナ号は1821年にロングアイランド沖で難破した。サバンナ号の大西洋横断以降、30年近く大西洋横断に成功したアメリカの蒸気船はない。John H. Morrison, *History of American Steam Navigation* (New York: W. F. Sametz & Co., 1903).

③ テスラは高額の電気自動車とその販売システムで大きな注目を集めたが、破壊的イノベーション理論の予測では、旧来のシステムがハイブリッドなど持続的イノベーションを通じて徐々に改良を重ねて、従来の基準では破壊的イノベーションの性能を上回り続けるだろう。仮にテスラが電池技術で画期的な発明をして競合できる価格で走行距離と速度が格段に向上した車を製造できれば、従来の自動車メーカーは何としても破壊的イノベーションを取り入れて、シェアを維持しようと躍起になると、理論上は予測される。このモチベーションの力を過小評価すべきではない。このことは、テスラが成功できないと言っているのではない。たとえば、非消費領域から始めた破壊的自動車メーカーに対するパーツのサプライヤーとなって、彼らが製品を改良しシェアを伸ばすのを支援することもできる。テスラは、莫大な創業者の資金力または政府の補助金を利用し続ければいずれは成功するか

もしれないが、この戦略には長期的な持続性の観点から疑問があり、多くのリスクを伴う。テスラについては、第4章でも取り上げる。

④仮に真の破壊的イノベーションを中核市場で導入しようとすれば、永久に補助金を受け取り続けない限り組織が生き残ることはない。ベンチャーキャピタルのKleiner Perkins Caufield Byersの事例はその点を示している。同社は2008年に10億ドルのグリーン成長ファンドを立ち上げ、後期ステージのグリーンテックベンチャーに投資した。投資先の多くは中核市場に破壊的イノベーションを導入し、利益を上げているように見えた。しかし、実際には利益の多くが補助金であった。一つまた一つと補助金が減らされると、投資先も複数倒産していった。非消費市場が存在しない場合、従来の基準では既存品より性能が劣る新技術にとって、ハイブリッドが唯一の現実的な解決策であると憶えておくことが重要である。したがって、完全な消費市場においては、真の破壊的イノベーションよりハイブリッド製品が市場を占有する傾向がある。以下参照。Clayton M. Christensen, Michael B. Horn, and Heather Staker, "Is K-12 Blended Learning Disruptive? An Introduction to the Theory of Hybrids," Clayton Christensen Institute, May 2013.

⑤電気自動車がティーンエイジャー市場で足場を確保するとの予測は、すでに実現しつつある。アトランタから車で南へ40分のピーチツリーシティでは、10代の若者が監督者がいなくても仮免でゴルフカートを運転することが許されている。同市内では何千台もの電動ゴルフカートが走っている。バックミラーにミラーボールをぶら下げたベージュ色のカートを運転している17歳の女子高生は、カートの最高速度は時速19マイル（約30キロ）しか出ないが、「バスに乗らなくて済むのはとても快適だ」と言っている。同級生も、ゴルフカートは本物の車の運転のよい練習になるからと、両親は喜んで運転させてくれる、と言っている。以下参照。Allison Entrekin, "Life in the Slow Lane: In the Atlanta Suburb of Peachtree City, the Hottest Set of Wheels Goes 19 mph," *Hemispheres Magazine*, February 2014, p. 20, http://www.hemispheresmagazine.com/2014/02/01/dispatches-18/（アクセス確認日：2014年2月18日）.

⑥デジタル写真は、フィルム技術に対する破壊的イノベーションである。フィルム写真のトップ企業は、デジタルへ全面的には移行しないし、デジタルを完全に無視することもしない。その代わりにハイブリッド策を市場に投じている。それは、デジタルカメラを使って写真を撮り、それをコダックやHP、キャノンなどの高品質写真用紙で印刷する方法である。それとは対照的に、Facebookや同社に買収されたInstagramなどの新興企業は、デジタルカメラで写真を撮り、それをネットで公開するという、全く破壊的な方法で写真を売っている。さらに、一眼レフカメラもハイブリッドとしてデジタルを取り入れたという点についても注目すべきである。シャッターは今でも機械的に作動し、「携帯写真」のように電動ではない。一眼レフのユーザーは一部の写真マニアやプロ写真家など比較的少な

いので、この市場ではハイブリッドが当面は競合できるかもしれない。

　ネットショッピングは、伝統的な小売店に対する破壊的イノベーションである。Nordstrom や Target、Costco などの伝統的な小売業は、もちろん全面的にはネット販売に移行していない。その代わりに、伝統的な小売店とネット販売の両方を顧客に提供するというハイブリッド策を開発した。これを「お店とクリック」(blicks-and-clicks) と呼ぶ人もいる。伝統的な小売店の運営を維持し、改善するための典型的なハイブリッド戦略である。しかし、完全に破壊的なネット販売企業は、堅調にシェアを伸ばして、より多くの顧客が小売店舗を持たない Amazon などのサイトに向かうようにネットでの買い物をよりよい経験にしている。第１章で紹介したが、ネット小売業がシェアを伸ばしているおもしろい方法は、ネットで販売する商品のショールームとして在庫を抑えた実店舗を出していることである。第１章で紹介した紳士服販売の Bonobos は、当初はネット販売に特化していたが、2012 年に６店の実店舗を開店した。店舗には限られた在庫しか置かずに、店員も少数にとどめた。こうした旧来の技術を全面的にではなく一部取り入れた真に破壊的なイノベーションは、破壊的イノベーションがシェアを伸ばしていく一つの事例である。最初に非消費領域と要求水準の低い層で市場への足場を築き、破壊的イノベーションへ向かう企業はその後ショールーム店舗などの持続的イノベーションを開発し、そして最後にはより要求度の高い市場に食い込んでいく。

⑦近隣に銀行支店がない発展途上国の何百万人もの貧しい人々は、現金および銀行振込の現実的な代替策として、初期の古臭い携帯電話を使っている。破壊的な携帯財布企業はこうしたニーズに応えている。Tagattitude と Turkcell はこうした企業の好例である。銀行業界の破壊に関する詳しい考察として、次の記事をお薦めする。Fiona Maharg-Bravo, "The Online Challenge for Banking," *New York Times*, February 21, 2014 (http://mobile.nytimes.com/blogs/dealbook/2014/02/21/the-online-challenge-for-banking/?nl=business&emc=edit_dlbkam_20140224).

⑧Brad Bernatek, Jeffrey Cohen, John Hanlon, and Matthew Wilka, "Blended Learning in Practice: Case Studies from Leading Schools, featuring KIPP Empower Academy," Michael & Susan Dell Foundation, September 2012, http://5a-03f68e230384a218e0.938ec019df699e606c950a5614b999bd.r33.cf2.rackcdn.com/Blended_Learning_Kipp_083012.pdf

⑨イノベーションが破壊的であるかどうかは相対的な問題である。ブレンディッド・ラーニングの破壊的モデルが伝統的な教室で主要科目を学習する標準的な生徒に対して導入される場合、それは実際には持続的イノベーションかもしれない。また、ブレンディッド・ラーニングのハイブリッド・モデルが非消費領域で実践される場合、それは破壊的イノベーションかもしれない。

⑩例外は個別ローテーション・モデルである。これは、決まった時間割に沿ってローテーションするので、フレックスやアラカルト、通信制教育よりは授業時間数ベースのシステムとの親和性が高いかもしれない。

⑪たとえば、フルタイムのバーチャル・スクールは、各州の授業時間数または出席日数の基準を満たすための出席計測手段を持っている。しかし、こうした手段は使わずに、ログイン数をそのまま数える方法をとる学校も複数ある。出席計測手段の代わりに、ログイン数と教師による実際に完了した学習内容の証明を組み合わせて計測している。これを、分単位だろうが、時間単位だろうが、日数単位だろうが、出席基準に合わせて置き換えている。同様に、習熟度基準学習プログラムも生徒のためにさまざまな大学入試の要求を満たすべく、習熟度の報告書を伝統的な成績表に書き換えなければならないことが多い。

⑫2013年のカリフォルニア州の調査では、回答者の46%がオンライン学習またはブレンディッド・ラーニングに参加しているが、そのうち公立小学校でオンライン学習を導入しているのは19%にすぎない。一方、公立高校ではこの数値は73%であった。さらに、オンライン学習を導入している学校があると回答した学区のうち、78%が高校、49%が中学校、28%が小学校で導入していると回答した。それだけでなく、小学校と中学校ではオンライン学習をブレンディッド・ラーニングに導入する方法に大きな差異が見られた。調査によれば、公立学校で導入されているブレンディッド・ラーニングのトップ3は、ローテーション（47%）、アラカルト（40%）、通信制教育（33%）である。しかし、こうしたデータを学年別に分けてみると、違った構図が見えてくる。オンライン学習を導入している小学校ではローテーション・モデルが圧倒的に多く、80%を占める。複数のモデルを導入している小学校はわずか15%にすぎない。これが高校になると、最も多く導入されているモデルはアラカルト（48%）で、複数のモデルを導入している学校も38%ある。以下参照。Brian Bridges, "California eLearning Census: Between the Tipping Point and Critical Mass," California Learning Resource Network, May 2013, http://www.clrn.org/census/eLearning_Census_Report_2013.pdf

⑬Clayton Christensen Instituteの下記参照のこと。http://www.christenseninstitute.org/blog/chicago-public-schools/（アクセス確認日：2013年8月14日）追加学習機会（Additional Learning Opportunities）プログラムは2010年に始まり、15校の1年生から8年生に放課後90分の学習時間を提供した。2012年に予算不足から打ち切りとなったが、この結果を受けてシカゴ・パブリック・スクールが幼稚園での終日保育と小学校での延長時間が実現された。Budget Summary, Chicago Public Schools, 2013, http://www.cps.edu/FY13Budget/Documents/Departments.pdf

⑭非消費領域が存在しない場合、破壊的な新技術には2つの選択肢がある。ハイブリッド策で打って出るか、または中核市場のニーズを満足させるために永久補助金に頼り、破壊的

イノベーションとして市場参入するかである。小学校レベルでは非消費領域がきわめて限られているので、ハイブリッド型のブレンディッド・ラーニングの方が破壊型モデルより普及する可能性が高い。破壊的モデルの足場となるような市場がほとんど存在しないので、主要科目の一般児童を対象とした市場に参入するしか方法がない。その結果、ほとんどの小学校では、現在の小学校システムのニーズにも合致した「いいとこ取り」であるハイブリッドモデルとなるであろう。

⑮ Sean Kennedy and Don Soifer, "Why Blended Learning Can't Stand Still: A Commitment to Constant Innovation Is Needed to Realize the Potential of Individualized Learning," Lexington Institute, p. 11, http://www.lexington institute.org/library/resources/documents/Education/WhyBlendedLearningCantStand-Still.pdf

⑯ *Disrupting Class*, p. 72.

⑰ John F. Pane, Beth Ann Griffin, Daniel F. McCaffrey, and Rita Karam, "Effectiveness of Cognitive Tutor Algebra I at Scale," RAND Corporation, March 2013, http://www.rand.org/content/dam/rand/pubs/working_papers/WR900/WR984/RAND_WR984.pdf, p. 7.

⑱ 同上。

⑲ 伝統的な教室もハイブリッド・モデルも、いずれは破壊的なモデルへと進化するが、伝統的な形の学校が近い将来なくなるとは思えない。教室レベルでは多くの非消費領域が存在する一方で、学校レベルではアメリカでは非消費領域はほとんど存在しないからである。ほとんどの生徒が何らかの公立学校へ通うことができ、第1章で説明したとおり、しかもほとんどの生徒と家庭が学校教育を必要としている。伝統的な教室に新しいモデルを組み合わせたハイブリッド学校が今後アメリカでは主流になると予測している。しかしながら中学校レベルでは、長期的には破壊的モデルのブレンディッド・ラーニングが伝統的な教室に取って代わるだろう。

⑳ ジョン・バーグマンの次の記事のコメントによる。"Blended Learning, Flipped Classrooms, and Other Innovative Teaching Techniques," *U.S. News & World Report* STEM Conference, panel discussion, Austin, TX, June 18, 2013.

㉑ Willian and Flora Hewlett 財団は、深層学習の研究に莫大な投資をして、世界中の学校へ導入しようとしている。以下参照。http://www.hewlett.org/programs/education/deeper-learning（アクセス確認：2014年4月14日）.

㉒ Pam Zekman, "2 Investigators: Chicago Schools Flunk Food Inspections," CBS 2 Chicago, October 29, 2012, http://chicago.cbslocal.com/2012/10/29/2-investigators-chicago-schools-flunk-food-inspections/（アクセス確認：2013年8月14日）.

㉓ Mary Ryerse, Carri Schneider, and Tom Vander Ark, "Core & More:Guiding and Personalizing College & Career Readiness," Digital Learning Now Smart Series, May 27, 2014.
㉔ Paul Tough, *Whatever It Takes: Geoffrey Canada's Quest to Change Harlem and America* (New York: Houghton Mifflin, 2008).
㉕ David Whitman, *Sweating the Small Stuff: Inner-City Schools and the New Paternalism* (Washington, D.C.: The Thomas B. Fordham Institute, 2008).
㉖ Javier C. Hernandez, "Mayoral Candidates See Cincinnati as a Model for New York Schools," *New York Times*, August 11, 2013, http://www.nytimes.com/2013/08/12/nyregion/candidates-see-cincinnati-as-model-for-newyork-schools.html?pagewanted=all&_r=0（アクセス確認日：2013年8月14日）.
㉗ 以下参照。Makerspace, http://makerspace.com/（アクセス確認日：2014年5月27日）.
㉘ この考えについては、次の著作をお薦めする。Tony Wagner, *Creating Innovators: The Making of Young People Who Will Change the World* (New York:Scribner, 2012).

# 第Ⅱ部 発動

理解 → **発動** → 設計 → 実装

第3章　まず目標となるスローガンを掲げよう

第4章　イノベーションを起こす組織

第5章　生徒の動機づけ

■ **第3章**

# まず目標となるスローガンを掲げよう

　生徒たちは携帯電話をポケットに入れて持ち運び、いつでもどこでも使います。教師は、何か新しい製品について耳にすると、担当クラスで学習が遅れたり苦戦している生徒の役に立たないか考えます。教育委員も、限られた予算で目立った成果を出さなければならないプレッシャーを感じながら、デジタル機器が過去60年間に平均的な勤労者の生産性を年2％以上も改善したことを認識しています。多くの人々がテクノロジーを使って改善できないか考えています。学校もテクノロジーを利用しない手はありません。

　しかし、テクノロジー投資に賛同を得られる見通しは明るくありません。投資が成功して、よい結果を導き出せるか誰にも分からないからです。投資の提案をすると、次は計画の作成と実践という、さらにむずかしい作業が待っています。どこから手をつけてよいのか分からない人がたくさんいます。最も多い間違えは、新しいテクノロジーを導入することが優先され、それをうまく利用して多難な問題を解決するという目的が後回しになってしまうことです。残念ながら、これではすでに手一杯な教師や生徒の生活を、さらに多くのデバイスやスクリーン、機器、ソフトで埋め尽くすだけで終わってしまいます。

　ハワイ州のホノルルのある小学校で、すべての教室に電子黒板を導入しようと資金集めに奔走しているPTAがありました。電子黒板で何かが変わるかもしれないという期待からでした。児童が教室で大きなタッチスクリーンを体験できると考えました。確かにこの投資は、児童の関心と教師の効率を高めることには貢献しました。児童たちは包装紙を売り、保護者はベルマークを切り取りました。幼稚園生までもが貯金をして協力しました。そしてついに電子黒板を購入するのに十分な資金が集まりました。しかし数ヵ月もしないうちに、多

くの教師が電子黒板を児童の出席確認（登校時に画面上の名前をタッチすると自動的に記録される）とビデオを見せることにしか使わなくなりました。故障して動かないものもありました。画面上に大きなポスターを貼りつけている教師さえいたのです。

　新しいテクノロジーには大きな魅力がありますが、ホノルルの小学校のケースでは何も変化は起きませんでした。素敵な電子黒板は、すでにいろいろな製品で埋め尽くされている教室に、さらに別の機械を積み上げただけでした。教師は貴重な時間と費用を使ってテクノロジーによる問題「解決」を試みましたが、教育上の効果はほとんど得られなかったのです。

　こうしたテクノロジーの導入がもたらす問題の大きさは甚大です。パソコンは40年ほど前から多くの学校で導入されています。図3-1は、生徒一人にパソコン1台の実現を目指している小・中学校のある都市を示しています。それらの都市では、生徒一人ひとりにパソコンが確実に行きわたるように投資しています。アメリカでは1981年には125人の生徒にパソコン1台の割合でしたが、1991年には18人に1台、2009年には5人に1台まで普及しました。

図3-1　小・中学校で1人1台のパソコン実現をめざしているアメリカの都市

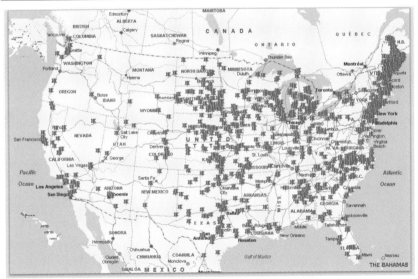

出典：ワン・トゥー・ワンのウェブサイト（アクセス確認日：2013年10月1日）

確かに、この一人1台政策で教育成果が表われたところもあります。たとえばワン・トゥー・ワンでは、パソコンを通じて個別カリキュラムを実現し、成績を上げることに成功しました。しかし残念ながら、全般的にはコンピュータへの膨大な投資にもかかわらず、費用を押し上げ、他の優先事項から貴重な資源を引きはがした以外、教師の指導および生徒の学習の「方法」にほとんど変化はありません。ある調査では、コンピュータが生徒の学習方法に与えた影響はほとんど、ないしは全くないと報告されています。教師は依然として講義形式で授業を進め、生徒はパソコンでワープロを使ったり、レポートを書くためにネットを検索したり、簡単な演習ドリルをするだけです。結局、いくら強力なハードやソフトを導入しても、現状の授業スタイルに変化を与えることもなく単に維持するために使われていると、教育ICTの推進派も懐疑派も認めています。

　実際、適切な戦略もなくパソコンを導入すると、せっかくの一人1台政策も大きな問題を起こすことがあります。2013年にロサンゼルス統合学区は10億ドルもの予算を使って、678ドルもするiPadを生徒一人ひとりに配付しました。しかし、最初の配付は大きな混乱を引き起こしました。300人以上の生徒がフィルターをすり抜けて、不許可のコンテンツにアクセスしたのです。「これでは個人用ポルノ器具だ」と言う保護者もいました。もしも配付されて数週間でiPadを失くしたり壊したら、誰の責任になるのか心配する保護者もいました。

## 1．過重装備の代替策

　ロサンゼルスでの悪夢のようなパソコンの大量配付事件は、非常に注目されました。学校現場で頻繁に見られる光景は、すでにたくさんの機械がある教室にさらにパソコンが配備され、何でも配付されたまま使うだけで、授業の形式は今までどおり、というケースです。学校現場では、意図的な改革を通じて現状を変えるための適切な手段がとられないと、単なるばら撒きだけが静かに進行します。成功を収めているブレンディッド・ラーニングを見ると、皆もっと慎重で、たいてい同じような始め方をしています。すなわち、最初に解決すべき課題または目指すべき目標を特定してから、明確なスローガンを掲げるので

す。

　課題や目標を先に設定するという考え方は一見当たり前のように見えますが、近年の学校による大きな購買事例を見ると、まずはテクノロジーを導入したいという誘惑にかられたケースが大半です。責任の一端は、「必須」タブレットや携帯を次々に発売して、誰もが学校改善助成金を申し込むよう仕掛けたアップル側にもあるでしょう。レノボやデル、その他コンピュータメーカーは、ほとんどが専門の営業部隊を編成して教育業界に製品パッケージを売り込んでいます。グーグルのクロームブックもまた、1台300ドル以下という低価格で熱狂に油を注ぎました。コンピュータメーカーまたはパソコンそのものに落ち度はありませんが、人々は問題を解決することよりもスムーズなインターフェイスやきらびやかな製品の魅惑そのものに興奮してしまうのです。こうした誘惑のために、パソコンで何を達成するのかという明確な目的を提示することもなく、学校は「パソコン一人1台」の実現に大金を投じているのです。

　ブレンディッド・ラーニングのプログラムは、それぞれ大きく異なります。6年生の算数に導入しているニューオリンズの学校もあれば、理科のコースを利用しているネバダの高校もあります。その他、カリフォルニアで英語学習に採用している学校もあります。しかし、いずれもほぼ例外なく、ブレンディッド・ラーニングがうまくいっている学校では、「テクノロジーのためのテクノロジー」に陥ることを避けて、テクノロジーの導入とは関係なく、最初に明確な課題または目標を掲げているのです。言い換えれば、「21世紀のテクノロジー」が不足していることが解決すべき問題だと考えること自体が、テクノロジーのためのテクノロジーという悪循環に陥っている証拠です。そうではなく、解決すべき課題または目標は、たとえば学業成績の向上や学習の効率化、教師の能力向上など、教育上の改善に根ざしていなければならないのです。

## 2. 課題の特定と目標の設定

　最も成功しているブレンディッド・ラーニングのプログラムはたいていの場合、①個別化を通じて学業成績と生活の質を向上させること、②それまで提供されていなかったコースや新しい学習機会を提供すること、③学校の財務状況を改善すること、④上記3つの組み合わせ、のいずれかに対する要望が起点に

なっています。これらに関連して急ぎ解決すべきニーズや課題を発見し、それに後押しされるかたちでブレンディッド・ラーニングを始める場合もあれば、あるいはそれをよい機会と見て導入する場合もあります。

**特定された課題から始める**

　フィラデルフィアの北約45マイルにあるクェーカータウン学区は、テクノロジーをうまく活用して、明確な課題を解決した好例です（ビデオ14）。ペンシルベニア州の特徴の一つは、州内に10以上ものサイバー・スクールが存在することです。この種の学校では、生徒はネットを通じてフルタイムで勉強し、キャンパスには登校しません。一人の生徒が公立校からサイバー・スクールに転校する際には、学区が入学金を支払う決まりになっています。支払額については州議会で毎年議論されますが、平均すると一般の生徒一人当り9,200ドル、特別な支援を必要とする生徒で19,200ドルもの費用がかかっていました。⑦

ビデオ14: クェーカータウン・コミュニティ・スクール（アラカルト・モデル）

www.wiley.com/go/blended14

　学区では、サイバー・スクールへ転校する生徒に対する教育費は不要になりますが、高額の固定費を毎年削減することはむずかしいため、サイバー・スクール入学金の支払いを何とかしたいと考えました。クェーカータウンもその学区の一つです。2007年に教育長が集まって、この問題に対処する方法を決議しました。その解決策とは、学区自体が独自のサイバー・スクールを設立して、オンラインのプログラムを提供することでした。研修の成果もあり、公立校の教師が、80以上のオンラインコースを開発・提供しました。高校を改修して広い学習スペースを確保し、カフェや快適な家具類、充電ステーションを備え

ました。学区はサイバー・アカデミーへの入学希望者を選抜して、うまくやっていけそうな生徒だけに入学を認めました。フルタイム、パートタイムにかかわらず、入学者は全員、激励会やスポーツイベント、プロムなどの集会に参加〈訳注①〉できます。⑧

その結果、クェーカータウンでは6年生から12年生が学区から転校せずにアラカルト方式のブレンディッド・ラーニング（およびフルタイムのサイバー・スクール）を受ける機会を与えられています。生徒のサイバー・スクールへの転校を防止することにより、学区独自のサイバー・スクール設立から4年で推定250万ドル以上の経費節減につながりました。

**希望する目標から始める**

多くの学校や地域社会にとって、ブレンディッド・ラーニングの導入は急ぐべき判断ではありません。突如大きな問題が発生するわけではなく、達成したい教育上の目標があり、オンライン学習がその解決策になるのです。

ファーストライン校（FirstLine Schools）はニューオリンズにある学業改善の専門校です。RTIと呼ばれる手法を使って、学習障害のある生徒に対して早期に系統的な支援を提供しています。2007年にアーサー・アッシュ校（Arther Ash）を開校した際には、入学生徒の成績を下位25%から50～60%のレベルへ上げることに成功しました。ニューオリンズでも特別な支援を必要とする生徒の比率が高いこの学校にとって、容易なことではありませんでした。⑨しかし、それ以降は大きな成果を上げることができないようでした。そのうえ、それまで少人数指導に必要とした多数の教員チームは、学校の数が増えるにつれ、費用がかかりすぎて維持できないことが判明しました。⑩

そこで、ファーストライン校はブレンディッド・ラーニングに着目し、2つの目標を同時に達成しようと考えました。1つめの目標は、州の統一基準テストで平均点を上げること、そして2つめは多人数に対して経済的に教育を実現することです。

2011年8月に、アーサー・アッシュ校でステーション・ローテーションの試験的取り組みが始まりました。今では全校のモデルとなっている当時の指導は、理解できている分野はさっと飛ばしてコンピュータ室でオンライン学習し、所属学年のレベルにいち早く戻すというものでした。生徒たちは、コンピュー

夕室でのオンライン学習と教師の対面指導を受ける少人数グループの間を移動します。データに基づいた科学的判断で指導をするために、生徒の学力、体力、学習態度などを分析して少人数グループに分けます。

その結果、初年度（2011-12）に生徒一人当たりの赤字額が2,148ドルから610ドルへと72％も減少しました。その翌年には、ブレンディッド・ラーニングを導入したアーサー・アッシュ校の生徒の成績の伸び率は、ファーストラインの未導入校の生徒の4倍になりました。そして、州統一基準テストでの平均点では12ポイントも向上したのです。これにより、ニューオリンズ市内で伸び率トップ3の一校になりました。

新たに学校を始めようとする人が掲げる目標は、ファーストライン校のように既存校を運営している事例とは異なることもあります。新設校では、新しいビジョン、教育哲学あるいは教育モデルを地域社会に導入しようと意気込んでスタートするケースが多く見られます。第2章でご紹介したアクトン・アカデミーの創設者夫妻も同様でした。彼らの長女はオースチンでもトップの高校に通い、2人の弟は生徒の自主裁量を大きく認めるモンテッソーリの学校へ通っていました。ある日、長女が通う高校の教師に弟たちを転校させるべきかどうか相談したところ、モンテッソーリの自由な雰囲気に慣れすぎる前にできるだけ早く転校させるべきだと言われました。

それを聞いて夫妻は、教師の助言とは正反対の行動をとりました。弟たちを転校させるのを止めたばかりか、学習者中心型のミニスクールを世界中で何千校も開こうと決心したのでした。

この他にも、生徒の関与を拡大すること、メンターとの面会回数を増やすこと、教員研修を拡充すること、成績格差を縮小すること、欠席による学習時間不足を減らすこと、職業訓練を増やすこと、大学卒業に向けて十分に準備することなど、さまざまな目標を掲げている指導者たちがいます。要は、ブレンディッド・ラーニングを導入する際には、まず最初に目標を明確化することが肝要で、機械を購入するのは後回しだということです。

**目標はSMART**

課題や目標は、どれもが同じように設定されるわけではありません。目的をより明確化するためにSMARTに書くことで、一歩前へ踏み出すことができ

ます。目標を SMART に書くとは、

・Specific　改善の対象は特定されているか
・Measurable　進捗状況は測定可能か
・Assignable　責任者は誰か
・Realistic　現実的に達成可能な目標か
・Time-related　目標達成の時期はいつか⑫

　ファーストライン校の目標「財政的にも規模的にも持続可能な方法で、州の統一基準テストの平均点を上げるためにブレンディッド・ラーニングを導入する」も、SMART に近いものでした。次のように書き直せば、より明確になったでしょう。

　「私たちの目的は、ブレンディッド・ラーニングを導入して州の統一基準テストで10ポイント上げると同時に、教員数を20％削減すること。プロジェクトリーダーはIT部長のクリス。来年度終了までに達成すること。」

　プロジェクトリーダーに適任者を任命する作業は、チームの編成（第4章で詳述）まで待つ必要があるかもしれませんが、最初に SMART なスローガンを掲げることは、ブレンディッド・ラーニングに対する熱意を明確な目的に変換するには有効な方法です。学習者中心の環境を実現する要素の一つとしてSMART を使うことが、生徒たち自身が各自の学習目標を考慮することにも役立ちます。

## 3. 持続的モデルと破壊的モデルのどちらを優先すべきか

　第2章で、ブレンディッド・ラーニングの一部モデルは一般的に持続的イノベーションで、従来型の教室を改良するだけだと書きました。持続的イノベーションは、中核をなす一般の生徒に対する、従来方式の教育を単に「よりよく」することから始まります。それに対して、とくに高校と一部の中学においては、従来の工場型教室を完全に取り替え始めているモデルもあります。破壊

的イノベーションは、他に何も選択肢のない非消費領域に新しい機会を提供し、時間の経過とともに改良を重ねて一般の生徒たちにも普及していきます。

どちらがよいのでしょうか。破壊的イノベーションが最も効果的な非消費領域において課題を特定し目標を設定するのがよいのか、または一般の生徒に対する持続的イノベーションも導入する価値はあるのでしょうか。

両方とも重要だと思います。小・中学校生の大多数は学科のほとんどを従来の工場型授業で受けており、とくに小学校では当面その状況は変わらないでしょう。持続的なブレンディッド・ラーニングが算数や読解など主要科目で有効だと証明されつつあることを見れば、従来型教育全般にもメリットをもたらす可能性にもっと注目すべきだと思います。現状を改善する可能性を無視する理由はありません。

と同時に、小・中学校において破壊的イノベーションも進行中です。オンライン学習がとくに高校と中学校で授業形態を破壊しつつあります。教育者はこの破壊的イノベーションを無視することもできますが、変革を加速するために利用して、生徒たちが落ちこぼれるのを防ぐこともできます。これから試験的にブレンディッド・ラーニングを導入する学校では、学習者中心の教育が普及すればその恩恵を受けることができます。そのうえ、発展コースを受講できない生徒、自宅学習の生徒、卒業に単位補充が必要な生徒など、他に選択肢のない生徒たちにブレンディッド・ラーニングを提供することをためらう理由はありません。一般の生徒にとっても破壊的イノベーションが機能しつつあるケースも見られます。

この2タイプのイノベーションを戦略的に意義を持つよう使い分ける鍵は、持続的な目標と破壊的な目標を明確に区別することです。その理由は、持続的イノベーションと破壊的イノベーションでは達成すべき目標や実行パターンが異なるからです。両者を混合して利用し比較・評価することは、それぞれの特性に適した機会を見分ける力をゆがめることになります。

こうした理由から、SMARTな目標を2段階で議論することをお勧めします。まずは持続的モデルに適した課題と目標を特定し、次に破壊的イノベーションがより適した非消費領域の課題と目的を特定するのです。

## 4. 中核的な機会を把握する方法

　主要コースの主要科目の学習にかかわる一般の教師、生徒にも必要とする課題や目標があります。序章でご紹介したKIPPのエンパワー校では、開校の数ヵ月前に大きな問題に直面しました。カリフォルニア州がクラス規模削減に対する補助金制度を廃止したため、見込んでいた10万ドルが手に入らなくなってしまったのです。この財源不足に対応するため、同校では作文、算数、理科の授業で少人数指導に必要な教師の人件費を削減する手段として、ステーション・ローテーションの導入を検討しました。

　サンフランシスコの東側にあるオークランド統合学区においても、中核授業にブレンディッド・ラーニングを導入しました。ある財団が、どのようなテクノロジー投資が生徒の授業参加を促して欠席を少なくし、結果的に成績向上につながる最大効果を生むのか、パイロットグループで調査するよう同学区にもちかけました。40校のなかから選ばれた4校は、ステーション・ローテーションかラボ・ローテーションのどちらかを採用しました。ローテーション・モデルを導入した理由は、教師が少人数指導に専念している間、他の生徒は個別化された最適なレベルの単元をオンラインで学習し、そのデータを収集できるからです。この方法が問題解決を促進するのです。

　これら2つの事例の他にも、

・読解力に大きな格差がある幼稚園児や他学区からの転入生のニーズに応える
・高校の教師が作文添削に専念できる時間を多くする
・財源不足でも高校生がより多くの科学実験ができるようにする
・中学生が家族の協力がなくても家庭実習をできるよう支援する

　こうした問題に対して、ほとんどの学校がすでに対応プログラムを用意しています。しかし、イノベーションを活用することでよりよい対処が可能になります。こうした状況は、教師がブレンディッド・ラーニングを使った持続的イノベーションを導入する絶好の機会です。すでに何百万もの生徒がステーション・ローテーション、ラボ・ローテーション、反転授業などブレンディッド・

ラーニングを活用して、同様の問題を解決しています。破壊的イノベーションのブレンディッド・ラーニングモデルが非常に有効な解決策になると教育者が気づく場合さえあります。ブレンディッド・ラーニングを使って解決したい課題を特定したり目標を設定する際には、中核授業に存在する多くのチャンスを注視すべきです。

## 5. 非消費領域における機会を捉える方法

　ブレンディッド・ラーニングの対象を特定する際に、非消費領域はとくに重要な検討対象です。非消費領域は学校が何らかのコースを提供できない場合には常に存在します。すなわち、やらずに済ませるしか方法がない場合です。フロリダ半島の南端に位置する全米で4番目に大きな学区にあるマイアミ・デード公立学校（Miami-Dade County Public Schools）は、2010年夏にそのような事態に遭遇しました。学区内の8,000人の高校生が予定どおり卒業するために必要なコースを提供するには、教員数が不足したのです。必要な教員数を確保できなかったため、短い夏の2、3ヵ月の間に州立のバーチャル・スクールの協力を得て、何十もの学校でバーチャル教室を開設したのです。図書館やコンピュータ室など空いている施設を使って、一ヵ所で50人以上の生徒が利用しました。予定どおりに卒業するために必要なコースを履修するために、州のバーチャル・スクールから120以上のコースが提供されました（**ビデオ15**）。

 ビデオ15: マイアミ・デード郡公立学校（アラカルト・モデル）

www.wiley.com/go/blended15

2013年現在、マイアミ・デード郡内392校のうち、56校以上でこのバーチャル・コースを合計1万人もの生徒が利用しています。フロリダ州内の他の郡もこれに続きました。パームビーチ郡の高校では、それまでなかった発展コースを州のプログラムから導入しました。ホルムズ郡の高校では、外国語のコースを拡充しました。それらの郡では、生徒たちが遅れを取り戻すにはアラカルト方式が効果的でした。
　その他の非消費領域には、以下のような事例があります。

・中退者への補習
・卒業に不足している単位の補習
・選択コース
・言語または行動セラピー
・SAT/ACT試験対策
・課外活動で欠席した授業の補習

　教育指導者は、よく考えると生徒が経験する非消費領域が多いことに驚かされます。しかし、学校で破壊的イノベーションを試す機会として捉えれば、喜ぶべきかもしれません。単位不足生徒のためにフレックス・モデルを、スワヒリ語を学びたい生徒のためにアラカルト方式を、SATの試験勉強をする高校2年生に通信制教育を提供することに反対する人はいません。これらは、既存システムにあまり影響はなく学習者中心のモデルを試す導入策なのです。これら諸問題を解決することは、生徒に新しい学習機会を提供するだけでなく、学校が従来の工場型授業を乗り越える好都合な契機ともなりえるのです。
　非消費領域は、スローガンを決める際に重要な検討対象となります。ブレンディッド・ラーニングを始める際には、中核授業と非消費領域の二兎を追う二面作戦をとるべきなのです。

## 6. 脅威か機会か

　従来の工場型授業を学習者中心モデルに転換するには破壊的イノベーションが不可欠であることを認識しながら、多くの教育者がこの二面作戦をとること

に躊躇する姿を見てきました。ほとんどの教育者が、中核授業の持続的イノベーションに注力することを選択します。彼らには、主要科目の成績を毎年着実に上げる責任があります。そのため、中核授業が最優先だと感じてしまい、非消費領域に注力することには抵抗があります。学校の資源、手順、優先対象がすべて既存授業の持続的改善に向けられているときに、どうすれば破壊的イノベーションに注力して、学習者中心モデルに転換できるのでしょうか。

　ある一連の調査が、指導者が破壊的イノベーションに資源を投下させる方法を提示しました。ある事象を外的脅威と捉えるほうが、同じ事象を機会と捉えるよりもはるかに大きなインパクトを与えられるとしています。要は、従来の工場型授業を転換したければ、指導者は非消費領域を外的脅威として描くことから始めるべきなのです。その好例が、毎年何十万ドルもの財源がサイバー・スクールに流れていると声高に指摘したクエーカータウン学区です。何か対策を講じないと、教員が仕事を失うとわかっていたのです。

　この調査では、最初に外的脅威として見なしたら、次に同じ課題を機会と捉えなおすことを提案しています。一つの課題を脅威と見なし続けると、「脅威硬直」と呼ばれる反応が起こるからです。柔軟性を失って、全資源を集中して既存モデルを強化してより頑強に脅威に対抗しようとします。マンツーマン指導に注力している教育者で、この不毛なパターンに陥っている場合もあります。オンライン学習が既存システムに脅威であることを察知して、競って主要科目の一般生徒を対象にコンピュータを導入します。そうすることにより、破壊的イノベーションの機会を完全に失い、今までどおりの集団授業にパソコンを導入しただけになるのです。

　よりよい戦略は、課題に対処するチームが、課題は無限の可能性を秘めた機会であると再定義することです。クェーカータウン学区では、自前のサイバー・スクールを立ち上げて、学区内のすべての教員に希望すればオンラインで教える機会を与え、生徒に80以上もの新しいコースを提供し、莫大な新しい収益源を育てたのです。脅威を機会と捉え直すことにより、実行チームはコース数を増やしたり、他学区にもサービスを提供したりするなど創造的に活動し、サイバー・スクールを本当に自慢できるものに仕上げたのです。

　破壊的イノベーションを使って学習者中心モデルの可能性を開花させたいならば、指導者は非消費領域を特定し、課題を解決することを優先すべきです。

地域の支援や必要な資源を確保するために、これらの課題を当初は脅威として映し出す必要があります。支持が得られた後は、独立した別のチームにバトンを渡して、今度はそのチームが柔軟で可能性のある実行計画に値する機会として定義し直すべきです。

## 3章のまとめ

- 学校現場でよく見られる間違いは、テクノロジーを導入すること自体に魅了されてしまうことです。従来型の授業モデルに機械を積み重ねていくだけでは、コストばかりかさんで、学業の改善には結びつきません。

- ブレンディッド・ラーニングの効果を最大化するには、解決すべき課題を特定するか、目標とするゴールを設定することから始めましょう。これが学校全体のスローガンになります。Specific（改善対象の特定）、Measurable（測定可能な進捗状況）、Assignable（責任の明確化）、Realistic（現実的に達成可能な目標）、Time-related（目標達成の時期）を意識しながら、SMARTな表現にすることが大事です。

- 主要科目の一般生徒を対象とした従来型の授業を改善するために、持続的イノベーションとしてブレンディッド・ラーニングを導入する機会を探しましょう。目の前にある改善機会を見逃す手はありません。

- 同時に、非消費領域を捕足する機会がないかブレインストーミングしましょう。非消費領域を解消することは、従来は入手できなかった学習機会を生徒に提供するだけでなく、学校にとっても工場型モデルを超える新しいモデルを試す絶好の機会です。

- 学校の指導者たちは、最初は非消費領域の課題を脅威と位置づけ、次にそれを実行チームが絶好の機会と再認識することにより、破壊的イノベーションを支援し、そのための資源を確保することができます。

## ☞演習問題

- □ 自分の学校で予算不足を解消するためにブレンディッド・ラーニングを使うとすれば、何に使うか。それはなぜか。

- □ 個別学習による成績改善や生徒への自主裁量拡大、教員研修の拡充など、ブレンディッド・ラーニングを導入する前に設定すべき目標をいくつかリストアップしたが、自分のコミュニティではこのうちどれが最も重要か。また、それはなぜか。

- □ a) 主要科目を学ぶ生徒が中心の従来型の教室に持続的イノベーションを導入するか、または b) 未開拓分野に新たな解決手段として破壊的イノベーションを導入するか、どちらを選ぶか。また、その選択の理由は何か。

〈注釈〉

① Susan Fleck, John Glaser, and Shawn Sprague, "The Compensation-Productivity Gap: A Visual Essay," *Monthly Labor Review* 69(1) (2011):57-69, http://www.bls.gov/opub/mlr/2011/01/art3full.pdf.

② GSVアドバイザーズによれば、教育投資利益率を上げるには、以下のうち一つまたはすべてを実践する必要がある。(1)学習者および／または教育機関のコストを下げる、(2)生徒および／または講師の教育機会を増やす、(3)学習成果を改善する、(4)学習コースおよび講師の「量」を増やす。Deborah H. Quazzo, Michael Cohn, Jason Horne, and Michael Moe, "Fall of the Wall: Capital Flows to Education Innovation," July 2012, p. 25, http://gsvadvisors.com/wordpress/wp-content/themes/gsvadvisors/GSV%20Advisors_Fall%20of%20the%20Wall_2012.06.28.pdf. 教育投資利益率を分析することは、莫大な資金が投じられる教育界の財務健全性を知るうえで不可欠である。たとえば、2014年にマイアミ・デード郡公立学校はPromethean社と10,000機以上の双方向電子黒板を教室に装備する独占的供給契約を締結した。この全米で4番目に広い郡では、10万台のHPおよびレノボ製Windows 8パソコンを実装する計画もある。こう

した大規模な購入計画は、2013年6月に承認された6,300万ドルの予算で賄われる。http://news.morningstar.com/all/market-wired/MWR11G012603001/promethean-selected-to-provide-interactive-board-technology-teacher-training-to-over-10000-miami-dade-classrooms.aspx（アクセス確認日：2014年4月11日）。

③ Institute of Education Sciences, "Fast Facts: Educational Technology," http://nces.ed.gov/fastfacts/display.asp?id=46（アクセス確認日：2014年4月11日）。

④この問題について、前著『教育×破壊的イノベーション』の第3章で詳細に論じている。"Crammed Classroom Computers."

⑤ Larry Cuban, *Oversold and Underused: Computers in the Classroom* (Cambridge, MA: Harvard University Press, 2001), pp. 133.134.

⑥ Howard Blume and Stephen Ceasar, "L.A. Unified's iPad Rollout Marred by Chaos," *Los Angeles Times*, October 1, 2013, http://www.latimes.com/local/la-me-1002-lausd-ipads-20131002,0,6398146.story (October 18, 2013).

⑦ "Charter and Cyber Charter School Reform Update and Comprehensive Reform Legislation," March 2013, http://www.pahouse.com/PR/Charter_and_Cyber_Charter_School_Report.pdf

⑧クェーカータウンの概要については、以下より抜粋。the Clayton Christensen Institute, "Quakertown Community School District," Blended Learning Universe, http://www.christenseninstitute.org/quakertown-communityschool-district-2/（アクセス確認日：2014年4月11日）。

⑨データは以下参照。Rebekah Cain, director of development&communication, FirstLine Schools, April 14, 2014.

⑩ファーストライン校の概要については、以下より抜粋。the Clayton Christensen Institute, "Arthur Ashe Charter School," Blended Learning Universe, http://www.christenseninstitute.org/arthur-ashe-charter-school/（アクセス確認日：2014年4月11日）。

⑪トーマス・B・フォーダム研究所による2013年の調査には、教育機関にとって価値のある目標に反映すべき要素が示されている。調査では、保護者が学校に対して最も高く評価している点を尋ねている。結果は、ほとんどの保護者が主要科目を中心としたカリキュラムを期待し、とくに理系科目を重視しているが、それ以外では保護者の価値観は大きく異なる。地元社会に反映されている保護者の価値観の多様性に応える機会を提供するためには、オンライン学習を利用して目標を立てることができる。たとえば、実務的な保護者であれば職業訓練教室や就職関連プログラムを提供する学校を高く評価する。「ジェファーソン主義者」とレッテルを貼られた保護者は、市民権や民主主義、リーダーシップに関す

る指導を重視する学校を好む。いわゆる「多文化主義者」は生徒たちが異なるバックグランドを持つ人々と一緒に学ぶことに留意し、「表現者」は学校で芸術や音楽の授業が重視されることを望み、「勤勉な人々」は自分の子どもがトップ大学に合格することを重要視する。Dara Zeehandelaar and Amber M. Northern, "What Parents Want: Education Preferences and Trade-offs," Thomas B. Fordham Institute, August 26, 2013, http://www.edexcellence.net/sites/default/files/publication/pdfs/20130827_What_Parents_Want_Education_Preferences_and_Trade_Offs_FINAL.pdf

⑫ George Doran, "There's a S.M.A.R.T. Way to Write Management's Goals and Objectives," *Management Review*, 1981, 70(11), pp. 35-36.

⑬この考え方は、ある程度次の著書で述べられている意見と共通する部分がある。Ted Kolderie, *The Split Screen Strategy: Improvement + Innovation* (Edina,MN:Beaver's Pond Press, 2014).

⑭ Rogers Family Foundation, "Oakland Unified School District Blended Learning Pilot," http://www.rogersfoundation.org/system/resources/0000/0022/Blended-Learning_final.pdf; Sean Kennedy and Don Soifer, "Why Blended Learning Can't Stand Still: A Commitment to Constant Innovation Is Needed to Realize the Potential of Individualized Learning," April 2013,pp. 7-12, http://www.lexingtoninstitute.org/wp-content/uploads/2013/11/WhyBlendedLearningCantStandStill.pdf

⑮ DadeSchools.net, http://www.dadeschools.net/（アクセス確認日：2014年7月22日）.

⑯ "Models for Virtual Learning Labs across Florida," Florida Virtual School, http://www.flvs.net/educators/VLL/VLL%20Models.pdf

⑰繰り返し成功を収める教育イノベーションリーダーとなりたければ、「破壊的成長エンジン」を設定する必要がある。これは、非消費領域を埋めると同時に学習者中心の新しい教育モデルを開発する機会を常に探し求めるプロセスである。このエンジンを創造する4つのステップは以下のとおり。⑴必要に迫られる前に始める、⑵大きな権限を持った管理職を責任者として配置する、⑶身軽に計画を実行に移すことのできる専門家でチームを結成する、⑷破壊的な機会を見逃さないよう組織全体で研修を実施する。成長とイノベーションの文化を確立するには、リーダーがこのプロセスを定期的に何度も繰り返す計画を立てるべきである。この案は下記の本より流用した。*Innovator's Solution* by Clayton M. Christensen and Michael E. Raynor (Boston: Harvard Business School Publishing Corporation, 2003),pp. 267-284.

⑱以下参照。Clark Gilbert and Joseph L. Bower, "Disruptive Change: When Trying Harder Is Part of the Problem," *Harvard Business Review*, May 2002, 94-101;

Clark Gilbert, "Can Competing Frames Co-exist? The Paradox of Threatened Response," working paper 02-056, Harvard Business School, 202.

⑲ この項は、以下の著作より抜粋。Clayton M. Christensen andMichael E. Raynor (2003), *The Innovator's Solution: Creating and Sustaining Successful Growth* (Boston, MA: Harvard Business School Press), pp. 112-116.

⑳ Daniel Kahneman and Amos Tversky, "Choice, Values, and Frames," *American Psychologist*, 39 (1984), pp. 341-350.

〈訳注〉
①高校最後のダンスパーティ。
②教育的介入への反応。

■ **第4章**

# イノベーションを起こす組織

　第3章では、持続的イノベーションと破壊的イノベーションの違いを説明し、学校のスローガンとして掲げる目標を設定するなど、ブレンディッド・ラーニングを導入する際に指導者がとるべき最初の手順をアドバイスしました。本章では、その次のステップである、スローガンを具体的で効果的に実行するためのチームづくりについて説明します。

　私たちが適切なチームづくりの重要性について注目するようになったきっかけは、ある大都市近郊の学区のIT責任者グループとの電話会議でした。その学区は、2010年に連邦教育省から「イノベーション投資」プログラムの一環として、数百万ドルもの助成金を受けていました。学区はその資金を個別学習の実現に投資すると約束しました。それ自体はスローガンとしては説得力のある話でした。助成金を使って最新式のITシステムを開発し、標準的な学習計画と教材の推奨・管理ツール、そして生徒、教師、保護者がアクセスできるインターフェイスを一つに統合したのです。しかし2、3年プロジェクトが進行すると、IT責任者たちは不安になりました。多くの教員研修や学区の支援がありながら、実際に新しいシステムを使って期待された変革に取り組んだ教師はほとんどいなかったのです。「これ以上、何ができるのでしょうか？」と、電話会議の参加者の一人は嘆いていました。

　その学区では、ブレンディッド・ラーニングのスローガン設定の次のステップである「戦略の策定」でつまずいていたのです。学習者中心の教育システムに変更するために必要な大改革の多くは、教室の中だけで収まるわけではありません。第2章で見たように、個別化・達成度基準のブレンディッド・ラーニングのモデルの多くは、従来の教室を廃止して展開されています。したがって、

一人の教師ができることには限界があるのです。教師に完全な裁量を与えることは必要ですが、教室の間取りや学区の規則を自由に変えたりできなければ、それも限界があります。その学区に欠けていたものは、改革を前進させる適当なチームを関与させる戦略です。同時に、まさに取り組もうとしている教師や学校にも、クラスを学習者中心のシステムに変えるために早急にすべき多くの具体的な手順があります。戦略の鍵は、どの程度まで改革することが必要か、それに伴ってどんなタイプのチームが必要か、そして誰がメンバーになるべきか、を正しく判断することです。

## 1. チーム編成の枠組み

　課題を特定し、ブレンディッド・ラーニングを使って解決しようと決めたら、誰を解決チームのメンバーに選ぶべきでしょうか。教師一人でブレンディッド・ラーニングを立ち上げるべきでしょうか。校長先生または教育長は、どのように関与すべきでしょうか。地域社会の住民はどうでしょうか。ブレンディッド・ラーニングの運用はシンプルに進めるべきでしょうか。それとも海軍特殊部隊のような組織が必要でしょうか。これから説明するフレームワークが、こうした疑問にお答えします。学校改革に取り組む人々は、4種類の課題に直面するという前提でお話しします。それぞれの課題に的確に取り組むには、異なるタイプのチームを組織する必要があります。図4-1は、4種類の課題を縦に並べたものです。一番下が単一科目レベルの課題で、一番上が組織全体レベルです。

**機能チーム**

　課題のなかで最もシンプルなのは、機能的課題と呼ばれます。これは製品の一部または手順の一ステップにのみ関連する課題です。作業は自己完結型で、組織の他の部署に影響を与えないため、各部署の内部で完了します。
　具体的に説明すると、トヨタが標準タイプのレクサスに装備するハンドルを、1万2千ドルほど高い上級車用のヒーター付きハンドルに変更するといった事例です。両車種とも車高・車幅・全長すべてが変わらない、実質的には同一機種で、唯一の違いが、ハンドルなど部品レベルでのアップグレードです。

### 図4-1 プロジェクトのタイプとチーム規模の関係

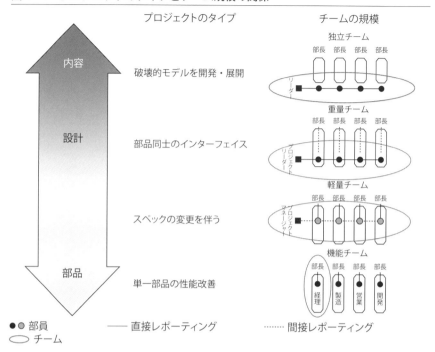

　この上級車用ハンドルを製造するためには、ハンドルのデザインを担当する開発チームが、同じ部署のメンバーだけで作業をすれば済みます。たとえば座席やランプの製造を担当する部署のメンバーを巻き込む必要はありません。他の部品を交換せずに、上級車用ハンドルだけ交換することが可能なのです。なぜなら、開発担当者は同じモデルの車種であれば部品を付け替えられるように、各部品のスペックを事前に細かく定めているからです。さらに、各部品の性能基準をクリアするために、製造方法と他の部品との接続方法までも細かく規定しています。こうして細かいスペックが決められているからこそ、部品が更新されても開発担当者や製造担当者との調整は最小限に済ませられるのです。部品が標準だろうが上級だろうがその中間だろうが、全員が部品の大きさや形の正しい製造方法を熟知しています。このため、トヨタでは部署間の調整をほとんどせずに、基本モデルの設計に全く手を加えることなく、上級車用ハンドルに変更することが可能なのです。

機能チームは、部品レベルの改良をする場合に最適な組織です。図4-1では右下に表示してあります。トヨタでは、経理や営業、製造、開発などの各部署が、それぞれ固有の課題に対処するために機能チームを使っています。各機能チームが何をして、他のグループとどのように協働するのか細かく規定されています。事前に決められた範囲内で他部署への影響がほとんどない限り、調整コストをほとんどかけずに各チームは独立して効率的に作業を進めることができます。よくあるように、他のチームに影響があるにもかかわらず単独の部署で作業を進めると苦情が出ますが、他のチームと無関係のときには多くの努力を無駄にする官僚的な煩雑さを避けることができるので、機能チームがベストの選択なのです。

**軽量チーム**

　改革者が直面する2番目のタイプの課題は、改善作業が他の部署の仕事にも影響を与える場合に発生します。作業が複数の部署にまたがることが予想される場合、プロジェクトを管轄する軽量チームを編成する必要があります。2013年10月に、トヨタは軽量チームを立ち上げました。2012-13年製のカムリ、ベンザ、アバロンの運転手席側のエアバッグが、警告なしに突然破裂する重大な安全基準違反が発覚したためです。この問題を解決するには複数の部署が関与する必要があったため、機能チームでは不十分でした。

　複数部署の代表者が集まり、規定どおりに役割を分担すると、決定事項は複数部署に関係するものとなりました。開発部門が事故原因を究明したところ、驚いたことにクモが犯人であることが判明しました。エアコンの配水管にクモが巣を張って、エアバッグの制御部品の上に水漏れしていたのです。実際にエアバッグが破裂したのは3例、警告ランプが点いたのは35件に過ぎませんでしたが、原因究明のために結成された調査委員会は、「安全第一」で80万台以上もの車をリコールする決断をしたのです。この決定を購入者へ通知し、メディアに対する危機管理のため広報部を巻き込む必要が生じました。該当車種をリコールして、開発部門がクモの侵入を防ぐよう密閉し、水漏れしないよう蓋を取りつけるといった簡単な措置を発表したのです。

　この一連の対応を通じて、トヨタでは問題全体を統括しながら、複数部門が協力して解決できるよう調整する軽量チームが必要でした。チームの責任者は、

各部門を行き来して全体が円滑に進むか確認しました。図4−1では、軽量チームの責任者とメンバーとの関係が点線で表されています。しかしながら、図で縦の実線で示されているように、作業に対する責任は主に各部署が負います。軽量チームは、複数部署で協働するに当たり、主に所属部署の能力と利益を代弁することを目的としているのです。

**重量チーム**

　ここまで製品の一部の改良または修繕を伴う課題について説明しました。しかし時には、製品構造そのものを再考するような大掛かりな抜本的改善が必要な場合もあります。この場合、新しい部品を組み合わせたり、削減したり、追加したり、または同じ部品に全く違う機能を要求することが必要になることもあります。言い換えれば、その部品および担当者は、それまで予想も規定もしていなかった新しい方法で他の部品や部署と関与する必要があるのです。こうした複数部署に及ぶ課題を解決する際には、システム全体としての最善を得るため、時には所属部署の利益を捨てて他部署に譲ることも必要になります。

　こうした問題に対処するには、重量チームの結成が必要です。この3番目のタイプのチームでは、メンバーは元の所属部署の枠を越えて、これまでとは異なる方法で関与します。効率性を重視して、メンバーは籍を二重にする場合が多く、大きな権限を持った責任者がチームを率います。メンバーはチームに参加して、出身部署から専門知識を持ち寄りますが、チームとして活動している間は、出身部署の利益を代弁するような考えは捨てなければなりません。むしろ、プロジェクト全体の目標達成のために、よりよい方法を見つける集団責任を負うという考え方です。

　トヨタがハイブリッドカーのプリウスを開発した際には、製品構造がそれまでとは全く異なるものだったため、機能チームや軽量チームでは対処できませんでした。従来とは異なる新しい方法で他の部品と組み合わされる新しい部品を開発するために、トヨタは各部署から主要メンバーを選び出して、新しい部署として重量チームを結成したのです。メンバーは各部署から専門知識を持ち寄りましたが、彼らの役割は出身部署の利益やニーズを代弁することではありません。チームとして、エレガントな車をつくることでした。内燃エンジンが電動モーターの推進力を制御し、ブレーキは単にスピードを緩めるだけでなく、

発電機能も備えていました。このため、バッテリーの役割も全く違ったものになりました。

　トヨタは、プリウスの基本設計をより洗練するために、2世代後の車両が完成するまで各部品がうまく接続して作動するよう重量チームを残しました。しかし、ひとたび開発責任者が十分に理解すれば、それぞれの出身部署へ戻って次世代プリウスの開発に取り掛かれるように、各部品の製造方法と部品の接続方法をマニュアル化して、部署間調整にかかわる人的コストを削減したのです。重量チームは製品の再設計が完成するまでの期間限定であるべきで、恒久的な組織とすべきではありません。

**独立チーム**

　4番目のタイプは独立チームです。独立チームは、破壊的なモデルを立ち上げることが課題となる際には不可欠です。ビジネスの世界では、新しい事業の収益メカニズムが既存ビジネスの収益構造と両立不可能な場合です。独立チームは、新しい市場で収益を生む新しいモデルをつくり出すための手段です。

　トヨタが、電気自動車は将来運転方法を根本的に変える破壊的イノベーションだと考えているとしましょう。すでにハイブリッド車のプリウスを販売していますが、電気だけで走る自動車を発売して破壊的イノベーションを起こし、新規参入組に先を越されたくないと考えます。しかし計算上は、トヨタの経営陣は電気自動車はビジネスとして成り立たないと結論を下します。今のバッテリー技術では未熟で、自社の顧客が購入するような車はつくれないため、高速道路の走行に十分なバッテリーを開発するには莫大な初期投資が必要だからです。車体価格を高く設定し、政府の環境対策エネルギー助成金を当てにして、利益を搾り出すしかないのです。太平洋の向こう側のアメリカで電気自動車市場を牽引しているテスラ社を見れば、トヨタの経営陣の見通しは当たっていることがわかります。テスラの最初の製品、ロードスターは2006年に10万9千ドルで発売されました。大きな話題にはなりましたが、政府の経営支援と電動自動車購入者に対する助成金があっても赤字続きです。

　トヨタの予想は現実から大きく外れてはいません。2013年にトヨタの会長は、「トヨタが電気自動車を発売しない理由は、まだ市場が成熟しているとは思えないからです」と発言しました。市場に受け入れられる製品を出すまでに、

少なくともあと2世代のバッテリー技術の改良が必要だと予想しています⑦。

　トヨタのビジネスモデルでは、機能チーム、軽量チーム、あるいは重量チームのいずれを立ち上げても、電気自動車で成功を収めることはできません。独立チームの編成が必須です。現在の組織は、企画から開発、営業、販売に至るまで、高速道路や一般道を走行するドライバーを対象とするよう編成されているからです。この体制では、電気自動車を売っても利益を出すことはできません。しかし、たとえトヨタがこの機会を捨てても、ビジネスモデルの異なる新規参入者が中核市場の周辺で電気自動車の販売を成功させるでしょう。たとえばStar EV社は、ゴルフ場や老人ホーム、空港、大学、倉庫、警備会社などにすでに電気自動車を販売しています。利用者はディーゼルやガソリンの代わりに低速で充電可能な電気自動車に喜んで乗り換えます。Star EV社も、そのようなニッチ市場に1台5千ドル以上で毎年何千台も販売しているのです。その一方でトヨタは、1台1万4千ドル以上で毎年900万台以上の車を、従来の市場で販売することに満足しています。

　成功している企業が現在の殻をなかなか破れない理由は、現在のビジネスモデルより高い利益を出すことが確実なイノベーションのみを優先することが当然だからです。したがって、破壊的な機会に参入する最善の方法は、現在とは異なるビジネスモデルを持つ独立チームをつくって、新しい市場が魅力的であることを確認することなのです⑧。

　ここで言う「独立」とはどういう意味でしょうか。物理的な分離は重要な要素ではありません。鍵は、プロセスと優先順位にあります。破壊的なプロジェクトは、新しいプロセスと優先順位を確立する自由を与えられる必要があります⑨。独立チームのメンバーは、マーケットリーダーと競い合うために、いかなる誘惑より破壊的な機会を優先することでメリットを得なければなりません。

## 2. ブレンディッド・ラーニングチームの学校現場での適用

　ブレンディッド・ラーニングのプロジェクトを始める際に最適なグループを編成する鍵は、第一に希望する変革レベルを実現できるタイプのチームにすることです。最初からブレンディッド・ラーニングのモデルやプログラムの内容を細かく決める必要はありませんが、実現する改革の範囲は正確に把握してお

く必要があります。現状に大規模な、または結果の予測が不可能な変更が不要な教室レベルの改善には、機能チームまたは軽量チームが最適です。複数の部署間で新しい交流や調整が必要な構造的な変更には、重量チームです。教室を全廃して新しい学習モデルと入れ替える破壊的プロジェクトは、新しい見方で異なる優先順位をつけて解決法を導く独立チームが最適です。図4-2は、学校でのプロジェクトにおいて、どのタイプのチームが適しているのかを示しています。

図4-2 学校現場でのプロジェクトのタイプとチーム規模の関係

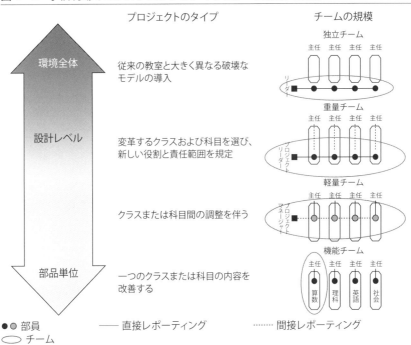

### 機能チームのケース

個々の担任教師または教科担当教師全員というレベルで、指導方法を一歩進めてブレンディッド・ラーニングを導入することで内部の問題を解決する場合があります。その場合、ひとつのクラスが学校全体の中でうまく機能する方法

はすでに理解されているため、機能チームが適しているでしょう。機能チームは、他のグループや部署との調整を必要としない課題に対して、持続的イノベーションを適用する場合に最適です。

　学校の中にはさまざまな機能チームがあります。個々のクラス担任、中学・高校の教科担当、または小学校の学年担当の教師たちです。これら機能チームは、他の部署に影響を与えずに絶えず変更を行っています。たとえば、理科で新しい化学の実験を導入する場合、他の科目との調整は必要ありません。ただ自分たちで制御できる範囲内で変更すれば済む話です。

　同様に、個々の教師の判断で、クラスに反転授業を導入することも可能です。自分のクラスの授業方法を変更するだけの話です。他のクラスに何ら影響はありませんので、自分一人の機能チームだけで解決できます。ただし、他のメンバーの助けを借りずに、一人で生徒用の機器を手配したり録画をするという前提です。今日、世界中で何千、何万という教師たちが自分自身で決断しています。現在の時間割でもローテーションを組むのに十分な余裕があり、必要な端末とネット環境さえ揃えば、一人の教師が機能チームとして自分のクラスでステーション・ローテーションを導入するケースもあります。たとえば、南カリフォルニアのリバーサイド統合学区では、前の教育長が中学の教師たちにイノベーションを促しました。その結果、何十もの反転授業やステーション・ローテーションが導入されました。

　機能チームは、以下のような課題を解決するには最適です。

・生物の授業で実際に実験をする時間が十分にない場合、講義内容は生徒が自宅でオンライン学習できるようビデオをネット公開し、浮いた分を実験に当てる
・小学3年生が一人では算数の宿題を終わらせることができない場合、教師は宿題を出す代わりに、夜に短いビデオをオンラインで視聴させて、教師がサポートできる学校では演習問題に取り組ませるよう授業と宿題の時間を反転する
・IT部門がWi-Fiを学校中に配備したものの、接続が不安定なため、教師たちからの苦情を受けて、技術担当者がルーターの最適な設置場所を見つける
・中学生はすでに週3回、コンピュータ室でスペルと読みの演習をしているが、

英語の教師は授業でコンピュータ室のデータを使って的確に生徒をグループ分けし、課題を与えることに苦労している

最後の事例では、生徒はすでにコンピュータ室とクラスの間を移動していますが、教師はやり方を改善したいと考えています。ラボ・ローテーションを一から導入する場合には、学校全体の変化のレベルによっては軽量または重量チームが必要です。しかしこのケースでは、基本的な移動はすでに実施されていますので、教師は少し手を加えるだけでよいのです。したがって、機能チームで十分でしょう。

機能チームでは、通常はチームミーティングと同程度の解決例の調査と研修をするだけで十分です。対照的に、どんなに調査や研修を重ねても、軽量・重量・独立チームを必要とする課題の解決はできません。

## 軽量チームのケース

その他の課題には軽量チームが適しています。通常どの学校にも複数の軽量チームがあります。高校では、複数科目間の学習活動を調整するために軽量チームを結成することはよくあります。同様に、小学4年生に2桁の割り算を新しい方法で教えようとすれば、それが5年生の算数の授業にどんな変更を必要とするのかを特定して、賛同を得るために軽量チームが調整します。軽量チームは学区レベルでも、たとえば教員の健康プランの変更が福利厚生、経理、人事部門に与える影響を調整します。

軽量チームは、複数のグループが協働しなければいけない状況に適していますが、グループ間の関与の仕方は想定の範囲内です。機能チームと同様、軽量チームは持続的イノベーションを導入する場合に最適です。北カリフォルニアのミルピタス学区は、早い時期にブレンディッド・ラーニングを導入しました。教育長はいろいろな戦術を使って実践に移していきました。学区内のバーネット小学校では、ボトムアップ・アプローチ法を採用しました（ビデオ16）。改革に意欲のある教師たちに権限を与えて独自のブレンディッド・ラーニングモデルを開発させ、学区の職員と協力して実践に必要な機器や家具を調達させました。小学4年担当の教師は、学区の協力を得て開発したステーション・ローテーションを導入し、生徒が自律的に学習し、目標を定め、他の生徒と共に学

び、成績を見て自分の進捗を把握できるようサポートしています。

軽量チームは、以下のような課題の解決に最も適しています。

- 生徒が週3回コンピュータ室で学習できるように、他の教師たちと時間割の調整が必要なケース
- 中学の教師が指導の一部にオンライン学習を導入するために、学区のIT担当者の協力を得て教室にコンピュータとネット接続を整備するケース
- 小学1年生の読書の時間に、他の生徒がオンラインで練習または少人数指導を受けている間、5年生に読書相手として参加してほしいケース。ローテーションはすでに導入済みで、5年生の参加だけが新しい要素。

上記それぞれの状況では、軽量チームの責任者は関係部署間を行き来して、うまく連携できるよう調整します。チームのメンバーは、全プロセスを通じて出身部署またはクラスの利益を代弁します。

ビデオ16: バーネット小学校へブレンディッド・ラーニングを導入するため軽量チームで学区と協働する

www.wiley.com/go/blended16

## 重量チームのケース

なかには教室または部署の枠を越えて発生する課題もあります。その場合は、学校または学区の基本制度そのものを変更する必要があります。教師に教室内での指導方法を考えたり使用ソフトを選ぶ権限を完全に与えることは、一定の課題を解決するには重要ですが、教師は時間割など学校の仕組みや学区の規則

を独断で変更することはできないので、限界もあります。そうした場合に最も有効なのは、重量チームです。重量チームのメンバーは二重籍を持ち、大きな権限を持った責任者がチームを率います。メンバーにとって最も重要なルールは、出身部署の利益は忘れて、プロジェクトの目標達成のためだけに協調して働くことです。

　学校では、教師や管理職だけでなく、カウンセラーやその他のスタッフ、保護者を含め、各部門から専門家を集めて重量チームを結成することが可能です。学区が重量チームを編成するにはいろいろな方法がありますが、チャーター・スクールまたはパイロット・スクールが最も一般的な手段です。そこでは、従来の学区制度における部門の枠を越えて、新しい学習モデルを創造する自由が教師に与えられます。学校で新しいプロセスや抜本的な改革を企図するには重量チームが適していますが、従来の教室を使わない大変革を起こすには独立チームのほうが向いています。重量チームは、学校や学区内で教室、部署などの革新的な制度を設計するには理想的です。

　成功するにはチームのタイプだけでなく、的確なメンバー選定も重要です。機能チームや軽量チームが扱うレベルの変革では、多くの場合、問題を解決する意欲のある教師がリードします。とくに、校長や教育長から権限を与えられた場合です。重量チームでは、絶大な決定権を持った人間が必要ですが、それは公式の肩書きを持った責任ある指導者による、より積極的な関与が必要という意味です。たとえば、通常の時間割より多くの学習時間を生徒に与える必要がある場合や、他の部署に所属する教師を巻き込んで通常とは異なる場所で学習させることが必要な場合、ほとんどの教師はそのような変更を実行する権限を与えられていません。改革に賛同している教師たちでチームを結成するだけでなく、懐疑的な教師たちの意見も聞いてプロジェクトをつぶされないようにすることが重要ですが、そのバランスがむずかしいのです。

　ミルピタス学区では、区内の学校で改革を始めるために、軽量チームの他に重量チームを採用しました。たとえば、数年前に教育長は、学区内の教師たちと校長に一つの質問を出しました。「理想の学校をつくるとしたら、どのように設計しますか」と。学区の教育委員からすでに提示された設計の基本案をもとに、複数の教師と校長のチームが3ヵ月にわたり企画を考え、教育長と教育委員、労働組合に案を提示しました。課題は、学区内の生徒の半数以上が移

民であることを踏まえ、生徒のニーズに合わせて学習を個別化することでした。2つの小学校が提案したラボ・ローテーションによるブレンディッド・ラーニングへの転換案が採用され、大規模な変革が始まりました。

　重量チームは、とくに以下のような課題を解決するのに適しています。

・学校全体の算数と読解の成績を上げるために、ブレンディッド・ラーニングを導入して時間割、教師の役割、カリキュラムを変更する場合
・学区内の学校間成績格差を縮小するために、授業時間基準から達成度基準へ変更する場合
・高校で全生徒に主要科目で少人数指導とオンライン学習を増やすため、ローテーション・モデルを導入して時間割を抜本的に変更する場合

　本章の冒頭で、コンピュータ導入のインパクトを拡大しようとしている都市近郊の学区についてお話ししました。そこでは、ブレンディッド・ラーニングを導入するに当たり、重量チームを編成すべきところを機能チームで間に合わせようとしたのです。校内から選ばれた教師たちからなる機能チームは、義務的に研修に参加し、カリキュラムはそのままに新しいシステムと機械を導入しました。確かに個々の教室で変化はありましたが、変化がそれ以上広がるには限界がありました。重量チームであれば、メンバーは日常業務から離れて、チームとして最善策を設計するため、時間割から教師の役割、カリキュラムに大きな変更を加え、もっと広範囲に戦略的な方法でテクノロジーを導入することができたはずです。

## 独立チームのケース

　機能・軽量・重量の各チームが扱うプロジェクトとは対照的に、従来の教室を全く新しい教育モデルと入れ替えるプロジェクトがあります。機能・軽量・重量の各チームは、一般的に通常授業に関する改革のスローガンを掲げるのに適していますが、非消費領域のプロジェクトを扱うには異なるチーム形態が必要です。破壊的な改革を成功させるには、予算、採用・配属、設計、カリキュラムを一から組み替える権限を持った独立チームを結成するのが最適です。こうした独立を保証することは不可欠です。なぜなら、成功する破壊的改革は2

段階で進行するからです。新しいテクノロジーの導入が第一段階ですが、環境も同様に重要です。環境も新しくなければ、テクノロジーは古いモデルの上に積み重なるだけで、騒ぎが収まってみれば、ほとんど変化は見られません。これが、工場型教室が昔とほとんど変わらない形で残り続けている理由であり、過去何年にもわたって教育テクノロジーに莫大な投資がなされたにもかかわらず、目立った成果を出せない理由です。

　この２段階プロセスを理解するには、法案が成立する過程を思い浮かべるとよいでしょう。ある下院議員が、世論の高まりを受けて完璧な法案を提出するとします。しかし、まず予算委員会で予算内に収めるために修正が入れられます。商工会議所からは、支持と引き換えに国内産業の利益を侵さないよう修正が要求されます。コネチカット州選出の有力上院議員は、地元選挙区に有利になるような修正をいくつか望んでいます。そして最終的に大統領が署名する法案は、最初に下院議員が提出したものとは似ても似つかないものになってしまうのです。それぞれ修正を要求した人たちに悪意があったわけではなく、それぞれが自分たちの合法的な利益を守った結果なのです。というわけで、法案を承認するには自分たちの利益が大きく損なわれないことを確信する必要があるのです。

　新しいテクノロジーは、工場型教室を完全な学習者中心モデルに転換する可能性を秘めています。しかし、テクノロジーを選択した教師にはそれに見合う新しい器具を購入する予算がありません。そこで既存の教室をそのまま転用することになります。この教師の他には時間割を変更することに積極的な教師はいないので、生徒一人ひとりのニーズに沿った柔軟な時間割でテクノロジーを利用することはできません。校長の教員評価には、集団授業を実践する能力が含まれるので、古い形の授業も残さざるを得ません。こうしてモデルに妥協を重ねていくと、最終的には導入されたテクノロジーだけが残って、もともとあった従来の工場型教室に非常に近いモデルになってしまうのです。テクノロジーがどれだけ革新的なものであっても、既存のシステムにそのまま導入すると、テクノロジーはシステムに同化するように形を変えてしまいます。

　これとは対照的に、同じ教師が校長先生や他の教師たちと一緒に、古い制度とは一線を画して「学校の中の学校」を形成すれば、当初の考えがそのまま反映される可能性は高くなります。校長先生またはシニアリーダーは、独立チー

ムと一緒に目標と結果を明確に設定し、チームに予算、人事採用、教室設計、カリキュラムに関してできるだけ大きな裁量を与えるべきです。独立チームの長所は、既存制度が持つしがらみを絶って、新しい環境でスタートできるメカニズムを持っていることです。

　教育モデルのこうした要素について大きな権限を持つ上級官僚が、破壊的プロジェクトを先導し、古い制度に戻そうとする既得権者から守る権限を持つことが必要なのです。「学校の中の学校」を設立し、維持できるようなレベルの法的権限を有する幸運な校長先生もいます。しかし、これな稀な例です。ほとんどの場合、破壊的なプロジェクトを容認し、別枠で予算を確保すると同時に、独立チームを既存の規則と切り離すには、学区と学校の理事会がプロジェクトに関与する必要があります。州の容認が必須の場合さえあります。州もまた、独自の独立チームを結成して学校改革を進めることができます。イノベーションを使って改革を進めたい人は、この組織構造をうまく利用するべきです。独立チームは、以下のような仮想の事例を解決するために使うことができます。

- オクラホマ州の地方にある複数の高校は、トップの大学受験に必要な発展コースを十分に提供できない。校長たちが、対面授業を補完するオンラインコースを提供するサイバー・アカデミーを共同で創設する
- 成績上位の高校の保護者が、一部の科目でより深い専門性を学ぶために、その他の科目を早く進めたいと考えている。学校の方針と合わないので、高校の隣に学習室をつくって、生徒たちがいつでもブレンディッド・ラーニングで学習できないか思案している
- とくに妊娠が原因で高校を中退する生徒が多く発生する問題を抱えている学区で、教育長は中退者を受け入れる新しい学習センターを設立し、彼女たちが卒業できるよう支援する

　上記の例は、いずれも組織または制度の一つ上のレベルでの変更を含んでいます。学校システムのなかにいる教師、官僚、その他関係者の優先順位そのものを変更することが必要です。これら関係者は、保有する資源と能力をどのように配分するか、日々判断に直面します。校長は、生徒指導に何時間かけるべきか、予算を修正すべきか、校内巡視にいつ出かけるべきかなどを考え、教師

はどの規則を強化すべきか、特定の生徒に対していつ注意を向けるか、学年末試験にどの程度留意するべきかを決めなければなりません。教育関係者は、優先順位が学校の文化になるまで何度も考え直して課題を解決します。

　独立チームを結成することに多くの人々が二の足を踏む理由は、生徒自身が学習のペースを柔軟に決められる学習者中心の学習スタジオ形式に転換した例がまだ少ないことにあります。「マイペースで学習を進める子どもたちを見ることは、ビッグフットを見るようだ」と、高校を運営するあるNPOの代表は言います。「ビッグフットについては誰もが知っていますが、不鮮明な写真が何枚かあるだけで、自然のなかで実際に見たことがある人はほとんどいません」。生徒たちには決められたペースで時間どおりに行動する従来の教室の文化が深く根づいているため、マイペースで進む柔軟性を優先することはきわめてむずかしいのです。しかし、人事、予算、教室、カリキュラムを調整する権限をもつ独立チームには、新しい優先順位を打ちたて、既存の手順や優先事項すべてからなる新しい文化を一からつくる余地があるのです。

## 3. 複数のチーム形態を併用

　学校、学区、学校法人が、さまざまな課題を解決してシステム全体の転換を図ろうとする際には、常に目的とタイミングによって異なるチームを使い分ける必要があります。たとえば、ニューヨーク市教育局では、「iゾーン」というプロジェクトを通じて複数のチームを使って個別学習を導入し、学校、教育関連企業、政治家と教育局が一体となって改革を広めました。このプロジェクトでは、改革を進めるには3つのレベルでの作業が必要でした。一つは、現場の教師や校長、教育局のスタッフを含む重量チームを使って、新しい学習モデルを企画・検証し、新たな仮説でアプローチすることです。2つ目は、規制緩和を勝ち取り、イノベーションを阻害する陳腐で負担の多い手続きを撤廃するために、政治家や教育局スタッフと協働することです。現在の機能チーム同士の交流・協働の方法などを学区または州レベルで変更するときには、軽量チームを編成するべきですが、教育局やそのスタッフの理想のあり方を見直すには、重量チームが必須です。最後に、ニーズをとりまとめるには教育関連企業および学校と緊密に連携するチームが必須です。企業は問題解決に必要な対策を提

供し、学区では実際にその作業を実行に移します。このケースでは、プロジェクトの責任者が調整役を務めるため、必要なのは学校、教育局、業者からのメンバーで構成される軽量チームです。

## 4. 誤ったチーム編成の代償

　ブレンディッド・ラーニングを導入する際に、指導者がチーム編成を間違えると大きな機会を喪失し、何百万～何千万ドルという投資が無駄になります。最もよく見られる間違えは、クラスの担任にテクノロジーを使って学習を個別化するよう要請し、従来とは全く異なる新しい学習モデルの開発を期待することです。どんなに素晴らしい研修をして多くのIT予算をつけたとしても、機能チームには既存の教室を全廃したり、破壊的なモデルを勝手に導入する権限はありません。

　これとは反対に、機能チームまたは軽量チームがより効率的かつ簡潔に解決できる課題を、重量チームや独立チームをつくって対処させる学校もあります。上司の簡単な承認を得て、テクノロジーをなんとか使いこなすことさえできれば、多くの教師が担当するクラスで反転授業や移動モデルを単独で導入することが可能です。実際に、会議や研修でブレンディッド・ラーニングについて学んで帰り、その週のうちに反転授業やステーション・ローテーションの試験導入を始めたという事例をいくつも聞いています。もちろん、教室に何か変更を加えるときには、より慎重に計画することをお勧めしますし、多くの場合、ローテーション・モデルへの変更には重量チームが必要となるような本格的な教室の模様替えを伴います。しかし、要はクラス担当の教師でも、自分のクラスを改善しようと思えば、独自の判断で創造的に行動することができますし、すべきなのです。研修や予算は一助にはなりますが、重量チームを結成しても動きが鈍くなるだけです。

　もう一つ強調すべき原則は、重量チームや独立チームが成果を得るには、一定のルールに従って行動することです。重量チームは、籍を二重にすること、責任者には大きな権限と力を持った人を指名すること、そしてチーム全体の利益を考えて自分のクラスや出身部署の利益は棚上げすること、が必須です。独立チームが成功するには、採用、予算、設備、カリキュラムの決定権限を確保

することです。さらに、チームの上級指導者は生まれたての破壊的プロジェクトを、持続的イノベーションにとどめようとする勢力から守らなければなりません。既存システムにいる多くの人が、資源と時間を非消費領域に回すのではなく、伝統的な教室を飾り立て、集団教育に資源を振り向けようと戦いを挑んできます。最高の指導者は、未来を見遠し、破壊的イノベーションがシステムにもたらすメリットを推量し、独立チームを毅然とした態度で守り抜くものです。第3章の終わりで説明したとおり、指導者は破壊的に行動しないと組織の成功に大きな脅威をもたらすことを明示すべきです。そうして、プロジェクトを実行するための独立チームを結成してから、指導者は脅威に注目することをやめ、その代わりに、プロジェクトが成功すれば生徒、教師、地域社会全体にとって大きな機会が生まれることを明確に伝えるべきなのです。指導者はダンスをうまく振り付けることで、破壊的機会から組織、とくに生徒がメリットを得る必要不可欠な役割を果たすのです。

## 4 章のまとめ

- 学校の目標とすべきスローガンを決めたら、指導者はブレンディッド・ラーニング導入のために適正なプロジェクトチームを編成します。機能、軽量、重量の各チームは一般生徒対象の主要科目に関するスローガンを達成するのに最も適し、非消費領域には独立チームを当てます。

- 機能チームが最も適しているのは、商品の一部または作業の一過程を改善することです。トヨタ自動車は、機能チームを使って同じ基本モデルの車体の異なる形式に対応したヘッドランプやハンドルの交換、装備のカットを実施しています。学校においても、同じ部署の教職員からなる機能チームをが他の部署とは関係のない変更に対処します。

- 軽量チームが向いているのは、他の組織の作業に影響のある改善を実施すると決めて、組織同士の指導者の関係が良好であるときです。トヨタは、軽量チームを使って車のエアコンの排水管に巣を張った蜘蛛への対応を調整しました。学校でも、軽量チームが複数の教師グループに関係

する（ただし結果が予測できる）プロジェクトを担当します。

- 重量チームは、作業にかかわる部品および人間の双方が予測不能な、または事前に規定不可能な、全く新しい形でお互いに影響する場合に最も適しています。言い換えれば、新しい設計を必要とする課題です。トヨタは、重量チームを使って従来のガソリン車とは全く異なる仕様を必要としたハイブリッド車プリウスを設計しました。学校においても、重量チームが教室と部署の関係を根本的に再設計する持続的イノベーションを実践します。

- 独立チームは、破壊的イノベーションには不可欠です。人事や予算、設備、カリキュラム等において既存の枠組みを超えて、個別化、教育機会の拡充、コスト管理などの面でメリットある新しいモデルを創り出します。仮にトヨタが将来、ガソリン自動車を廃止して電気自動車に乗り換えるとすれば、電気自動車の販売で当初から見込まれるそれなりの利益にメリットを見出す独立チームの編成が必要になるでしょう。学校でも、工場型教室を完全に廃止して破壊的なブレンディッド・ラーニングに転換する際には、独立チームを使います。

- 指導者は、どんなブレンディッド・ラーニングのモデルが最適か、コース内容はどうすべきか、当初は分からなくても構いません。理解しておかなければいけない点は、おおよその変更範囲です。ブレンディッド・ラーニングを導入して次の段階へ進む前に、時間をかけて適正なチームを編成してください。

## ☞演習問題

☐ 現在の自分の状況において、どんなレベルの課題が最も緊急性があるか。それはなぜか。その課題を解決するにはどんなチームが必要か。メンバーは誰か。リーダーは誰か。

- ☐ ニューヨークで試行されている複数チームの導入は、成功すると思うか。自分の環境で規制緩和が重要だとすると、どのようなチームを編成する必要があるか。それはなぜか。

- ☐ 個人的には、重量チームに入りたいか、機能チームに入りたいか。それはなぜか。

〈注釈〉

① Julia Freeland, "Blending toward Competency: Early Patterns of Blended Learning and Competency-Based Education in New Hampshire," Clayton Christensen Institute, May 2014 (http://www.christenseninstitute.org/wp-content/uploads/2014/05/Blending-toward-competency.pdf). この白書では、習熟度基準教育に向けてブレンディッド・ラーニングを導入しているニューハンプシャー州の13校を調査している。結論は、「この小規模で初期段階のサンプル調査によれば、従来型の授業より相対的に破壊的なブレンディッド・ラーニングのモデルは、習熟度基準教育を大規模に支えるのにとくに適してるようだ。その一方で、いまだ授業時間基準に縛られている学校は、持続的なブレンディッド・ラーニング、すなわち反転授業やステーション・ローテーションを利用している」。

② 本項は、前著『教育×破壊的イノベーション』第9章から抜粋。チームのモデルは、ハーバード・ビジネス・スクールのキム・クラークおよびスティーブン・ホイールライトにより確立された。以下参照。Steven C. Wheelwright and Kim B. Clark, *Revolutionizing Product Development* (New York: The Free Press, 1992).

③ Nathan Ingraham, "Spiders Force Toyota to Recall 800,000 Vehicles," *The Verge*, http://www.theverge.com/2013/10/18/4852840/spiders-force-toyota-to-recall-800000-vehicles (アクセス確認日：2013年10月21日).

④ 重量チームに関する本項の多くは、前著『教育×破壊的イノベーション』第9章から抜粋。

⑤ 対照的に、トヨタの競合企業は軽量チームでハイブリッド車を設計した。その結果、どうしてもプリウスほどの性能を出せなかった。そのことは、ハイブリッド車市場におけるトヨタの圧倒的なシェアという事実にも反映されている。

⑥ テスラは、2009年にオバマ政権から46,500万ドルの借入保証を受け、2012年にはカリ

フォルニア州エネルギー局から追加で 1,000 万ドルの助成金を受けている。"The Other Government Motors," *Wall Street Journal*, updated May 23, 2013, http://online.wsj.com/news/articles/SB10001424127887324659404578499460139237952（アクセス確認日：2013 年 11 月 8 日）．テスラは借入を期前返済したが、いまだに毎年損失を計上している。トヨタとしては避けたい事態である。

⑦ Eric Loveday, "Toyota Sees No Market for Pure Electric Vehicles," *Inside EVs*, October 2, 2013, http://insideevs.com/toyota-sees-no-market-for-pure-electric-vehicles/（アクセス確認日：2013 年 11 月 8 日）．

⑧ *Innovator's Solution*, pp. 198-199.

⑨前掲書

⑩ Christina Quattrocchi, "What Makes Milpitas a Model for Innovation," EdSurge, January 7, 2014, https://www.edsurge.com/n/2014-01-07-what-makes-milpitas-a-model-for-innovation.

⑪本項は、前著『教育×破壊的イノベーション』第3章から抜粋。

⑫校長先生の管理責任が及ぶ権限は、地域により異なる。メットライフ生命保険によるアメリカの教師を対象にした調査によれば、予算配分について絶大な権限を有すると回答する校長が最も少なく（22％）、教師の解雇権限を有すると回答した校長（43％）またはカリキュラムと指導内容について関与する権限があると回答した校長（42％）はいずれも半数以下であった。対照的に、多くの校長が教員の時間割（79％）と教員の採用（74％）については大きな権限を有すると回答している。"The MetLife Survey of the American Teacher: Challenges for School Leadership," MetLife, Inc., February 2013, p. 28.

⑬ iZone, "About the Office of Innovation," http://izonenyc.org/aboutizone/（accessed May 30, 2014), as well as Innovate NYC Schools, "About Innovate," http://www.innovatenycschools.org/about-innovate/（アクセス確認日：2014 年 5 月 30 日）．ニューヨーク市の多段階アプローチの重要性に対する認識は、2014 年 5 月 28 日の連邦教育省におけるスティーブン・ホダスとの会話から生まれた。

# 第5章

## 生徒の動機づけ

　学校の目標となるスローガンが決まり、プロジェクトチームのメンバーが揃ったら、次はいよいよブレンディッド・ラーニングのモデル設計です。人事、端末機材、教材、設備、学習スタイル、校風など、モデルの設計には最終的にさまざまな要素が含まれます。しかし、何よりもまず最初にやるべきことは、生徒になりきって彼らの目線から学校を見ることです。本章の鍵となる前提は、ブレンディッド・ラーニングのモデル設計で最も重要な点でもあるのですが、学校が生徒目線で適切に設計をすれば、生徒たちは大事なことがコミットされていると感じて、モチベーションを持って登校し、意欲を持って学習するようになることです。学習者中心のカリキュラムの学校では、土曜日になると子どもたちが月曜日の学校を待ち遠しがっている、と保護者から感謝されることは珍しくないのです。

　それとは逆に、生徒の立場を理解せずに学校を設計すると、あらゆる場面で生徒たちの抵抗にあいます。なかには規則に従う生徒や与えられた環境に順応する性格の生徒もいますが、多くの生徒が最後には学校嫌いになり、学校が荒れてくるのです。ある中学生が言ったように、「学校が私を学校嫌いにした」という不幸な結果になります。

　したがって、ブレンディッド・ラーニングチームの初仕事は、生徒の希望を正確に理解して、生徒のモチベーションを上げることを基準に、モデルの設計をすることです。

## 1. 学習意欲の重要性

　ある学校の始業式の日に、20人の生徒がカラフルなじゅうたんの上で新任の教師を丸く囲んで座っていました。最初に簡単な挨拶を済ませると、教師は水が並々と入ったピッチャーを持ち上げて、「この水は、あなたたちがこれから1年で勉強するたくさんの知識を表しています」と説明しました。生徒たちが習うすべてのことがピッチャーの中に入っているというのです。

　教師は、次に空の容器を持ち上げました。「これは皆さんの頭です。まだ中味は空っぽです。形を見てください。知識を蓄えるのにはよい形ですね。でも、こんなふうに学校へ来る生徒もいるのです」と言って、容器を逆さまにして、その上にピッチャーから水を注ぎました。すると水は容器の側面を流れ落ちて、床に飛び散りました。子どもたちはキャーと悲鳴を上げて、教師がたくさんの水をじゅうたんの上にこぼしたことに驚きました。「勉強しない生徒もいます。それは悲しいことです。床にこぼれた知識を見てください」。

　次に教師は、容器をどかして、ピッチャーからコップ数杯分の水を直接じゅうたんにこぼしました。「学校に全然来ない生徒もいます。睡眠不足で、家族も学校のことに無関心で、よく遅刻してきます。悲しいことですね。多くのこぼれた知識を見てください」。

　最後に、教師は容器をきちんと上に向けて言いました。「このクラスには、この容器のような頭を持った生徒がたくさんいますね」。そして残った水を容器いっぱいに注ぎました。「皆さんは、これからこの教室で体験するたくさんの冒険で頭をいっぱいにします。この容器のようになりましょう。用意はいいですか」。

　この教師と同じように、多くの教師は子どもたちにたくさんの学習機会を持ってほしいという熱意を持っています。アメリカでは2014年に、未就学児から高校生までの公教育に6,730億ドルもの予算が使われました[①]。教師は、一人当たり年間平均1,000時間以上も指導に費やしました。これは世界のどの国よりも長い時間です[②]。図書館には本がたくさん用意されています。通学かばんは中身がいっぱいで重いので、生徒たちは取っ手をつけて運びます。そして今はインターネットがあるので、学ぶべき知識の量は無限です。それも、生徒

たちに上に向けて置かれた容器のように吸収する意欲があればこそです。

しかし悲しいことに、最大の問題は生徒が学習意欲に欠けていることだと、ほとんどの教師が嘆いています。2013年に5,000人の教師を対象にした調査では、生徒のモチベーション不足が課題のトップにあげられました。2番目が生徒の学習姿勢、以下、授業妨害、授業中の態度の順番です。非常に苦労して学習メニューを用意しているのに、なぜそんなにも多くの生徒が学習に参加しようとしないのでしょう。

## 「やるべき課題」（THE JOBS-TO-BE-DONE）理論

エンドユーザーが飛びつくような商品を開発するのに苦労しているのは、学校だけではありません。毎年発売される新製品の75％以上は、失敗だと言われています。大企業や有名ブランドが派手な宣伝をしても、結果は同じです。経済金融総合情報サイトが過去の10大失敗作のトップにあげているのが、1996年にマクドナルドがより上質な商品を求める大人向けに発売した、大きなベーコンを挟んだ高級ハンバーガー「アーチデラックス」です。マクドナルドは広告に1億ドルもかけましたが、散々な結果に終わりました。

企業は、ある層の顧客が新製品を購入するか、必死になって予測します。しかし、顧客から見れば、市場は顧客または製品カテゴリーによって分類されているわけではありません。顧客には、単に目的を達成するために必要なニーズがあるだけなのです。何か解決法を必要とする「課題」が定期的に現れるので、周囲を見渡して解決できそうな製品やサービスを「購入する」だけなのです。これが消費者の生活パターンです。マクドナルドのアーチデラックスは、相当数の顧客が抱える課題に十分満足のいく回答ではなかったのです。

一方で、ヒットする商品やサービスを繰り返し発売する企業もあります。顧客が置かれている環境を理解し、顧客目線で世の中を見るコツを知っているのです。そのため顧客が直面している課題が見え、その結果顧客が解決策として求める製品を生むのです。顧客の属性やニーズの分析ではなく、課題そのものが最大のヒントなのです。大ヒット商品のほとんどは、開発者が顧客の課題を理解し、より効果的かつ容易に、そしてすばやく経済的にそれを解決できる方法を提供した結果、生まれます。この種の製品は、顧客が特別な努力をしたと自覚することもなく見事に問題を解決するため、「キラーアプリ」とも呼ばれ

ます。

　企業や組織も、顧客にメリットさえあれば製品やサービスは買ってもらえる、という思考に陥りがちです。このことはとくに、教育や健康、環境保護などの社会的使命を持つ組織に当てはまります。いわゆる社会企業は、誰も反対できない価値や善意を持った解決策を示すことで知られていますが、その解決策は顧客が従来とっていた方法より経済的かつ簡単に、そして効果的に実行できない限り受け入れられません。よい商品であることさえ分かってもらえれば、人々は欲しがるに違いないという思い込みで生み出された失敗作の山で、商品の墓場はいっぱいです。

### ミルクシェークの購入理由

　前著で、ファーストフード店がミルクシェークの売上を伸ばすためにとった行動についてお話しすることで、「やるべき課題」理論を説明しました。この事例は、ニーズに基づく行動計画をよく表現しているので、もう一度繰り返します。

　ある時、ファーストフード店がミルクシェークの売上を改善しようと思い立ちました。マーケティング担当者は、最初にミルクシェークの市場セグメントを定義し、次にミルクシェークを最もよく購買している層を特定しました。最後に、対象セグメントのプロファイルに合う人々を集めて、商品のサイズをもっと大きくするのか、値段を下げるのか、中身を濃くするのかなど、どんな改良が必要か評価してもらいました。テスト参加者からは明確なフィードバックがあり、それに従って商品を改良しましたが、売上は変わりませんでした。

　別のマーケティング担当者は、異なるアプローチを試みました。彼は、1日お店の席に座って顧客の目線で観察しました。驚いたことに、ミルクシェークの売上の半分近くが早朝に集中していたのです。購入者のほとんどは一人で来て、他には何も買わず、ミルクシェークを買うとさっさと車で走り去ってしまうのでした。

　翌朝再び店を訪れたマーケティング担当者は、顧客がミルクシェークを持って店を出る際に質問しました。「すいません。ミルクシェークを買ってどんな課題を解決しようとしているのですか？」。顧客が返答に困っているので質問を変えました。「同じような状況で同じ課題を解決しようとして、この店でミ

ルクシェークを買わなければ、代わりに何を買いましたか？」。実際には、ほとんどの人が同じ課題を解決するためにミルクシェークを買っていることが分かりました。購買者の誰もが、長くて退屈な通勤時間を楽しくするものを求めていたのです。店を出る時点ではまだお腹は空いていませんが、10時には空腹になることが分かっています。そこで、今何か食べておいて、お昼まで腹を持たせるのです。問題は、通勤時間は忙しいこと、スーツを着ていること、そして運転中は片手しか空いていないことでした。

　この問題を解決するために、ミルクシェーク以外に何を買ったことがあるかという質問に対して、ベーグルと答える顧客もいました。しかしベーグルはパサパサで味がありません。運転しながらベーグルにクリームチーズを塗るのは非常に危険です。バナナを買った人もいました。しかしバナナはすぐに食べ終わるので、長い通勤の退屈を紛らわせることはできませんし、10時ごろにはお腹がすいてしまいます。ドーナツはベトベトで、ハンドルを汚してしまいます。ミルクシェークは、これらすべての点で問題をうまく解決したのです。細いストローで濃いシェークを飲み干すには20分もかかりますが、運転中に空いた手で何とかすることができます。シェークの中身が何かさえ知りませんでしたが、ダイエットすることが目的ではないので、中身は関係ありません。ミルクシェークを飲めば10時になっても空腹を感じず、おまけに車のカップホルダーにぴったりだったのです。

　別の時間帯には、親が食事の他に子どもにミルクシェークを買い与えることも発見しました。親の課題は何でしょうか。親は子どもに何度も「ダメ」と言うのに疲れ果てていました。そこでミルクシェークを買って子どもを静かにさせ、優しい親を演じたかったのです。それでもマーケティング担当者は、ミルクシェークでは親の目的を十分に達成していないと感じました。親は、自分の食事が終わってからも、子どもたちが細いストローで濃いシェークを飲み干そうとしているのをイライラしながら待っていたのです。同じ店の顧客が2つの全く異なる理由からミルクシェークを買っていたのです。朝、飲み干すのに時間のかかるミルクシェークが必要な通勤者と、別の時間帯に来る親たちにミルクシェークの改善点を聞いて、両者が同時に満足するような平均的な解決策を提示しても、いずれの購買層にもアピールしなかったでしょう。

　しかし、顧客がミルクシェークを買う理由を理解すれば、それぞれの課題を

もっとうまく解決する方法が明らかになり、どのような改良が無駄であるのかが分かりました。退屈な朝の通勤時間をどのように改善できるでしょうか。シェークをさらに濃くして、飲み干すのにさらに時間がかかるようにします。果物のかけらを混ぜ込んでおけば、運転者はたまに口の中で塊を感じることができ、それが単調な朝の作業に意外性と期待感を追加します。同様に大切なことは、店のカウンターの前に券売機を設置して、プリペイドカードを売れば、顧客はさっと買ってすぐに店を出られます。別の課題を解決するには全く違う商品と作業が必要なのです。

**ジムへ通う（または通わない）理由**

　ミルクシェークを改良することはファーストフード店の売上を増やすことに貢献しますが、この事例では生徒たちに適した学習をどのように設計するかという問題からは少しずれているかもしれません。次のヘルスケア業界の事例であれば、教育と同様に消費者自身に役立つことをサポートする問題に取り組むので、「やるべき課題」理論をもっと身近に感じられると思います。

　教師が生徒の学習意欲や熱意を高めるのに苦労するのと同様に、企業も従業員に健康に留意するよう動機づけることに苦心しています。従業員の医療保険費用を抑えることは、企業にとっても重要な目標です。アメリカの大企業でも従業員にフィットネスクラブの割引付き会員権を提供し、体重を減らして健康を維持するよう勧めていますが、実際に利用しているのは従業員のごく一部で、しかも利用者は健康に問題のない人ばかりです。問題は、「健康を維持する」ことはごく少数の人々にしか課題にならず、その他大多数の人々は、病気になって初めて「健康を回復する」ことが優先課題になることです。企業は従業員に健康的な生活を送るよう強く促しますが、すでに実行中の課題と関係なければ、フィットネスクラブの割引付き会員権も無駄になるばかりです。⑦

　しかし、企業が従業員の課題を理解して、会社の課題と従業員の課題を同時に解決する提案をすれば、両方とも対処することができます。たとえば、デルは従業員の多くが、「肉体的な健康の改善」より「経済的な健全性の維持」を優先していることを知って、2014年に健康数値に改善が見られれば医療保険から975ドル割引すると発表しました。たくさんの従業員が975ドルのために喜んで健康になりました。この「デルで健康（Well at Dell）」プログラム

で従業員にやるべき課題を提供し、デルは会社の目標を達成したのです。

## 2. 生徒の「やるべき課題」

「健康維持」の優先順位が高くない人々と同様に、多くの生徒にとって教育は解決しようとする課題そのものではないため、学校で怠けたり、学校を休んだりします。教育は、課題を解決するために「選ぶ」手段であって、それ自体は課題ではありません。教師は、生徒たちがより積極的になることを願って授業や教材などを改善しようと懸命に努力しますが、そもそも生徒たちが目的としていないことをいくら改善したところで、その努力は報われません。もちろん、学校では信賞必罰をもって生徒に学習を強制することも可能ですが、それが学校のできる最善の策ならば、生徒たちは人生で直面するさまざまな課題を解決するために教育以外の手段を用い、学校の優先順位は下がるばかりです。

　学校では生徒に基礎知識やスキル、しつけを教えるべきではない、と言っているわけではありません。目的を達成するためには、学校では生徒を自然と動機づけるような体験をさせることが必要です。学校とは、生徒たちが学びのなかで喜びを知る場所なのです。鍵は、学習者自身の身になって、彼らの不安や直面する課題、もともと持っている意欲などを理解することです。「やるべき課題」理論は、それをサポートするツールなのです。

　ほとんどの生徒にとって優先順位の高い課題が２つあります。一つは、成功体験をしたいということです。何度も繰り返し失敗したり壁にぶち当たるだけではなく、自分が進歩し何かを達成したことを感じたいのです。二つ目は、友人たちと楽しい時間を過ごしたいということです。クラスメイトや教師、コーチ、アドバイザー、友人などと付き合うことで前向きに過ごすことです。

　ミルクシェイクが朝の通勤のお供の座をバナナやドーナツ、ベーグルと競っているように、学校も、生徒たちが成功体験を得たり友人たちと遊ぶ場所として選ばれることを、ギャングの一員になることと競っています。他にも、学校を中退して仕事をする、友人たちとぶらぶらしながらゲームをしたりバスケをしたりするなど、教育以外に多くの選択肢があるのです。そして、学校がそうした選択肢より分が悪いことがあまりにも多いのです。構造的に、工場型教室の学校では、教師が生徒一人ひとりに十分な時間をとって毎日の進捗状況をフ

ィードバックすることは不可能です。生徒はせいぜい宿題やテストが返されるのを待つだけで、多くの場合、教師は単に成績をつけたり評定をする以外の時間はありません。通知表の成績を見ても、成功体験から得られる意欲的な気持ちになどとてもなれません。評価の仕組み上、教師は一番出来のよい生徒にだけ成功体験を感じる特典を与え、その他の生徒にはAより低い評価しかあげられないのです。

　工場型教育では、生徒が友人たちと楽しく過ごすこともむずかしくなってきています。調査によれば、60％の生徒がいじめを受けた、またはいじめを受けている人を知っていると答えています。さらに、小・中学生の保護者の3分の1以上が、子どもの学校ではいじめの問題があると感じています。子どもたち全員がひどい友人関係を経験しているわけではありませんが、従来のクラス編成は生徒が友人たちと楽しい関係を築くためにベストの形式か疑問に感じます。集団一斉授業では、教師は多様な生徒をまとめて指導しなければならず、生徒一人ひとりと関係を築く時間はありません。生徒が教師や生徒同士で信頼関係を築く時間もありません。学校自体が、すでに勉強だけでなく課外活動や社会活動にまで時間を割いているので、いじめの撲滅や安全で過ごしやすい環境の確保などは、二の次にされているのです。

　課題解決の手段として、学校教育以外のことを選択している生徒も、意欲がないわけではありません。彼らも成功体験を得たいし、友人たちと遊びたいと思っています。問題は、学校では驚くほど多くの子どもたちが成功体験を得たり信頼関係を築くことはできないと感じていることです。むしろ、学校に来ると失敗を感じるのです。勉強だけでなく社会的にも。

### 3. 課題の構造

　「課題」は3つの段階から成り立っています。図5-1はその構図を示しています。生徒が抱える課題を解決する策として教育を設計するには、教育者がそれぞれの段階を正しく踏んでいくことが必要です。

図 5-1　課題の 3 段階構造

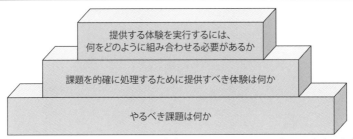

出　典：Clayton M. Christensen, "Module Note: Integrating Around the Job to Be Done," Harvard Business School, 2010.

　最も基礎的な段階は、課題そのものです。利用者が達成したい成果です。ミルクシェークを買った朝の通勤者にとって、課題は長い通勤時間の退屈を紛らわせることと、昼までお腹を持たせることです。2段階目は、売り手が提供すべき商品を買い手が購入し使用する際のあらゆる経験から成り立ちます。経験を積み重ねて課題を完璧に「理解する」のです。どのような経験が必要か理解できたら、次は3段目の実行です。人材、技術、人間工学、包装、研修、サポート体制、配送・販売体制、ブランド、広告宣伝など、仕事を完璧に遂行するために必要な資産を正しく組み合わせて全体をつくり上げるのです。

　図5-1を使って、朝の通勤者に完璧なミルクシェークを開発し、早朝の売上を伸ばそうと考えたファーストフード店の例で、一段ずつ考えてみましょう。開発段階ではどんな決断をするでしょうか？　図の下から上へ進んでいくと、最初に朝の通勤者を観察して、ミルクシェークを買うために寄り道をする動機となる基本的な課題を特定します。次に店では、朝の通勤者の課題を完璧に解決するために提供できるあらゆる体験を議論します。この課題をもつ顧客が初めてミルクシェークの存在を知った際に、どんな体験が必要なのでしょうか。1日のうちどの時間帯に購入するのか。車に戻ってミルクシェークを飲む際にはどんな体験が必要か。ミルクシェークはもっと濃くすべきか、または薄くすべきか。ヘルシーにすべきか、関係ないか。容器は紙かプラスチックか。

　最後に、図の最上段ですが、ファーストフード店は現在の運営体制を見直して、すべての体験を一つにまとめる方法を考えます。通勤時間中ずっと飲み続けられるように、ミルクシェークを今より濃くする必要があれば、中身に何を

混ぜればよいのか。今よりもっとドロリと仕上げるのであれば、つくり方をどのように変える必要があるのか。通勤で忙しい顧客が列に並んで待つ必要がないように、カウンターの前に券売機を置くべきか。広告宣伝から容器の形、従業員研修から配送方法まで、顧客が最も満足して課題を解決するためには、その他のシステムはどのように変更すべきか、等です。

　ファーストフード店が、別の課題を持つ顧客層にミルクシェークの売上を伸ばしたいと考えるなら、全く新しい状況に対して同じような３段階の分析をする必要があります。結局、直感に頼らず、顧客の属性を理解することよりも、顧客の持つ課題そのものを正確に理解することが何より大切なのです。⑫

## 4. 生徒の課題を充足する

「やるべき課題」理論は、生徒たちが喜んで参加するブレンディッド・ラーニングのモデルを設計することにも役立ちます。生徒たちの重要な課題を適切に処理している学校の保護者たちが言うには、子どもたちは一度ブレンディッド・ラーニングを体験すると、元の工場型授業に戻ることは想像もできないそうです。生徒たちは、学校に来て勉強するのが楽しくて仕方ないのです。これは、教育というゲームでは大きな武器です。「キラーアプリ」と言ってよいかもしれません。

　ほとんどの生徒が抱えている課題を３段階にわけて検討して、よりよいブレンディッド・ラーニングのモデルを設計するヒントを探りましょう。最初の段階では、生徒にとって最優先の２つの目的は、成功体験を得て進歩することと、友人たちと楽しく過ごすことです。教育そのものは目的ではなく、目的を達成するための一つの選択肢に過ぎません。

　第２段階は、生徒たちが課題を達成するための魅力的な解決策となるような、学校が生徒たちに提供すべきあらゆる体験を検討することです。カリフォルニア州のチャーター・スクール、サミット・パブリック・スクールは、生徒が毎日進歩し友人たちと楽しく過ごす経験を提供することに関して、最初に革新的な成功を収めた学校の一つです。この学校の事例は、生徒たちが教育を目的達成の手段としたくなるよう、学校としてサポートできるあらゆる方法を検討する際に役立つものです。

数年前、シリコンバレーの保護者のグループが、大学や卒業後の社会への適応力を高めることを目的に、共同で中学・高校の教育を見直しました。高校の副校長だった女性を採用してサミット・パブリック・スクールを開校し、その校長としたのです。サミットの一号校は 2003 年に開校し、以来 5 つの学校を開いて、現在では 6 年生から高校 3 年生まで合計約 1,600 人の生徒を指導しています。

　サミット校の名は、2011 年にはすでに全米に知られていました。ニューズウィーク誌では、もっとも優れた改革をした高校として全米トップ 10 に選ばれ、カリフォルニア州内での成績も常に平均を上回っていました。しかし、同年の秋に指導者たちは変革することを決断したのです。サミットの卒業生はほとんどが大学へ進学していましたが、入学後に苦労している生徒もいるというデータに懸念を持ったからです。そこでサミットの指導者たちは、入学後や社会で生きるために必要な知識、認知能力、成功習慣、実社会体験といったような体験を生徒にさせようと考え始めました。当初は、2 つの学校で算数の学習にステーション・ローテーションモデルを導入しましたが、徐々により個別化されたフレックス・モデルをサミット全校で実践するようになりました。その努力はすでに報われつつあります。それでも、実験を重ね、学習し、繰り返すというサイクルは変えません（**ビデオ 17**）。

---

 ビデオ 17: サミット・パブリック・スクール（フレックス・モデル）

www.wiley.com/go/blended17

---

　サミット校の SMART 目標（P104 参照）は、学習を個別化して、生徒全員が大学と社会で成功するように準備することです。そのために、生徒たちが学校へ来て学びたくなるような学習体験を開発しました。ここでは、サミット校

第 5 章　生徒の動機づけ

が掲げた生徒目線で見た8つの重要な体験を記載します。

①生徒主導

　生徒たちが成功した、進歩していると毎日感じるための一つの重要な要素が、生徒たちに自分で学習計画を立て目標を設定する裁量を与え、その個人目標に向かって進むために十分な時間と正しい手順を提供することです。生徒が学習の進め方について自分で判断し、必要な学習内容を複数の選択肢から選んでいるのだと実感することが必要だと考えています。サミット校ではさらに、生徒のフィードバックを授業の設計に反映させたり、教師がつくる授業メニューについて生徒に評価させることまで実施しています。

②個人の達成度

　サミット校では、生徒の学習ペースが速くても遅くても、次への準備ができた時点で先へ進むべきと考えています。進行ペースはあくまで個人に合わせるべきで、集団で統一すべきではありません。生徒の理解度とは無関係に時間数を基準に進級する現在の学校制度は、将来仕事をする際に著しい悪影響を与えますが、それがいかに不合理なものであるかに気づき、生徒が成功するよう設定された合理的な達成度基準のシステムを提供すると、生徒たちはこの制度をもっと希望します。この制度の根底には、生徒は現在の自分の能力より「少し上」の課題に取り組むという考えがあります。適度に背伸びをし挑戦する程度の問題で、むずかしすぎても簡単すぎてもいけません。

③学習データへのアクセスとフィードバック

　生徒の学習結果をすばやく評価して成績を返すことは、生徒が成功したと感じるには非常に重要な体験です。評価がなければ、自分の成績が分かりませんし、どこを改善すれば成功するのかも分かりません。次の行動につながるフィードバックをすばやく返せば、生徒はどこをやり直せば成績が上がるのか分かり、成功につなげることができます。データがあるということは、友人や教師と協力して効率よく進めることができるというプラスの効果もあります。

④学習目標の透明性

「成功」の意味を正しく理解するには、生徒が何を達成しようとしているのかを明確に示すことが大切です。一つの単元の学習目標ではなく、学校を卒業するまでの長期的な目標です。このことは、生徒がどんなスキルを習得すべきなのかを明確に理解するだけでなく、習得に必要な時間軸も自覚しながら、人生

で成功するための目標を実現する正しい途を歩み続けることを意味しています。

### ⑤静かに一人で読書をする時間

チームワークを養うだけでなく、友人たちとふざけたりするためにもグループで協働作業をする時間は重要ですが、一人で読書に没頭する静かな時間の重要性は見過ごされがちです。家で静かに本を読む時間が少ない生徒も多いのですが、この時間が足りないと、多くの教科で必要な読解力を養うのに苦労することがあります。本を集中して読む訓練をすることは、学業で好成績を収めるうえで必要な体験だと考えています。

### ⑥意義ある就業体験

学校で学ぶ知識が人生で成功を収める能力と結びついていると、生徒たちが学校へ来る確率は高まります。学校へ来ることに意味があると思えば来るのです。生徒たちはわかっています。学校で習うことが生徒たちが達成したいことに役立たないと見れば、すぐに辞めてしまいます。これは生徒たちにどんな仕事や人生の可能性があるか理解させ、将来やりたいことについておおまかな考えを持てるように、将来の目標を達成するには勉強がいかに大切かということを分からせる、という意味です。このためには、学校での勉強の何がどのように成功に結びつくのか教えるだけでなく、友人や教師、地域社会と一緒に実際に仕事をしたり交流を楽しむ機会を与えることです。

### ⑦メンター体験

サミット校ではメンター制度は非常に重要です。多少むずかしくとも達成可能な目標に向かって生徒たちが進むとき、メンターの存在は不可欠です。メンターがよければ、その人間関係から得るものもあります。メンター制度は、人生を通じて成功を収めるために利用できる社会資本または人間関係を形成する重要な一部なのです。

### ⑧前向きな集団体験

困難な課題に立ち向かったり何か重要なことについて協議する前向きな集団体験をすることは重要だと考えています。このような体験を通じて、生徒は友人たちとふざけたり、他人と関係を築いていく能力を育むのです。

### ⑨その他

サミット校が考える、生徒たちが毎日進歩を感じ、友人たちと楽しい時間を過ごすために重要な体験が、ここまでの記述ですべて網羅されているわけでは

ありませんし、サミット校もすべてを考えぬいたわけではないでしょう。学校で生徒たちにとって何がもっとも重要か皆で知恵を出し合う際に考えるべき一つの課題は、どんなにうまく設計された学習体験でも、改善の余地が残されていないのかどうか、という点です。たとえば、生徒がいつも疲れて効果的に学習できないという問題を抱えている地域があります。脳精神科の専門家は、アメリカの若者の大きな問題の一つは睡眠不足であると指摘しています。調査によれば、10代の若者は大人より長い睡眠が必要にもかかわらず、慢性的な睡眠不足状態なのです。

　また、多くの地域で子どもや若者は十分な運動をしていないことも指摘されています。十分な運動をしている学校もありますが、すべての学校がそうとは限りません。学校で生徒たちが成功体験を得る最もよい方法の一つが運動です。ボールや三輪車、キックスケーターなど持ち運びできる運動具のほうが、固定された遊具より多くの運動を促すそうです。運動不足が問題の地域では、毎朝30分の活発な運動を勧めています。もちろん、そうした改善策を導入したからといって必ず成績が上がるとは限りませんが、そうしなければ初めから成功への大きな障害となるのです。

　さらに別の研究では、子ども時代にネガティブなストレスの多い体験をすると、子どもの学習能力に大きな悪影響を及ぼすことが分かっています。たとえば、肉体的・性的虐待や肉体的・精神的ネグレクト、家族の誰かが監禁、精神障害、麻薬中毒などの状態にある崩壊した家庭です。サンフランシスコのある診療所で、子ども時代にこうしたトラウマを経験しなかった700人以上の患者を調査したところ、学習能力や行動に問題のあった人はわずか3％でした。逆に、子どもの時に4つ以上こうした問題を経験した人の場合は、51％に学習能力や行動に問題が見られました。

　これらの調査は、一部の生徒が直面している問題を表面化しました。もちろん、学校だけで社会問題を解決することはできません。しかし、少なくとも子ども時代の悲惨な体験と学校で成功体験を感じることのむずかしさの間には、高い相関関係が認められます。多くの生徒にとって、カウンセリングやメンタリング、その他社会サービスは、成功体験を感じさせるために学校が検討すべきもっとも重要な要素です。

　別の問題を抱える生徒もいます。身体または精神障害から不適切な課外活動、

仕事関連に至る問題などです。これらはすべて特定の生徒にとって適切なカリキュラムを設計する際に検討すべき点です。したがって、「ベストプラクティス」を求めるのは間違っています。そうではなく、各自の状況を分析して、それに見合った学習体験を設計することが必要なのです。

　どんな状況で何がもっとも効果的なのか研究が必要です。たとえば、問題行動や集中力欠如の生徒が多い状況では、生徒により多くの選択肢と自由を与えることが大きな違いを生み出すという報告もあります。立ち机やビーズクッションを使ったり、自由に動き回ったりお腹が空いたらお菓子を食べてもよいとしたり、勉強方法を選ぶ自由を与えたり、生徒により大きな選択権を与えることは、抗うつ剤を投与するより効果的な場合もあるそうです。生徒のレベルに合った、むずかしすぎず簡単すぎない問題を与えて個別学習にすると、特別支援や英語学習を必要とする生徒の割合は、時間が経つにつれて大きく下がると言う教師もいます。このような相関関係をもっと研究して、生徒の状況に応じて適切な体験を科学的に推奨できるようになることを期待します。

## 5. 何をどのように組み合わせるか

　図5-1で示した課題の3段階の最終ステップは、組織にはどんな資源が必要で、その資源と手順をどのように統合して第2段階で特定した体験を提供するのかを理解することです。前述した8つの体験を生徒に提供しようと尽力しているサミット校では、保有する資源を統合する方法、設備から教師、IT、予算、時間割の調整方法、どんな手順や決まりをつくり、何を変えるのか、そして地域社会をいかに巻き込んでいくのか、などを常に考えています。その答えは変化し続けますが、よく練られた優れたカリキュラムを構成するには欠かせない基本的な点がいくつか浮かび上がってきました。

　生徒主導や個別達成を体験させるのに適切なソフトが市販されていないと考えたサミット校は、サンディエゴの教育財団や学習プラットフォームソフトの開発業者、ブレンディッド・ラーニングのコンサルタントなど複数の組織とパートナーを組んで、Activateという独自のソフトを開発しました。この無料オンラインツールで、生徒は教師が選んだ学力レベル別のさまざまな教材リストにアクセスできます。このツールでは、「課題リスト」を通じてどのような

レベルの教材をどのように学習するのか、ビデオから解説文、ゲームソフトまで生徒に複数の選択肢が与えられます。[23]

　このソフトを通じて、サミット校の生徒は学校と自宅でそれぞれ週に8時間ずつ「個別学習時間」と呼ばれる時間を過ごします。この時間に、生徒は図5-2で示されるサイクルで学習を進めます。まず1週間の目標を決め、目標達成に向けてActivateの課題リストから学習計画を立て、計画に沿って学習を進めます。そして準備ができ次第、いつでも必要な知識やスキルを習得したことを証明する評価テストが受けられます。したがって、生徒がその単元をすでに理解していれば、最初に進級テストを受けて先へ進むことも可能なわけです。テストに合格しなければ、個人の課題リストに戻って習得できるまで勉強を続けます。

図5-2　サミット・パブリック・スクールにおける学習サイクル

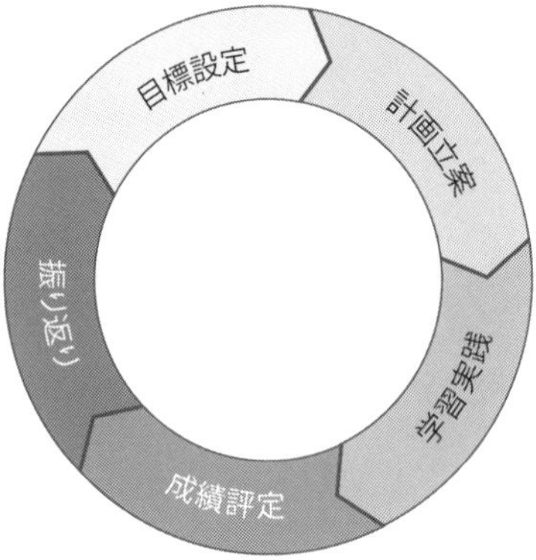

出典：Image courtesy of Summit Public Schools from November 2013 PowerPoint.

　評価テストを受けると、合否の判定とともに詳しい成績評定を受け取ります。短い間隔で頻繁にフィードバックを繰り返すことで、生徒は着実に進歩を重ねながら学習の達成感を味わうだけでなく、次の行動を起こすためのデータにもアクセスできるのです。そのデータをもとに、毎週金曜にメンターとその週の進捗状況を確認し、学習状況について話し合い、何がうまくいき、何を改善すべきか検討するのです。

　生徒が評価テストに合格するとただちに次へ進めるように、サミット校では

高校卒業までに習得すべきすべての内容について学習範囲、順番、課題リストが最初に作成されています。したがって、教師は授業の前の晩に計画を立てる必要がありません。学習の範囲と目的をソフトに表示しておくことの副次的な効果は、生徒たちがこの先何をすべきか把握できることです。サミット校では、カレンダーに連動して学習の軌跡を線で示すシステムも装備し、予定どおりに高校を卒業するためには自分が本来どこを勉強していなければいけないか、どのようにスケジュールを調整すればよいのかまでも分かるようにしました。

サミット校では、生徒が静かに一人で自由に読書できる時間が毎日あります。電子書籍のプラットフォームに、本の内容に関するクイズや注釈を加えました。教師は、リアルタイムで生徒の理解度を確認することができ、クイズの結果や所要時間などのデータを見て、効果的に指導することができます。

こうして空いた時間をプロジェクト・ベース学習に充てて、「より深い学習」をする時間にしています。これにより、学校では生徒が達成すべき課題を片付ける手助けをすると同時に、生徒全員が大学や社会で成功するために必要な認知スキルや成功習慣を確実に身につけさせるという、二重の目的を同時に達成できるのです。**資料5−1**はサミットでの典型的な1日の時間割ですが、プロジェクト・ベース学習の時間がいかに重要かが分かります。本章末の**資料5−2**は、その他のブレンディッド・ラーニング導入校の時間割例です。

**資料5−1　サミット・パブリック・スクールの時間割**

| | |
|---|---|
| 7:30 | 登校、個別学習計画によって作業開始 |
| 8:25 | プロジェクト・ベース学習で始業（算数、理科） |
| 10:20 | 休憩 |
| 10:35 | 個別学習 |
| 11:35 | 体育または継続して読書（ソフト使用） |
| 12:35 | 昼食、外遊び |
| 1:20 | プロジェクト・ベース学習（英語、歴史） |
| 3:15 | 終業、個別学習計画により継続可能 |

注：金曜日はほぼ終日個別学習となり、メンターとの個別面談がある。

これに加えて、サミットでは毎年8週間の「探検週間」があり、ほとんどの生徒は校外の実社会で学びます。将来のキャリアについて学ぶ選択コースから

企業インターンシップまで、生徒自身の興味・関心に応じて探検できるのです。この体験を通じて、生徒は探検担当の教師や地域社会と強い絆を築きます。またサミットには、内部メンター制度があり、毎週10分、生徒主導で担当の教師とマンツーマンで学習のことや大学進学のこと、家族との連絡事項などについて話し合います。年に1～3回は家族を含む三者面談を実施します。教師は年に平均15人程度の生徒を受け持ちます。

　探検週間とプロジェクト・ベース学習は、いずれも生徒に十分な集団行動の経験を与えます。これに加えてサミットでは、毎週45分をグループ相談の時間に割いて、生徒は重要な課題についてグループで話し合うのです。

## 6. 生徒の課題解決に果たすブレンディッド・ラーニングの役割

　サミット校のような学校では、2つの技術革新によって生徒のやるべき課題から見て適切な教育と社会経験を提供することが可能になりました。一つは、オンライン教材が進化して、コースや科目によっては基礎学習として使えるようになったことです。オンラインで基礎学習教材を提供できると、教師は空いた時間とエネルギーを使って生徒と対話形式の学習体験づくりに積極的に打ち込むことができます。翌日の授業の準備に煩わされることがないので、生徒とのマンツーマンでの取り組みにより多くの時間を割けるようにもなりました。生徒とより深い個人的信頼関係を築いて、生徒が成功習慣を重ねるように注力できるのです。2つ目の技術革新は、オンライン教材は基本事項の習得時間を短縮できることです。これで空いた時間をプロジェクト・ベース学習やクラス討論の時間に充て、「学校」が批判的思考を持つ生徒を育むという目標を達成できると同時に、「生徒」は友人たちと楽しい時間を過ごすという一石二鳥の効果をもたらします。サミット校と同様に、第2章で紹介したアクトン・アカデミーでも、基礎学習を毎日2時間半の個別学習に集約しています。これにより、毎週3回、各2時間のプロジェクト学習、毎日のクラス討論、金曜日にゲーム、美術と体育に十分な時間、その他多くの社会的体験を実施することができるのです。学校はもっと効率的な学習方法を模索して、空いた時間で生徒が友人や教師と楽しい時間を過ごせるようにすべきです。

　デジタル教材が一般的になってきたので、逆説的ですが、生徒はより多くの

時間を対面のプロジェクト・ベース学習の時間に充てることができると解釈することもできます。多くの都市で、メーカースペースとよばれるコミュニティ型のモノづくり拠点が誕生しています。ブレンディッド・ラーニングでオンライン学習が普及するにつれて、こうした場所での実体験の時間が増えるだけでなく、これまで見過ごされてきたプロジェクトや探究型の授業を通じて対面での社会経験が増えていくと思われます。幸運なことに、プロジェクト型、探究型の学習はコンピュータでの学習とバランスをとるだけでなく、生徒が優先する課題を達成することにもなるのです。

## 7. 生徒にやるべき課題を変更させる危険性

　最初に目標となるスローガンを決め、次にブレンディッド・ラーニングのチームを立ち上げてから、挑戦的でワクワクするような学習モデルの設計に取り掛かります。この章では、生徒が生活の中ですでに取り組んでいる課題に注力することを強く勧めました。ほとんどの生徒にとって、それは毎日進歩することであり、友人たちと楽しく過ごすことでもあるのです。ブレンディッド・ラーニングの実践チームは、これを完璧に達成するにはどんな体験を追加したらよいのか智恵を絞るべきです。そして最後に、そうした体験を提供するためにはどんな資源が必要で、どのように統合するか検討すべきです。次章からは、第3段階について深く掘り下げます。それは、教師、スタッフ、施設・設備、学習モデル、校風などを、漏れのないよう一つのまとまった解決策として統合することです。

　子どもたちが学びたいと言えば止めることはできませんし、勉強したくないと言えば強制することもできません。幸運にも、社会のニーズと生徒の課題は部分的に重複しています。社会は生徒に毎日勉強で進歩するよう願い、建設的な社会関係を築いてほしいと希望しています。こうした理想が学校の方針の重点になったとき、生徒が積極的に学習する可能性が最も高いのです。

## 5 章のまとめ

- 学校は、生徒が学ぶ喜びを見出す場所になりえます。生徒の関心事項と完全に一致するように学校が生徒目線から正しく設計されると、生徒は学ぶ動機と意欲をもって登校してきます。鍵は、生徒の感覚で設計することです。「やるべき課題」理論は、そうした生徒の立場に立って設計することを支援してくれます。

- 作業の第一段階は、単に解決すべき課題を特定することです。一般的に、大抵の生徒にとって最優先となる2つの課題は、成功を感じ進歩を得ること と、友人たちと楽しく過ごすことです。教育を受けること自体は目的ではありません。それは、自分たちの優先課題を解決するために採用する選択肢の一つに過ぎないのです。

- 第二段階は、課題を完全に解決するために学校が提供しなければならないすべての学習体験を特定することです。サミット・パブリック・スクールでは、生徒の自主裁量や一人ひとりの修得、学業データへのアクセスと迅速なフィードバック、学習目標の透明性、一人読書時間の確保、意義ある就業体験、個別カウンセリング、活発な集団活動などです。

- 生徒が課題を解決することを支援する体験には、誰にでも通用する一般的なものもあれば、個々の生徒が置かれた環境に左右されるものもあります。たとえば、睡眠・運動不足や家庭生活におけるトラウマを解消する体験を設計すべき地域もあれば、それとは全く異なる環境が必要な地域もあります。

- 作業の第三段階は、課題を解決するためには何を統合するのか、そして必要とされる体験をどのように提供するのかを特定することです。サミット・パブリック・スクールでは、個別学習時間と学習サイクル、プロジェクト・ベース学習、校外学習、その他の工程や課題を統合して、生徒にとって必要な体験を一つのセットとして提供しています。

- ブレンディッド・ラーニングによって、教育者は、一連の教育的かつ社会的体験を生徒たちに容易に提供することができます。それはまた、学校が生徒たちにとって課題を解決するのに最高の場となることでもあります。

## 演習問題

- ☐ 学校が生徒たちにとって楽しく動機づけになることはどの程度重要か。（1）「非常に重要」から（5）「全く重要でない」まで5段階で点数をつける。討論する。

- ☐ 最近購入した製品を思い浮かべて、その買物を「やるべき課題」理論に当てはめて分析する。その製品に対して、現在の生活の中でどのような結果を期待したのか。その買物から想定されるすべての経験はどの程度提供されたか、またその製品を使ったことは、期待していた結果を得るのに役に立ったか。それ以外にどのような経験を期待したか。

- ☐ サミット校は、生徒たちに達成感を味わい友人たちと楽しく過ごすための8つの経験を提供している。すなわち、生徒の自主裁量、個別達成基準、データへのアクセスとすばやいフィードバック、学習目標の透明化、自習読書時間の確保、意義ある作業体験、個別指導体験、そして前向きな集団経験である。このうち、生徒の「やるべき課題」という観点から最も重要なのはどれか。

- ☐ 自分のコミュニティの生徒たちが達成感を味わい、友人たちと楽しい時間を過ごすためのアイディアをブレインストーミングする。

## 資料5−2　時間割のサンプル例

**1. KIPPコミエンソ・コミュニティ予備校[27]（カリフォルニア州ハンティンクトン・パーク）**
  **小学4年生（ステーション・ローテーション）**

|  |  |
|---|---|
| 7:30 | 朝食、家族啓発活動 |
| 7:45 | 全校朝礼 |
| 8:05 | 算数（ステーション・ローテーション） |
| 9:25 | 休み時間 |
| 9:40 | 作文 |
| 10:20 | 英語リーディング（ステーション・ローテーション） |
| 11:30 | 芸術、スペイン語または理科 |
| 12:30 | 昼食、外遊び |
| 1:15 | 輪になって反省会 |
| 1:30 | 個別読書（読解力レベル別） |
| 2:00 | 読解（全体授業） |
| 2:45 | 復習または予習（生徒選択） |
| 3:20 | 民族学習（社会と歴史） |
| 4:00 | 終業 |

**2. ギルロイ予備校（カリフォルニア州ギルロイ）**
  **小学4年生（ラボ・ローテーション）**

|  |  |
|---|---|
| 8:00 | （音楽にのって）全校ウォーミングアップ |
| 8:10 | （デジタル機器を使った）算数の一斉授業 |
| 9:10 | 教師指導による生徒の学力に応じたコンピュータ学習 |
| 9:40 | 休み時間 |
| 9:55 | 英語（フォニックス、リーディング） |
| 11:00 | 算数ソフト（コンピュータ室） |
| 11:30 | 理科または体育 |
| 12:15 | 昼食 |
| 1:00 | 速読（iPad） |
| 1:30 | 算数ソフト（コンピュータ室） |
| 2:00 | 作文、読解 |
| 3:15 | 終業 |
| 3:15 | 延長時間（上級生向け） |

3. アクトン・アカデミー（テキサス州アクトン）
   6〜8年生（フレックス）

|  | 活動内容 | 学習態度 |
| --- | --- | --- |
| 8:00 | 自由時間 | 自由時間 |
| 8:30 | ホームルーム | 協調 |
| 8:55 | コアスキル（読書、作文、算数、市民教育） | 個人作業 |
| 10:00 | 休み時間 | 自由時間 |
| 10:15 | コアスキル（継続） | 個人作業（協働あり） |
| 11:40 | 昼食 | 自由時間 |
| 12:15 | プロジェクト学習 | 協調 |
| 2:45 | 清掃 | 協調 |
| 3:00 | ホームルーム | 協調 |
| 3:15 | 終業 |  |

注：体育は毎週月金の昼食前1時間。金曜清掃時間前にゲームタイム

〈注釈〉

① "United States Federal, State and Local Government Spending," usgovernmentspending.com, http://www.usgovernmentspending.com/us_education_spending_20.html（アクセス確認日：2013年12月13日）.

② "Education at a Glance 2013," OECD, p. 251, http://www.oecd.org/edu/eag2013%20(eng) ─ FINAL%2020%20June%202013.pdf

③ HotChalk Education Index 2013 Mid-Year Report, http://www.educationinamerica.com/research/hotchalk-edu-index/infographic/（アクセス確認日：2013年12月13日）.

④ Kim Peterson, "10 of the worst product flops ever," MSN Money, March 28, 2013, http://money.ca.msn.com/savings-debt/gallery/10-of-the-worst product-flops-ever?page=11（アクセス確認日：2013年12月20日）.

⑤ 本項および続く2項は、主に前著『教育×破壊的イノベーション』第7章に基づく。

⑥ 紹介例の製品と企業は架空のものである。

⑦ 本項は、次の傑出した著作より抜粋。Clayton M. Christensen, Jerome H. Grossman, and Jason Hwang, *The Innovator's Prescription: A Disruptive Solution for Health Care* (New York: McGraw-Hill, 2009), pp.157-178.

⑧多くの人々が、課題を特定する最善の方法はニーズを評価することだと信じている。しかし、「デルで健康（Well at Dell）」プログラムの例はこれが間違いであることを示している。誰もが健康を維持する「ニーズ」は持っている。しかし、全員がその課題に取り組むわけではない。鍵は、何が人々の行動の「動機となる」のかであって、何をする「必要がある」のかではない。

⑨この点を裏づける証拠は何点かある。第一に、「成功したいと思う」という表現を使うときには、結果はどうあれ子どもを褒めるのは、「自尊心」を育むうえでよいことだという間違った考え方をもとに、単なる表面的な成功を意味していない。意図していることは真の成功であって、それは生徒が実際に何か具体的なことを達成して進歩を見せることである。前者の危険性に関する議論は以下参照。George Will's discussion of Po Bronson and Ashley Merryman's book, *NurtureShock: New Thinking About Children.* 以下参照。 George F. Will, "How to Ruin a Child: Too Much Esteem, Too Little Sleep," *Washington Post*, March 4, 2010, http://www.washingtonpost.com/wp-dyn/content/article/2010/03/03/AR2010030303075.html. 成功を体験することは生徒の、そして誰にとっても、一番の課題であるというさらなる証拠が認知科学の分野で発見されている。As Daniel T. Willingham writes in Chapter One of his book *Why Don't Students Like School? A Cognitive Scientist Answers Questions about How the Mind Works and What It Means for the Classroom* (San Francisco: Jossey-Bass, 2009):

> 問題を解決することは喜びである。本書において「問題解決」とは、成功に至るあらゆる認知的な作業を指す。難解な散文の表現を理解することかもしれないし、庭づくりを設計することかもしれない。または投資を拡大することかもしれない。成功思考には、満足または達成の感覚がある。ここ10年で脳科学者は、学習を司る脳の部位・化学物質と報酬系は重複することを発見した……。多くの脳科学者が両者の関連性に気づいている。迷路のねずみはチーズを与えると学習能力が高まる。問題を解決すると、脳がドーパミンを発する。これが脳の快感にとって重要な自然発生の化学物質である。脳科学者は、ドーパミンが学習と快楽のシステムにとって重要なことを認識しているが、詳細はまだ不明である。脳科学的には完全に解明されていなくとも、人間は問題を解決すると快感を味わうことは否定できないだろう……。問題の解決にこそ快感を感じることにも留意すべきである。進歩している実感なしに課題に取り組むことは楽しくも何ともない。

加えて、下記の著作も参照。Susan A. Ambrose, Michele DiPetro, Michael W.

Bridges, Marsha C. Lovett, and Marie K. Norman, *How Learning Works: Seven Research-Based Principles for Smart Teaching* (San Francisco: Jossey-Bass, 2010). さらに、学習に関する論文では、この仮説を支持する複数の研究が引用している。とくに一つの章を動機に関する調査に割いて、「学習目標または学習活動にプラスの価値を見出し、期待どおりの学習成果を達成できそうだと感じ、そして周囲から応援を得られると思えば、生徒は学習に対して強い動機を持つであろう」とまとめている。「動機について理解するには、とくに2つ重要な考え方がある。(1)目標の主観的価値、そして(2)目標達成への期待値、である。動機を解明する理論には諸説あるが、その多くが上記2つの考えを基本的な枠組みとしている（Atkinson, 1957, 1964; Wigfield & Eccles, 1992, 2000.）」。言い換えれば、成功を体験する能力は、動機を形成する中心的な要素の一つである。「動機を持って結果を追うためには、結果に価値を見出す必要があるが、価値だけでは動機づけには不十分である。目標と結果を達成できそうだと感じてこそ動機づけられるのである」。

Richard E. Mayer and Ruth C. Clark, in their book *eLearning and the Science of Instruction: Proven Guidelines for Consumers and Designers of Multimedia Learning Second Edition* (San Francisco: Wiley, 2008). また、学習者が問題を巧みに処理した際に、どのように喜びを感じるか、論じている。As Barbara Gaddy Carrio, Richard A. DeLorenzo, Wendy J. Battino, and Rick M. Schreiber note in *Delivering on the Promise: The Education Revolution* (Bloomington, IN: Solution Tree Press, 2009). 学校制度に対するRISCアプローチの基本理念は、生徒の動機と熱意は成功体験に大きく左右される、ということである。

動機を理解することと「やるべき課題」理論との違いは、生徒はみな成功する動機を持っているが、多くの生徒にとって学校は成功を体験するために選ぶ場所ではないということである。したがって、学校以外の選択をする生徒も少なくないのだが、それは生徒が動機を持っていないということを意味しない。

⑩ Harris Interactive, "6 in 10 Americans Say They or Someone They Know Have Been Bullied," Harris Poll, February 19, 2014, http://www.harrisinteractive.com/NewsRoom/HarrisPolls/tabid/447/ctl/ReadCustom%20Default/mid/1508/ArticleId/1383/Default.aspx（アクセス確認日：2014年4月13日）.
⑪仕事には機能的な側面だけがあるわけではない。顧客には社会的かつ感情的な仕事もある。
⑫教育玩具小売チェーンのLearning Express Toysも、市場の構造を、意図的にせよ、そうでないにせよ、やるべき課題として捉えている企業である。その結果、毎月1店舗の割合で新規出店を続けている。130以上のチェーン店は店舗面積は広くないものの、どの店もたいてい顧客対応で忙しい。同社は、おもちゃに特定の課題を持った顧客に相応の市場

を見出していた。「今日の午後、子どもの誕生日パーティに素敵なプレゼントが必要なの」。顧客の課題を完璧に仕上げるまで積み重ねる方法で、顧客の体験の細部まで考えている。多くの店舗が（モール内ではなく）路面店で、車で来てさっと帰れるよう広い駐車場を備えている。顧客がすぐに欲しいものをピンポイントで探せるように、商品は性別と適齢で分けて陳列されている。トイザらスなど大手に比べて在庫数は多くはないが、Learning Express は在庫商品の品質と価値を一つひとつ細かく精査している。そのため、顧客はあちこち探し回ったり比べたりする手間が省け、そのうえ鮮やかな赤いエプロンをし店内を巡回しているプロの店員からアドバイスを得ることができる。店の奥には子どもの遊びコーナーとテーブルがあり、親が買い物をしている間、過ごすことができる。レジには、子どもの年齢別に誕生日カードが置いてあり、無料のラッピングと個別メッセージまである。要は、Learning Express は顧客の時間が限られているときに、どんな子ども、どんなイベントにも対応できる便利で効果的なサービスを提供しているので、ビジネスが拡大しているのである。顧客は、パーティあるいは郵便局へ行く途中にさっと立ち寄れば、一度にすべての用事を済ませることができるのである。Learning Express は顧客が必要とする課題を理解し、顧客ができるだけうまく課題を解決できるよう作業をまとめたのである。

⑬ "High School Rankings 2011: *Newsweek* Ranks America's Most Transformative," *Newsweek*, June 21, 2011, http://www.newsweek.com/high-school-rankings-2011-newsweek-ranks-americas-most-transformative-67911（アクセス確認日：2013年12月26日）. 多くの人々は、サミット校をドキュメンタリー映画『スーパーマンを待ちわびて』でも知っている。

⑭ Matt Wilka and Jeff Cohen, "It's Not Just About the Model: Blended Learning, Innovation, and Year 2 at Summit Public Schools," FSG, http://www.fsg.org/Portals/0/Uploads/Documents/PDF/Blended_Learning_Innovation.pdf. ちなみに、サミット校卒業生の大学合格率55％は全国平均よりはるかに高いが、ダイアンならびに同校の教師は、自分たちの使命はすべての生徒が人生において成功するよう教育することだと強く信じている。仮に彼らの教育が不十分なために一人でも大学を中退すれば、彼らにとっては使命を果たしていなかったということである。

⑮ 認知科学者ダニエル・ウィリンガム教授が指摘するとおり、「適当な難易度の問題に取り組むことは効果があるが、簡単すぎたりむずかしすぎるものは不快である」ことを示す証拠は数多くある。生徒に成功体験をさせるための鍵は、ゲームの世界から借りてきた理論で、うまくいく確率が最も高い時点で生徒に学習させることであり、しかも課題が十分に手応えがあったり興味深いので、自分で実際に進歩した達成感を味わって、学び続けたいと思わせることである。Daniel Willingham, *Why Don't Students Like School: A Cognitive Scientist Answers Questions about How the Mind Works and*

*What It Means for Your Classroom*, (San Francisco: Jossey-Bass, 2009), Ch. 1.

　この考えは、ソ連の心理学者レフ・ヴィゴツキーによって提唱された最近接発達領域（Zone of Proximal Development）に関連する。以下参照。The Wikipedia entry, "Zone of proximal development," for a high-level summary of the concept at http://en.wikipedia.org/wiki/Zone_of_proximal_development#cite_note-4（アクセス確認日：2010 年 4 月 7 日）. よく引用される定義は「自力で問題解決可能なレベルと大人の助言を受けてまたは自分よりできる同僚の力を借りて問題解決できるレベルとの距離」である（以下参照。L. S. Vygotsky, *Mind in Society: Development of Higher Psychological Processes* [Cambridge: Harvard, 1978], p. 86）。

　さらに、ゲーム業界の経験によれば、人々が最も高く動機づけられるのは、制覇が目に見えているがまだ先だというときである。ビデオゲーム業界のトップ、ウィリアム・ビング・ゴードンによれば、「ゲーム理論の一つの原則は、人が動機を持つのは制覇まで 90％完了した時点である」。Kevin Werbach, "Gamification" course, Coursera, https://class.coursera.org/gamification-003/lecture（アクセス確認日：2014 年 4 月 13 日）, timecode: 07:37.

⑯データとフィードバックが常によい結果をもたらすとは限らない。生徒がフィードバックを受けながら、それについて何も効果的な手を打てなければ、学習にはマイナスである。逆に、データを見て何かできれば、プラスの効果がある。以下参照。*Delivering on the Promise: The Education Revolution* (Kindle Locations), pp. 1624-1630:

　　生徒へのフィードバックについては、研究によればフィードバックそのものは必ずしも効果的だとは言えないと結論づけられるかもしれない。実際、長く慣習となっている単に答えの○×を生徒に教える方法（ほとんどの読者が多くの直接経験をしていると思うが）は、学習にマイナスの影響をもたらしている。逆に、生徒が回答を判定される基準を明確に理解させ、正解を教え、生徒の回答が正誤にかかわらず解説を加え、そして正解するまで生徒に答え続けさせることは、すべて統計的に成績に著しい伸びをもたらすことを、研究は示している。

⑰オンラインで文書を読む際に、スキャニング（部分読み）とスキミング（飛ばし読み）の習慣は、長文を読み、深く理解することにマイナスの影響があることを懸念する研究者が増えている。以下参照。Michael S. Rosenwald, "Serious Reading Takes a Hit from Online Scanning and Skimming, Researchers Say," *Washington Post*, April 6, 2014 (http://www.washingtonpost.com/local/serious-reading-takes-a-hit-from-onlinescanning-and-skimming-researchers-say/2014/04/06/088028d2-b5d2-11e3-b899-20667de76985_story.html). この記事に対する賢明な返答である次の記事を読むことをお薦める。Dan Willingham, "Don't Blame the Internet: We Can Still

Think and Read Critically, We Just Don't Want To," RealClearEducation, April 16, 2014 (http://www.realcleareducation.com/articles/2014/04/16/dont_blame_the_web_we_can_still_think_and_read_critically_we_just_dont_want_to_942.html).

⑱ John Ratey keynote presentation, "Learning & the Brain Conference," Boston, MA, November 16, 2013.

⑲ John Ratey, *Spark: The Revolutionary New Science of Exercise and the Brain* (New York: Little, Brown and Company, 2008).

⑳ Paul Tough, *How Children Succeed* (New York: Houghton Mifflin Harcourt, 2012), pp. 9-19.

㉑先読みのできる指導者であれば、高校で生徒に親になる心得を教えようと考えるかもしれない。それほど遠くない昔には、大人になると必要な技術を若者に身につけさせるため、家庭科や自動車修理、木工金属作業などの科目がほとんどの高校で教えられていた。何世代も続く低教育と貧困に苦しむ保護者にとっては、自分の子どもたちの世代で連鎖を断ち切る方法を学ぶことには確かにメリットがある。Clayton M. Christensen, Michael B. Horn, & Curtis W. Johnson, *Disrupting Class: How Disruptive Innovation Will Change the Way the World Learns* (New York: McGraw-Hill, 2011), p. 155.

　さらに、ラッセル・シモンズ・アンド・デヴィッド・リンチ財団（Russell Simmons and the David Lynch Foundation）は、生徒が極度のストレスに対処し、学習準備状況を改善するように、毎日短い瞑想の時間を学校で導入するよう協力している。以下参照。Russell Simmons, *Success Through Stillness: Meditation Made Simple* (New York: Gotham, 2014) and the David Lynch Foundation, http://www.davidlynch-foundation.org/

㉒チャーター・スクール成長ファンドの私たちの友人　アレックス・ヘルナンデスは、学校の設計方法について考える際に重要な点を指摘している。すなわち、以下の枠組みを反映している。

　　学校に助言する際に、設計に当たっては時間割づくりから始めないよう言っている。理由は、ブレンディッド・ラーニングは広くてオープンなキャンパスと同じなので、時間割の作成を最初にもってくると、それだけで何千もの制限を課すようなものだからである。まだ準備さえしていないものもすでに除外していたり、除外しようと考えていなかったものまで取り除いてしまうからである。では、何からスタートするべきかと言えば、それは学習環境である。生徒数が30人だろうが90人だろうが変わりはない。この時点では、まだ空間についてはあまり考えないでおこう。学習面でも人間関係でも、生徒たちに体験してほしいことを考えよう。そして一度にあまり多くのことは考えずに、たとえば一つのコマで3つか4つのことに集中しよう。そうして、それらを一つの体験

ブロックとしてひとまとめにする。どうやってそうした経験を生徒たちにさせるか。それを考えることが、学校設計の始まりである。

　こうして設計図ができたら、次にそれを絵に描いて見やすくする。「子どもたちをどうやってローテーションさせようか？」と尋ねたり、「こうやって生徒たちをローテーションさせよう」と提案することで、設計が行き詰ることもある。その場合は修正する。10人の生徒にだけ対面指導をして、時間の関係で残り90人が放っておかれることのないよう、すべての生徒が自分が意図したとおりの体験をするモデルに確実にすることである。そして、これを繰り返し、鍵は限界があるからと諦めるのが早すぎないこと。なぜなら、できないことを知るのはそれほど有益ではなく、有益なのは自分ができることを見つけることだからである。

以下参照。Brian Greenberg, Rob Schwartz, and Michael Horn, "Blended Learning: Personalizing Education for Students," Coursera, Week 2, Video 2: Key Elements of the Student Experience, https://class.coursera.org/blendedlearning-001

㉓"Summit Public Schools," Clayton Christensen Institute's Blended Learning Universe, http://www.christenseninstitute.org/summit-public-schools/（アクセス確認日：2013年12月29日）.

㉔ヒューレッド財団は、「より深い学習」を「生徒が実生活で役に立つように知識と技能を使うこと」と定義している。生徒が読解、作文、数学、理科など主要な科目を習得するのは、批判的思考、協働、効果的コミュニケーション、自学自習、そして自分を信じることを学ぶ（または「教育的マインドセット」を得る）ときである。以下参照。http://www.hewlett.org/programs/educationprogram/deeper-learning（アクセス確認日：2014年1月27日）.

㉕ Alex Hernandez, "Which Way for K12 Blended Learning? (Part 1: Boarding the Mayflower)," Blend My Learning, February 12, 2013, http://www.blendmylearning.com/2013/02/12/which-way-for-k12-blended-learning-part-1/（アクセス確認日：2013年12月29日）.

㉖プロジェクト・ベース学習の質を懸念する声もある。2013年の次世代学習チャレンジの優勝者 VLACS Aspire はその問題の克服を目論んでいる。「実験的ブレンディッド・ラーニング」と呼ばれるモデルを通じて、生徒に拡大教育機会（ELO）を与えた。それには生徒の希望によるインターンなど学校外のプロジェクトも含まれた。オンライン学習とELOでの勉強はいずれもオンラインコースの担任が成績評定を行い、学習進捗状況を管理する。時間の経過とともに、VLCS Aspire や他校において成績評価を支えるしっかりとしたシステムが出てくるだろう。そうすれば、プロジェクト・ベースおよび実験学習に関する品質の管理はより容易になり信頼性も増すであろう。以下参照。Julia Freeland, "Blending toward Competency: Early Patterns of Blended Learning and Competency-Based Education in New Hampshire," Clayton Christensen Institute, May 2014, http://www.christenseninstitute.org/wp-content/uploads/2014/05/Blending-toward-competency.pdf

㉗ KIPP Comienza Community Prep and Gilroy Prep schedules are available at this online course: Silicon Schools Fund and Clayton Christensen Institute, "Blended Learning: Creating the Ideal Student Experience in a Blended Learning Classroom," hosted by Khan Academy, https://www.khanacademy.org/partner-content/ssf-cci/ccss-ideal-student-experience/sscc-learning-environments/a/example-blended-learning-schools-chedules(アクセス確認日：2014年5月31日).

# 第III部 設計

理解 → 発動 → **設計** → 実装

第6章　教師の役割

第7章　オンラインコースと設備機器の設計

第8章　ブレンディッド・ラーニングのモデル選定

# ■第6章

## 教師の役割

　本書で繰り返し述べているテーマは、ブレンディッド・ラーニングとは単に従来の教室にテクノロジーを装備するだけではないということです。より根本的な指導モデルの再設計なのです。理想の手順としては、まず生徒のやるべき課題を解決することに全精力を注ぎ、次に教師、設備、カリキュラム、校風など、学校が持つさまざまな要素を組み合わせて、生徒に最適な経験を提供するのです。

　設計全体のなかで、教師を適切に配置することは決して簡単ではありません。感覚的にも科学的にも、すぐれた教師が生徒の成績に与える影響の大きさは証明済みです。教師の配属ミスのしわ寄せを生徒に及ぼすことは許されません。さらに、アメリカだけでも300万人以上の人が教職に就いており、これからも才能ある人材を採用し雇用し続けなければなりません。教師の適切な配属は教師自身にとっても重要なことです。

　クリステンセン研究所のサイトで最もよく読まれているブログ記事は、「コンピュータは教職に取って代わるか」です。このトピックは琴線に触れるのです。オンライン教材が指導者の役割を果たしているのを見て、誰もが疑問を抱きます。「この現象はいったいどこまでいくのだろうか」と。第2章で、オンライン学習が十分使える水準に達すると、学校は生徒一人ひとりに適した教材を提供することをオンラインに頼るようになると予測しました。その結果、学校は授業以外の重要な仕事にもっと専念できるようになるのです。しかし、学校が教材と指導をオンラインに移行すると、役割を奪われたと感じる現場の教師が、生徒を支援したり、次元の高いスキルや思考を伸ばすことに時間を使わなくなるリスクが生じます。ブレンディッド・ラーニングの成功には教師の存

在が欠かせないので、これは大きなリスクです。これまでに見たブレンディッド・ラーニングの成功例では、教師の役割は大きく変化し、授業計画をつくったり、クラス全体に講義をする必要はなくなりますが、さまざまな方法で生徒との関係は以前に増して活発になります。失敗例では、教師はコンピュータに仕事を奪われたと感じて、部屋の後ろで不機嫌な顔でふんぞり返っているだけで、生徒との関係も希薄になっていました。教師から熱意が感じられなければ、生徒も勉強しなくなります。

　教師の役割を適切に設計することはきわめて重要です。教師の出来が、今後ブレンディッド・ラーニングの成功例が増えるかどうかを決める最大の鍵と言っても過言ではありません。この章では、教師に適切な役割を与える方法を最初に生徒目線から、次に教師自身の立場になって考えます。教師の課題と優先事項を実現するには、どのように設計すればよいのでしょうか。

## 1. 生徒目線から教師の役割を設定する

　生徒の置かれた環境と彼らの持つ学習ニーズは生徒の数だけ違うため、統一された理想の教師像というものが決まっているわけではありません。しかし、今日の学習者を観察すると、学習のなかで課題を解決できるように、教師をうまく巻き込む方法について、2つのヒントが見えてきます。

**お決まりの指導を脱して**

　最初のポイントは、これまでも述べてきたとおり、工場型一斉授業は現代社会での仕事の準備には向いていないということです。黒板やOHP、電子黒板などの前に立って集団授業をする古典的な教師のイメージは、モデルとしてふさわしくありません。現代の若者を待ち受ける未来は、学校にもっと違うものを求めています。「ただ出席するだけ、ただ起きているだけ」で評価される工場型一斉授業では、もはや通用しないのです。

　お堅い、上下関係に厳しい規律を特徴とするアメリカ軍でさえ、従来のトップダウン型の指令方法を再検討しています。軍トップの統合参謀本部長は、「軍はこれまで体力十分で、教育があり、規律を守れる人を採用してきたが、今日では、コミュニケーション能力があり、探究心旺盛で、協調性のある人を

第6章　教師の役割　│　169

求めている」と言っています。⑤

　情報を即座に分析し、起業家のように考え、使命感の強い兵隊が必要なことから、鬼軍曹タイプの訓練指揮官ではもはや通用しないことが分かっています。先ほどの本部長によると、軍の指揮官はただ怒鳴り、訓練生にノートをとらせて特訓を終わらせるタイプの「教壇の賢人」から、「側で応援する人」に変わりつつあります。⑥伝統的な上から目線の「俺について来い」タイプの指揮官から、全体の指揮者、激励者に変わる必要があるのです。⑦

　軍のアプローチの変化は、学校の行く末にも示唆を与えます。教師主導でトップダウン型の一方通行授業は、今日の企業が高給で迎えたい起業家精神を持つ、探究心旺盛で問題解決型の人間を生み出す選択肢ではありません。⑧全米の多くの教師が数十年にわたり授業スタイルを変えようと努力してきましたが、工場型一斉授業では知識とスキルを教え、かつ批判的な考え方や創造力を育む活気のある学習者主導のモデルに変更するには限界があります。学校がブレンディッド・ラーニングを設計する際に教師に期待することを検討するときこそ、従来のような工場労働者を生み出す、時間と講義数を基準とした授業を考え直す絶好のチャンスなのです。

　サミット・パブリック・スクールが進化していく過程は、好機を捉えることの重要性を示しています。フレックス・モデル導入の試験段階では、生徒はまず最初に新しい単元について教師から授業を受けるべきと主張する教師と、それに半信半疑の教師がいました。そこで実験をしました。教師たちは、生徒に新しい単元について解説する授業を準備しましたが、実際に出席するかどうかはフレックス・モデルの趣旨どおり、生徒の判断に任せました。すると最初は、生徒全員が出席しました。なぜならそういう習慣だったからです。しかし時間が経つにつれ、出席人数は減っていきました。データでも、出席した生徒の成績が必ずしも芳しくないことを示していました。そこで教師は、授業内容を懸命に改善しましたが、何週間経っても出席した生徒の成績は変わらず平凡なままで、出席率は下がり続けました。

　しかしある時突然、結果が好転しだしました。授業に出席した生徒の結果がすばらしかったのです。授業の重要性を説いた教師の勝利かと思われましたが、よくよくデータを調べてみると、原因は他にあることが分かりました。「授業」に出席する生徒の数が少なくなったために、授業が実質的に少人数ないし

マンツーマン指導になっていたのです。そこで授業は取りやめて、代わりに生徒の質問に答え、議論を促す方式に変更しました。単に指導方式を変えただけではなく、生徒も教師も新しい方式を楽しみましたし、生産的であることも判明しました。学習環境を再設計するに当たって、教育とはこうあるべきという先入観を捨てることが、ブレンディッド・ラーニングの可能性を開花させるには欠かせないのです。

**メンター機能の提供**

2つ目のポイントは、生徒の課題解決を支援する教師の接し方です。社会が根本的に変化したために、教師がメンターとして支える必要のある生徒がますます増えています。友人たちと人間関係を築いて楽しく過ごすだけでなく、人生における成功を支援するためです。ブレンディッド・ラーニングではオンライン学習が教材と指導の一部を肩代わりするので、教師がこうした重要な役割を果たす時間をもつことができます。

「メンター」という単語は、ギリシャ神話に出てくるイスラエルの高僧アルキムスの息子の名前（メントール）に由来します。メントールは、オデュッセウスがトロイア戦争に出征している間、その息子テレマクスの世話をします。その後、アテネがテレマクスを訪れた際、彼女はメントールに変装して、テレマクスが高貴な大義に立ち上がるよう励ましたのです。言い換えると、最初に出てきたメントールは世話係で、次に出てきたアテネはメントールに化けて激励し、個人的な悩みに対処する具体的な方法を教えたのです。これが教師の役割に関係するので、メンターという言葉は〈世話係・激励者〉の2つの意味を併せ持っているのです。

元ニューヨークタイムズ記者のポール・タフは、社会復帰がむずかしいと思われる若者でも、よいメンターの指導で見違えるようになるという、すばらしい記事を書いています。そのうちの一つが、高級住宅街から最悪の地域にさびれていったシカゴ南方のローズランド地区で育った17歳のキーシャ・ジョーンズの話です。彼女の母親は麻薬中毒で、近所に住む父親は近隣で少なくとも19人の子どもをつくっていました。警察が頻繁に家宅捜査にやって来てはテーブルを引っくり返し、棚から物を引っ張り出して銃や麻薬を捜索しました。そして、キーシャがまだ小さいうちから親戚の大人がやってきては彼女を繰り

返し弄んだのです。

　キーシャは、高校で憂さを晴らしました。クラスメイトからは、荒れた高校のなかでも最も荒れた生徒と見られていました。ついには、校長は地元の若者支援センター（YAP）にメンターの派遣を要請しました。YAPは非営利団体で、メンタリングと「総合支援」の手法を使って、荒れた若者が養護施設に頼ることなく家庭で過ごせるよう支援する活動をしています。YAPは、ローズランドの荒廃した103丁目通りで美容院を経営する31歳のラニタ・リードをキーシャのメンターとして任命しました。

　リードは、初めにキーシャに客の髪の毛をシャンプーして編みこむ方法を教え、次に爪や髪の毛などキーシャ自身の外見を整えることを教えました。すると彼女の内面に変化が起こり始めたのです。二人は恋愛や父親のこと、麻薬、怒り、そして祈りについて話し合いました。リードはまた、キーシャを弄んだ大人が刑務所に収容され、キーシャとその姉妹が養護施設に送られないよう尽力しました。

　こうしてリードは、多くの人が絶望的と見捨てたキーシャの将来の見通しを、彼女が17歳のときに明るく変えたのです。キーシャは高校を卒業してトルーマン大学に入学しましたが、美容学を専攻する予定です。この話の最後にポール・タフは、ときにメンターはどんなに可能性が低くても「人格を変え」、予想もしない変貌をもたらすことができる、と結論づけています。

　こうした包括的な支援と強力なメンターを必要とする生徒は増えています。今日、メンターがいかに重要であるかを、一つの心配な傾向が物語っています。それは、一世代前に比べて、両親が揃っている家庭が減っていることです。2012年には、17歳まで両親と一緒に過ごした子どもの割合は64％で、これは1980年の77％から減っています。このうち、ヒスパニックの家庭では59％、アフリカ系アメリカ人の家庭では33％という低さです。

　両親の揃った安定した家庭の減少は、概して子どもたちに悪影響を与えます。ペンシルベニア州立大学の社会人口学教授ポール・アマトは、離婚が子どもに及ぼす影響について広範な調査を実施しました。その結果判明したことは、両親が離婚した家庭の子どもは、学業成績（通知表、テストの点数）や素行（問題行動、攻撃性）、心理的健全性（躁鬱）、自信、級友との関係（親友の数）などの点において、両親が揃っている家庭で育った子どもたちより低い傾向があ

ることです。もちろん、両親が揃っている家庭で育っても、貧困や両親の不和、暴力、ネグレクト、虐待など家庭環境に問題があれば問題行動が見られます。同様に、両親が離婚していてもうまく育つ子どももいます⑭。しかし平均すると、両親が離婚した家庭の子どもは、両親が揃った家庭で育った子どもに比べて恵まれていないことが分かっています。

　最近の社会の傾向から、学校は崖の下で待機する救急車（最後の安全弁）の役割を求められることがますます多くなっています⑮。YAPシカゴの責任者は、生徒の家庭環境と学校での態度には非常に大きな相関があると言っています。間違った育て方や家庭崩壊は子どもに影響を与え、子どもたちはそれを学校やどこへでも持ち込むのです⑯。

　学校は安定した家庭の代わりにはなりません。しかし、子どもたちがメンターを必要とするときには手を差し伸べることができます。多くの学校がすでにそうしています。メンターは、子どもにとって成功のための唯一の希望である場合さえあります。正常な家庭の子どもたちにとってさえ、外部のメンターは有益なのです。

　ビッグ・ピクチャー・ラーニング・スクール（Big Picture Learning School）では、生徒を「アドバイザリー」と呼ぶ学習グループに15人ずつに分けて、教師を一人アドバイザー（メンター）として配置しています（**ビデオ18**）。アドバイザーはグループの生徒一人ひとりと密接に行動して、個人的な信頼関係を築きます。生徒は各自アドバイザーと相談して目標を決めて個別の学習計画を立てます。インターン制度もあり、生徒は一人で外部のメンターと一緒に仕事をし、実社会での経験を積みます。加えて、学校は生徒の両親・家族とも連絡を取り合いながら、生徒の個別学習計画を練っていきます。こうした大人とのかかわり合いすべてが、生徒を支えるメンター制度と、生徒とメンターとの信頼関係そのものを強力に支えているのです。

ビデオ 18: ビッグ・ピクチャー・ラーニング・スクールによるメンター派遣とインターン制度

www.wiley.com/go/blended18

　全米の学校では、さまざまな方法で教師をメンターとして配置しています。たとえば、生徒と安定的かつ継続的な信頼関係を築くために、同じ教師が何年にもわたって一人の生徒を担当する学校もあります。ブレンディッド・ラーニングも有効です。一つのクラスに違う年齢や学力レベルの生徒がいても、ソフトを使えば個別対応ができるので、生徒が進級しても何年にもわたって一人の教師が同じグループの生徒を担当することができるのです。

　今後、アメリカの学校は教材と指導をオンライン学習に頼るようになり、その結果、教師はメンターとしての責任を負うようになります。教師の採用や研修、評価のプロセスが変わり、集団クラスで授業をする教師は段々と減っていくと予想しています。たとえば、サミット・パブリック・スクールでは、翌日の授業の準備をする代わりに、勉強のコーチ、大学進学のカウンセラー、家族との連絡役、サポーターとして生徒と強い信頼関係を築くことに専念するよう研修しています。メンターは10～15人の生徒を受け持ち、少なくとも週に1回は担当の生徒とミーティングをします。同校では、メンター能力が教師を評価する7項目の一つに含まれています。教師は、校長、同僚の教師そして自身による評価に基づいて基礎レベルから専門家レベルまで昇進しますが、教師一人ひとりに個別の研修も用意されています。

## 2. 教師目線から教師の役割を設定する

　生徒の目線から見て、教師の役割は非常に重要です。しかし、教師の支持を得るには、再設計された学校が教師にとっても恩恵がなくてはなりません。教

師にも個人的な人生の課題があります。教師と生徒の課題を同時に解決するように学校制度を設計すると、奇跡が起きます。なぜ教師の役割を念頭に学校設計をすることがきわめて重要なのか、以下のヘアカラー業界の事例が教えてくれます。

## 色合わせの妙

　マックスとビビ夫妻は、ヘアカラービジネスを始めることなど全く考えていませんでした。しかし、ある日工具店で自宅のドア枠を塗るペンキを買っているときに、ピンときたのです。ドア枠の色とぴったり同じ色のペンキが必要だったので、店員にペンキのかけらを渡して最も近い色になる組み合わせを探してもらいました。夫妻は、店員が色彩センサーを使って正確に同じ色をつくりあげるのを見ていました。そして、その同じ技術を美容院で利用して、顧客にピッタリの髪色を提供できないだろうかと考えたのです。

　このアイディアが受け入れられる素地は、すでにできているように思えました。アメリカ人の女性のほとんど、また多くの男性がヘアカラーを使っていました。そしてその多くが、美容院のひどい髪染め技術に失望するか、恐れを抱いていることを夫妻は知っていました。そこで、完璧な正確さで色を分析し、顧客に最適な色の組み合わせを推奨できる、ドライヤーと同じぐらいの大きさで簡単に操作可能な器具を開発し、200 ～ 300 ドル程度の商品にして、「カラーマッチ」というブランドで売り出そうと計画しました。

　それは最適な髪の色を求めている顧客の心をつかむ技術でした。カラーマッチを使えば、勘に頼らずにいつでも正確な色がつくれるのです。ところが、夫妻はこの製品を買うように美容院を説得できませんでした。やがてその理由が明らかになりました。ヘアカラーのプロが持つ課題は、顧客の求めるものとは違っていたのです。顧客はちょうどよい髪の長さと色を求めて美容院へ行きますが、ヘアカラーのプロはそれとは異なる理由で美容院で仕事をしていたのです。彼らは仕事場では芸術家であり、美容技術がそのプライドを満足させていたのです。ヘアカラーのプロは、顧客一人ひとりに完璧な組み合わせをつくりあげることに誇りを持っていました。顧客の満足ももちろん大事ですが、髪染めのプロである彼らにとって、ヘアカラーは芸術家としての課題を実現させてくれるものだったのです。そのため、軽量で操作が簡単なカラーマッチが商売

としては全く成功しなかったのも、少しも不思議ではありませんでした。カラーマッチはヘアカラーのプロの仕事を助けるのではなく、正反対のことをしたからです。プロの芸術家精神を侮辱し、新しい技術が色の組み合わせという繊細な作業を奪いかねなかったのです。

カラーマッチの事例は、複数の利害関係者が満足するようにイノベーションが採用されるには、利害関係者全員の課題を実現する必要があり、そうでなければ誰にとっても成功とは言えないことを教えてくれました。これが、学校という環境でイノベーションを起こすことがむずかしい理由の一つです。生徒、教師、役所、理事会、保護者、政治家など、複数の利害関係者の課題をすべて列挙することは、同時に6枚のチェス盤で勝負するようなものです（6枚でも少ないくらいだと言う人もいるでしょう）。しかし、教師の満足度を上げる課題のいくつかは、生徒にとってもメリットがあるという点に望みがあります。そのような課題を特定するために、アメリカの心理学者が提唱した「従業員のやる気を引き出す方法」で説明します。

### 「動機・衛生」理論

フレデリック・ハーツバーグ教授は、これまで最もよく読まれたハーバード・ビジネス・レビューの著者です。彼の著作『再び、従業員をどうやって動機づけるか』は、1968年に発刊されて以来、120万部以上も売れています。同書では、従業員の仕事に対する満足度は、「非常に満足」から「きわめて悲惨」まで連続したスペクトラムで計測されるのではなく、仕事を愛すると同時に憎むこともできることが示されています。

愛憎両方の感情を持つことが可能なのは、2つの要素が仕事に対する感情に影響を与えているからです。最初の要素は、「衛生」要素と呼ばれて従業員の仕事に対する不満度に影響を与え、2番目の要素は「動機づけ」要素と呼ばれて従業員の仕事に対する満足度を決定します。重要なことは、ハーツバーグの分類では、仕事に対する「不満」の正反対は「満足」ではなく「不満のない状態」であり、同様に仕事が「好き」の正反対は「嫌い」ではなく「好きではない状態」を表します。

以下が動機づけ要素です（満足度に与える影響の高いものから低いものへ）。

・達成感
・認知
・仕事の内容そのもの
・責任
・昇進
・成長

　逆に、衛生要素は以下のとおりです（不満足に対する影響の高いものから順に）。

・会社の方針と運営
・監督
・上司との関係
・職場環境
・給与
・同僚との関係
・私生活
・部下との関係
・肩書き
・安定

　一体これはどういう意味でしょうか。従業員が目標を達成し、認知を得て、責任を果たし、キャリアを積むことができる場所を見つけることは、給与水準や個室、休暇の長さなどより従業員を動機づけるということです。逆に、その他の要素は仕事に対する不満を募らせる原因にもなりえるということです。言い換えれば、教師のパフォーマンスを上げるには、学校は動機づけ要素を改善すべきなのです。金銭は大きな動機づけになりません。教師が仕事に対する不満から退職するのを防ぐには、学校は衛生要素に適切な配慮をすることが必要なのです。

**教師の動機をブレンディッド・ラーニングに組み込む**

　従来の教職には、動機付け要素の多くが欠けています。教師はたいてい一人で仕事をしているため、他人から努力を認められる機会はほとんどありません。看護師と同様に、はっきりとしたキャリアパスは見えません。責任の拡大と昇進の機会は限られています。科目や学年の主任になる以外には、教師を辞めて管理職に就くしか昇進の道はありません。業務上のセミナーや研修にときどき参加する以外には、最初の数年以降は成長の機会はほとんどありません。

　しかし、ブレンディッド・ラーニングは、それらの問題を解決する機会を生み出します。ブレンディッド・ラーニングが適切に設計されれば、伝統的なアナログの教室では実現困難な方法で、教師の動機づけ要素を拡大することができます。以下5つが、ブレンディッド・ラーニングを導入すると可能になる、動機づけ要素を極大化するために教師の役割を再構築する方法です。

①優れた教師の担当生徒数を増やす

　デジタル技術の発達により、優れた教師がより多くの生徒を教えることを可能にしました。カーン・アカデミーがその最もよい例でしょう。サル・カーンの授業は毎月約1,000万人が視聴します。同様に韓国でも、メガスタディの教師たちは毎年何千人もの生徒を指導し、高給をとっています。ある教師は、オンラインで年に15万人の生徒に配信し、400万ドルも稼ぎます。ハーツバーグの分類では、金銭的見返りは衛生要素ですが、この場合は給与が達成感と認知度に直接結び付いているので、優れた教師はより多くの生徒に視聴されることでより大きな達成感を味わい、より高い認知を得ることができます。もっと身近な例でも、学校がブレンディッド・ラーニングを導入する際に、教師に達成感、認知、責任、昇進を感じてもらえるようにできます。たとえば、反転授業形式の公開授業を実践したり、オンライン・コミュニティを運営したり、一般の教室よりはるかに多い人数を抱えるフレックスのスタジオでガイド役のトップを務めたり、または専門科目のウェブセミナーで研修講師を務める、などです。

②教師一人ひとりに専門分野の責任を与える

　学校内外での学習機会の増加により、教師の役割が分割されています。古典的な工場型集団クラスでは教師は教室内の出来事すべてに責任を負いますが、

ブレンディッド・ラーニングでは生徒が複数の教材を使ってさまざまな方法で学習を進めるため、とくに教師がチームで指導をする学校においては、教師一人ひとりが専門分野を担当することになります（これについては後で詳しく触れます）。教師の専門分野の選択肢としては、

・教材を開発し公開する
・ローテーション・モデルにおいて少人数グループで直接指導する
・オンライン学習を補足するプロジェクト学習を設計する
・智恵、社会経験、アドバイスを与えるメンター
・他の教師が担当する生徒も含め成績を評定する
・成績データを分析する、等々

　ハーツバーグの分類に従えば、専門化により責任、成長、昇進などの動機づけ要素が高まります。ブレンディッド・ラーニングの導入により、授業の準備や集団授業を実施する必要がなくなるので、生徒の進級にのみ責任を負う教師でさえ、ある意味で専門化します。マンツーマンないし少人数グループで指導したり、メンターとして相談に乗ったり、討論やプロジェクト学習の先導役を果たしたりすることです。

③**チームで指導する**

　サミット・パブリック・スクールやティーチ・トゥー・ワン、その他の事例で見てきたとおり、ブレンディッド・ラーニングを導入している学校の多くは、教室の壁を取り払って広いスタジオ式の部屋をつくり、そこで複数の教師がいろいろな役割を果たしながら通常より多くの生徒を指導しています。教師になる人のなかには、教室という閉じた空間で授業中はクラス全員の注目の的となって働きたいために教職を選んでいる向きも多いそうですが、違う見方もできます。ハーツバーグの調査が指摘しているように、これまで教師は、担当する生徒の学業成果を、同僚の教師から認知されると満足していました。他人の評価を頻繁に聞く機会はほとんどありません。ところが、チームで働くと、日常的に同僚の認知を受けることができるだけでなく、チームのリーダーになるなどさまざまな昇進の機会にも恵まれるのです。

④**スキルの習得に対して教師を細かく評価する**

　生徒個々に複数の選択肢が用意された到達度基準制度へ移行する理由は、教師にとっても当てはまります。オンライン・プラットフォームで、デジタル・バッジシステムなどの認証制度を通じて、教師が持つ知識を公開したり、互いに共有することが可能になりました。従業員は新しくより困難なタスクを与えられると、成長や学習などの動機づけ要素が働く、とハーツバーグは言っています。デジタル技術の発展により、このような仕組みを大規模に管理することが可能になったのです。こうした考え方はまだ発展途上ですが、生徒の学習進捗状況を管理するシステムを使って教師の研修状況も管理しているサミット・パブリック・スクールなど、多くの学校がこのような制度を研究しています。

⑤**ブレンディッド・ラーニングのチームに権限を委譲する**

　本書が解説するブレンディッド・ラーニングを設計・導入するプロセスそのものが、教師にイノベーションを起こす原動力となります。組織が責任を負いながら管理の手を緩めると、動機づけ要素のなかの「責任」と「達成」の要素が跳ね上がることを、ハーツバーグは発見しました。デジタル時代は学校にイノベーションの風を起こし、そのこと自体がまた指導者にとって教師が大きく成長する機会をつくる刺激となるのです。

## 3. 生徒・教師の両方を満足させる

　アメリカ最大の教職員労働組合、全米教育協会は2013年7月の大会でデジタル学習を支持するとの方針を採択しました。この決定は正しい判断です。オンライン学習によって生徒は日々成長し、友人たちと楽しく過ごす機会を持てるという意味だけでなく、教師にとってもメリットがあるからです。教師目線から見ても、ブレンディッド・ラーニングが普及することによって職業的な達成感や認知、責任、成長など、本質的な動機づけ要素を刺激するさまざまな機会が増えるのです。

　今すぐ教師をブレンディッド・ラーニングのチームに配属して、第4章で述べたようなキャリアアップの機会を与えてはどうでしょうか。生徒と教師のニーズを同時に満たすことは一筋縄ではいきませんが、ブレンディッド・ラーニングは両者の課題を実現する方法を編み出す機会を与えてくれるのです。

# 6 章のまとめ

- 教師の質は、生徒の学業成績に著しく影響します。教師の配属ミスが、生徒に影響することは許されません。教師を適材適所で使うことは、ブレンディッド・ラーニングの成功を最終的に勝ち取ることを決定づける最も重要な要素かもしれません。

- 現代社会を生きる生徒たちにとって、教師の役割がトップダウン型の一方通行授業を提供することから、生徒の生活における不足を解消する信頼できるガイダンス、メンタリングへと変化することは、メリットがあります。

- 「動機・衛生理論」によれば、教師が仕事に対する不満を感じやすいのは、学校規則の変更、しつこい管理職、低い給与水準などの衛生要素です。逆に、仕事に対して満足を感じるのは、目標達成の機会、業績に対する認知、本質的に価値ある仕事などの動機づけ要素です。

- 的確に設計されれば、従来型のアナログ教室では不可能であった方法で、ブレンディッド・ラーニングは動機づけ要素を増幅することができます。

## ☞演習問題

☐ 教師の役割として、個人指導はどの程度重要か。(1)「非常に重要」から (5)「全く重要でない」まで5段階で点数をつける。自分のコミュニティでは、成功したロールモデルや個人指導に対するニーズが高まっていると思うか。その理由。

☐ ほとんどの教師が人生においてなすべき業務と思われるものを2つあげる。それらがなぜ重要なのか。教師は世間に認知されることが動機づけになり、一人で仕事をするよりもチーム指導へ喜んで移行する、

という意見には賛成か。それはなぜか。

□ 自分の理想とする指導モデルの概要を説明する。それは一人の先生によるものか、複数によるチーム指導か。そのなかでの自分の役割は何か。

〈注釈〉

①ハーバード大学では、年間テスト平均点の伸びにより、生徒に「高い価値を与えられる」と評価された教師は、生徒の生涯にどれほどの影響を与えるのか調査をした。それによれば、高付加価値教師（上位5％）に担当された生徒は、それ以外の生徒と比較して、大学進学率が高く、収入も高かった一方で、10代のうちに子どもをつくる率は低かった。平均すると、高付加価値教師に習った生徒の生涯所得は8万ドル多い。100万人以上の生徒を対象に、公立学校と納税の記録を調べた結果である。「平均すると」、1学年で教師の付加価値の標準偏差が1上がると、28歳の時点で収入が1.3％高い。下位5％の教師を平均的な教師に代えると、生徒の生涯収入は1クラス当たり現在価値に換算して25万ドル上昇する。Raj Chetty, John N. Friedman, and Jonah E. Rockoff, "The Long-Term Impacts of Teachers: Teacher Value-Added and Student Outcomes in Adulthood," National Bureau of Economic Research, September 2013, http://obs.rc.fas.harvard.edu/chetty/w19424.pdf.

さらに、「メットライフ生命アメリカ教師調査」でも、長い間、教師の影響について指摘している。たとえば以下参照。"The MetLife Survey of the American Teacher: Teachers, Parents and the Economy," MetLife, Inc., March 2012.

②著者は、クリステンセン研究所教育部門のトーマス・アーネット調査フェロー（当時）である。

③Paul Tough, *How Children Succeed: Grit, Curiosity, and the Hidden Power of Character* (New York: Houghton Mifflin Harcourt Publishing Company, 2012), p. 161.

④この軍隊に関する考察について、ヘザー・ステイカーは母であるキャシー・クレイトンの以下の著作からヒントを得たことに謝意を表している。*Teaching to Build Faith and Faithfulness: Ten Principles for Teachers and Parents* (Salt Lake City, Utah:

Deseret Book, 2012), p. 112.

⑤ Thomas Friedman and Michael Mandelbaum, *That Used to Be Us: How America Fell Behind in the World It Invented and How We Can Come Back* (New York: Farrrar, Straus, and Giroux, 2001), p. 91.

⑥ Gregory Ferenstein, "Thomas Friedman to United States: Innovate or Else," *Fast Company*, September 6, 2011, http://www.fastcompany.com/1778214/thomas-friedman-united-states-innovate-or-else（アクセス確認日：2014年3月7日）.

⑦ Friedman and Mandelbaum, *That Used to Be Us*, p. 92.

⑧「技能・知識が高く、しかも決定権を持つ労働者間の」複雑なやり取りを含む仕事の数は異常な勢いで増えている。こうした職種に対して企業がつける価値は給与にも反映され、ルーティンの事務作業より55％、中間職種より75％多い。Johnson, Manyika, and Yee, p.26（序章の注釈⑰）.

⑨ Paul Tough, *How Children Succeed*, pp. 2, 43-45.

⑩前掲書 pp. 22, 45.

⑪前掲書 pp. 45-46.

⑫前掲書 pp. 47, 153.

⑬ "America's Children: Key National Indicators of Well-Being, 2013," ChildStats.gov, http://www.childstats.gov/americaschildren/famsoc1.asp（アクセス確認日：2014年3月8日）.

⑭ Paul R. Amato, "The Impact of Family Formation Change on the Cognitive, Social, and Emotional Well-Being of the Next Generation," *Future of Children*, Vol. 15, No. 2, Fall 2005, p. 77, http://futureofchildren.org/futureofchildren/publications/docs/15_02_05.pdf

⑮「メットライフ生命アメリカ教師調査」によれば、教師の過半数（64％）が去年1年間で医療および社会支援を必要とした家庭は増えたと答え、35％の教師が朝空腹で登校する生徒が増えたと答えている。同時に、多くの教師（全体の28％、高校で34％）が医療および社会支援のサービスが減少または消滅したと答え、放課後の補習授業に対する支援が減少または消滅したと答えた教師は29％（高校で32％）であった。"The MetLife Survey of the American Teacher," March 2012, p. 8.

⑯ Paul Tough, *How Children Succeed*, pp. 42-43.

⑰これ以外の項目は、評価、学習内容、カリキュラム、指導、学習者と学習を知ること（特別支援教育、ELL）およびリーダーシップである。サミット・パブリック・スクールでは各要素を4段階に分けて、教師を分類している。すわなち、基礎、中級、上級、専門家である。各レベルは2年をかけて習得する。Tom Vander Ark, "How Frames, Plans,

Platforms & PD Support Great Teaching,"Getting Smart, August 24, 2013, http://gettingsmart.com/2013/08/how-frames-plans-platformspd-support-great-teaching/（アクセス確認日：2014年3月8日）.

⑱本件は、以下のケーススタディで初めて採り上げられた。Clayton M. Christensen and Matthew Beecher, "The ColorMatch Hair Color System," Harvard Business School, N9-607-030, January 29, 2007.

⑲前著『教育×破壊的イノベーション』では、この考えについて以下のように詳述している。

　　多くの企業は、仮に自社の製品やサービスを教師が正しく使いさえすれば、学習は改善されるとしている。教育テクノロジーの会社の多くがこのことで苦しんでいるが、このことを公開するまで生き残る企業はほとんどない。Wireless Generations 社では携帯の教育評価商品を発売し、他の教育テクノロジー企業とは異なり、成功を収めることができた。何が違ったのか？ デジタル写真の事例と同様、ほとんどの教育テクノロジー企業は従来の作業をより効果的にできる商品ではなく、すでに忙しい教師の作業に「もう一手間」加えるだけの結果になっていた。

　　対照的に、Wireless Generations のハンディ機器は、教師の作業をより簡単にすることにターゲットを絞って、教師の仕事を複雑にすることなく簡単にできるよう改善している。

⑳本件については、次の参照文献にほぼ基づいている。Frederick Herzberg, "One More Time: How Do You Motivate Employees?" Harvard Business Review, 1968, http://www.facilitif.eu/user_files/file/herzburg_article.pdf

㉑今日における教育の目標と実際にとられる行為が生徒に及ぼす影響の格差から、金銭的な条件が多くの教師の動機にはならないことを示すさらなる証拠は、前著『教育×破壊的イノベーション』に掲載した「協調ツール」理論による分析を参照。Clayton M. Christensen, Michael B. Horn, and Curtis W. Johnson, *Disrupting Class: How Disruptive Innovation Will Change the Way the World Learns, Expanded Edition* (New York: McGraw-Hill, 2010), p. 234.

㉒ "The MetLife Survey of the American Teacher: Challenges for School Leadership," MetLife, Inc., February 2013.

　　伝統的な教育界の人事昇進制度では、優れた教師は教室を離れて学校または学区の管理職になって指導または学習法を開発するか、または校長先生になるかである。なかには、教室で教えることに従事しながら、プロとして自分自身も成長して教室のなかだけでは実現できない方法で貢献したいと希望している教師もいる。改革派の教師たちはこうした方法を「ハイブリッド教職」と呼んで、教室内での指導とその他の管理職などの役割を並行して担当している。 あるグループの教師は、 教職の将来像を想像して

「teacherpreneurs」という語をつくり出している。こうした機会は、新しい管理職昇進への道であり、教職に対するイメージの強化、満足度の向上、優秀な教師の定着に資するものとして見られている。

㉓「メットライフ生命アメリカ教師調査」によれば、教師の満足度は25年間で最低のレベルである。満足度の低い教師ほど、自分の学校は予算、研修の機会、他教師との協働時間が減少していると回答する割合が高い。"The MetLife Survey of the American Teacher," February 2013, p. 6.

その前年の調査では、満足度の低い教師ほど、仕事が安定していない、地域社会からプロとして扱われていない、クラスの平均人数が増えている、または、たとえば、医療、社会サービス、食料に欠乏している、またはいじめにあっているなど困難な環境または支援の必要な家庭の出身生徒が増えている、と回答している割合が高い。"The MetLife Survey of the American Teacher," March 2012, p. 7.

残念ながら、メットライフ生命の調査では、満足〜不満の基準でしか回答結果がわからず、教職に対する好き・嫌いをハーツバーグの仕事に対する満足度、不満足度を評価する分類法を使っているようには思えない。

㉔ブレンディッド・ラーニングが教職にもたらす利点に関するより深い考察は、次の記事を参照することをお薦めする。John Bailey, Bryan Hassel, Emily Ayscue Hassel, Carri Schneider, and Tom Vander Ark, "Improving Conditions & Careers: How Blended Learning Can Improve the Teaching Profession," Digital Learning Now! Smart Series, May 2013.

さらに同資料では、ブレンディッド・ラーニングの導入が教師の昇進機会だけでなく給与を増やすことも示している。これを裏づけるように、同地域の水準より10〜30％高い給与を教師に支払っているロケットシップ・エデュケーション校などの学校の例も一部にある。衛生要素が広範囲で実現できるかどうかは、今後数年の間に学校現場においてブレンディッド・ラーニング環境がどのように進化するか、また多くの政策、規則、交渉合意判断に左右されるだろう。

㉕パブリック・インパクトによる優れた教師のチームを派遣する活動に関する次の記事を参照。"Opportunity Culture," Public Impact, http://opportunityculture.org/（アクセス確認日：2014年6月1日）.

㉖ Amanda Ripley, "The $4 Million Teacher," Wall Street Journal, August 3, 2013, http://online.wsj.com/news/articles/SB10001424127887324635904578639780253571520.

㉗前著『教育×破壊的イノベーション』では、1教室だけの小規模校から工場型教育への移行期においては「生徒一人ひとりを個別指導することを主な任務としていた職業が、秩序

を保ち、注目を集めることが最も重要な技能である職業と化している」ことにも触れた（原著 p. 111）。

㉘この重要なトピックについてより深い考察は次の記事を参照。Karen Cator, Carri Schneider, and Tom Vander Ark, "Preparing Teachers For Deeper Learning: Competency-Based Teacher Preparation and Development," Digital Promise and Getting Smart, April 2014.

㉙以下参照。"NEA Policy Statement on Digital Learning," http://www.nea.org/home/55434.htm（アクセス確認日：2014年3月8日）。

# 第7章

## オンラインコースと設備機器の設計

　読者のなかには、ブレンディッド・ラーニングに関する本であるにもかかわらず、テクノロジーに関する記述が第7章までないことに驚かれた方もいるかもしれません。しかし、このテーマを後半に持ってきたのには理由があるのです。課題の特定、目標の設定、組織の編成、生徒の動機づけおよび教師の役割などは、いずれもテクノロジーの導入より重要で優先的に解決されるべきです。これらの点を検討する前に、テクノロジーの導入を急ぐ学校がしばしば見られます。このことを念頭に、本章ではテクノロジーの問題に取り組みます。

　1981年に発売されたオズボーン（Osborne Executive）は、世界で初めて商業的に成功した携帯型コンピュータです。おおよそミシンくらいの大きさで、飛行機の座席の下に収納できる唯一のコンピュータだと宣伝されました。革新的な製品でした。しかし月日が経つのは早いもので、今日ではオズボーンとiPhoneの違いはお笑い種です。重さは約100倍、体積は500倍近く、価格は10倍、それでいて処理速度はだいたい100分の1しかなく、機能はずっと劣るのです。[①]

　ここ数十年の技術革新の速さは驚異的で、言葉を失うほどです。このことが、生徒の成功体験を手助けするために使うソフトやデバイス、Wi-Fi、什器備品を装備する際に問題となります。最新型の製品を提供しようとしても、実装する前にすでに陳腐化して、無駄な努力になることさえあるからです。

　しかしながら、ブレンディッド・ラーニングの成否は適切なテクノロジーを学校へ導入することに左右されるため、テクノロジーについて十分検討することは重要です。こうした矛盾があるため、本章では最初にテクノロジーがなぜ、どのように変化しているのかを明らかにする一連の考え方を俯瞰的にご紹介し、

次にいつ、どのような状況にあろうとも読者が独自の結論を導けるよう案内していきます。「相互依存一体型」と「モジュール組立型」という考え方が本章の中心テーマになります。なぜなら、それらがテクノロジーとインフラに関する一連の疑問を解決する糸口になるからです。たとえば以下のような疑問です。

・オンライン教材ソフトは、科目ごと一つのベンダー（開発業者）から購入すべきか、複数ベンダーの製品のなかから生徒に選択肢を与えるべきか、教師自身がオンライン教材を独自に開発すべきか。それぞれの方法のメリット、デメリットは何か。
・デバイス（什器・装置）の選定にあたり、主な留意点は何か。選択肢は。
・校舎の設計は、更地に新しく建築する場合、伝統的な建築様式にすべきか、斬新なデザインにすべきか。
・一般的に、学校のテクノロジーやインフラはどのような方向に向かっているのか。今日のトレンドは。

まずは一歩下がって、概念的な観点からこれらの課題を考えていきましょう。そこから読者が焦点を絞って、各自の状況に最も適した選択肢を探し当てることを期待しています。

## 1. 製品のアーキテクチャとインターフェイス

エンジニアリングの世界では、アーキテクチャとは製品を形成するすべての部品とシステムを指し、それらがどのように接続されるかを意味します。[2] たとえば、テーブルランプのアーキテクチャとは、電気コード、ランプ本体、電球のソケット、ランプにかぶせる傘から成ります。二つの部品が接触する点はインターフェイスと呼ばれます。テーブルランプの場合は、電球をソケットに取りつける部分がインターフェイスです。

**相互依存アーキテクチャ**

製品が開発された当初は、部品が相互に依存しているという意味で、部品間のインターフェイスは複雑です。部品Ａのデザインと形状は、部品ＢとＣの

デザインと形状に影響し、逆もまた然りです。そして想定外の場合が多いのです。部品Ａ、Ｂ、Ｃがそれぞれどのように影響し合うのか予想できるとは限りません。通常、メーカーはデザインと製造の全工程を管理する必要がありますが、管理できなければ製造工程での予期せぬ事態と性能面での課題に直面するリスクを負います。ロッキード・マーチン社の新型ハイテク戦闘機Ｆ-22はこの種の製品の典型例です。世界で最も優秀なエンジニアが協力しながら、製造工程では不可避の不確定要素を管理することが必要でした。製品は世界で最も優れたジェット戦闘機に仕上がりましたが、メンテナンスが大変です。故障しても、地元の航空機メーカーにただちに修理を依頼することはできません。まだマニュアルが存在しないため、ロッキード・マーチン社以外では簡単に部品を製造し組み立てられないからです。

　ロッキード・マーチン社は主要部品の設計・製造をすべて管理し、すべての部品が正確に組み立てられていることを保証しなければなりません。こうした統合完成法により製品の機能性と信頼度が最適化されます。製造の全工程を管理しているので、新製品の最大限の性能を引き出すことが可能なのです。その反面、こうした相互依存アーキテクチャの欠点は、製品をカスタマイズすると法外なコストがかかってしまうことです。さまざまなベンダーが互換部品をつくれるような、明確な基準とスペックが記載されたマニュアルがまだ存在しないからです。[3]

**モジュール組立アーキテクチャ**

　時間の経過とともに部品のインターフェイスが明確になり、一般にも理解が進みます。電球を製造したければ、誰もがソケットにぴったりとはまる大きさや形の詳細を入手できます。そのような製品はもはや相互依存一体型ではなく、モジュール組立品です。モジュール組立用の部品は、規定の基準やスペックに合致さえしていれば簡単に決まった方法で接続できるので、どのメーカーの部品であるかは問題になりません。規格部品はどのプラグでも接続可能で、思いどおりに仕上げられるように部品を簡単に取り替えることができます。USB端子があればどんなデバイスでも接続可能なプリンターやカメラ、メモリーディスク、どんなコンセントにも接続できる電気製品、またはどんなサイズの靴でも色やブランド、形を提供できる靴屋、これらはすべて規格品の例です。

相互依存一体製品の性能や信頼性が向上して、顧客の要求に十分応えられるようになるとモジュール組立品になります。こうなるとメーカーは異なる方法で競争せざるを得ません。顧客は高機能を追い求めなくなり、各自のニーズに合うように柔軟で簡単にカスタマイズできる製品を求め始めるからです。

表7-1は、相互依存一体型とモジュール組立アーキテクチャの主な違いを示しています。④

表7-1　相互依存一体化とモジュール組立アーキテクチャの主な違い

| 相互依存一体化アーキテクチャ | モジュール組立アーキテクチャ |
| --- | --- |
| ・機能性と安定性を最大化 | ・柔軟性とカスタマイズを最大化 |
| ・自社内での組み立てが必要 | ・アウトソーシング可能 |
| ・業界統一基準、スペックは不可能 | ・業界統一基準、スペックが不可欠 |
| ・独占アーキテクチャによる均一性 | ・オープンなアーキテクチャによる均一性 |

## 2. パソコンのアーキテクチャの変遷

1980年代初頭、アップルは業界で最高のパソコンを発売しました。それは、デザインから組み立て、OSやソフトの開発まで、パソコンの隅から隅まですべての部品を自社で開発・製造して、統合することによって完成しました。こうしたいわゆる「垂直統合」により、アップルは他社が真似できない、高度な相互依存アーキテクチャを開発して、性能面で汎用品メーカーを撃破したのです。⑤ アップル製品は、最も使い勝手がよく、最も壊れにくいデスクトップとして瞬く間に市場のトップに躍り出ました。表7-1の一番左側は、アップルの高性能マシンが部品とインターフェイスをすべて制御して垂直統合していることを表しています。

しかし、80年代半ばに市場は変化します。デスクトップ・コンピュータは基本性能と信頼性において顧客を満足させる水準に達し、顧客は別のものを求め始めました。ワードパーフェクトやロータスなどの非アップル製ソフトをイ

ンストールできる柔軟性です。非アップル製ソフトはインターフェイスが標準化され、マイクロソフトのDOS OSと互換性がある点に顧客は着目しました。性能面と信頼性でこれ以上の向上が求められなくなったため、モジュール組立コンピュータのメーカー（**表7-1**の右側）がシェアを奪い返しました。この時点で、アップルはデザインを標準化して、OSを他のメーカーに公開することでマイクロソフトのウィンドウズの追撃を抑えることも可能でしたが、そうはしませんでした。その結果、マイクロソフトやデルその他のサプライヤーがリードを奪ったのです。

クリステンセン教授は、**図7-1**のような現象を業界全体が製麺装置に放り込まれたようだと表現しています。製品の性能と信頼性が十分な水準に達すれば、業界は図の左側から右側へシフトし、モジュール組立アーキテクチャと業界標準によって規格を決める特化型の企業が市場をリードするようになります。

図7-1　パソコン業界における「統合型」から「組立型」への変遷

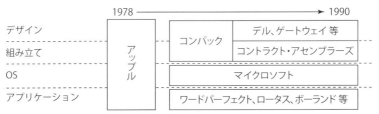

産業界は、相互依存一体製品とモジュール組立品の間を振り子のように行ったり来たりする傾向があります。90年代に入ると、振り子は再度相互依存一体側へ揺り戻します。顧客が異なるファイルの間で画像や図表をやりとりする機能を求め出したのです。こうした性能不足を補うために、業界は振り子を相互依存一体側へ揺り戻したのです。マイクロソフトはオフィスソフトをウィンドウズOSに統合することで対応しました。このことが、ワードパーフェクトやロータスなど汎用品企業を市場から淘汰したのです。アップルやマイクロソフトの相互依存アーキテクチャは、今日学校へテクノロジーを導入する際にヒントとなります。

**教育界におけるモジュール組立型へのシフト**

　ここ数十年の間、すべての生徒が貧困から脱して、「アメリカンドリームを実現する」ために必要なスキルと能力を習得できるよう、学校はもっと成果を出すことを求められ続けてきました。先進国が知識社会に向かって競い合うなかで、実質的に取り残される子どもがいないことを保証することです。しかしつい最近まで、学校制度は高度な相互依存アーキテクチャで固定され、苦手分野を克服するために必要な学習カリキュラムを個別化するには非常にコストがかかりました。工場型教育モデルは多くの点で垂直統合型です。生徒が進級するには、一つの学年のカリキュラムをすべて完了することが条件です。また、教師が立てた計画の順番から外れないように、科目別に直線的に定められたカリキュラムに沿って進むことが必要です。そして、授業への出席や行事参加は、蜘蛛の巣のように複雑に絡んだ地域、州、連邦レベルの各法律に則っていなければいけません。信頼性と高機能を目的に設計された制度が、結果的に柔軟性と個別化を奪っているのです。

　しかしながら、保護者、生徒、そして社会全体の要求は変化しつつあります。思い起こせば1980年代半ばに、消費者はアップル社製のソフトに全面的に依存するよりも、ワードパーフェクトやロータスなど複数のソフトから選択することを求め始めました。同じようなことが、初等中等教育でも起こり始めています。学校が1日複数回の給食や歯科サービス、保育サービス、入学前・放課後教育を提供し始めたころから、教育制度は生徒や保護者のサービスに対する欲求を満たすレベルに達したのです。もちろん、すべての生徒が十分なサービスを享受しているわけではありません。最も複雑で高度なサービスが必要な生徒の多くは低所得家庭出身ですが、彼らは垂直統合された包括的なプログラムをさらに必要としています。しかし、必要以上に統合されて包括的なサービスを提供するプログラムは十分で、今やそれよりも選択肢や柔軟性、個別化といったことをより重視する生徒も現れてきています。

　それに対して学校制度は、数多く提供されるすぐれた選択肢のなかから、生徒がよりよいモジュール組立コースを選択できるサービスを提供し始めています。2013−14年には、カリフォルニア州の高校生の約58％がアラカルト方式でオンラインコースを選択しています。この比率は、前年から10ポイント増

えています。全米の各州で提供されている多様な信頼できるベンダーが提供する拡大コースが人気を集めています。このモジュール組立コースに対する関心の高まりは、多くの地域社会において高性能な工場型教育から自由選択コースへのニーズのシフトを示しています。

　自由選択コースへのシフトは、相互依存一体型サービスからモジュール組立型サービスへの移行を示す一つの例にすぎません。同じような変化は、学校制度の少なくとも3つの点において進行しています。

・教材そのものがモジュール組立式になりつつある
・コンピュータがモジュール組立式アーキテクチャになりつつある
・物理的な建築設計もモジュール組立アーキテクチャになりつつある

　相互依存一体型からモジュール組立型へのシフトは、上記のような要素が絡み合う形で起こります。どれか一つだけ単独で進行することはありません。しかも、絶対的な正解は存在しません。相互依存一体型にはメリットとデメリットがあり、モジュール組立型にもメリットとデメリットがあります。そのため、ブレンディッド・ラーニングのチームはそれぞれの長所と短所を見極めて、独自の結論を導く必要があります。それぞれのコースの教材、デバイス、什器備品などの状況に応じて全体をどのように組み立てるか等について、さまざまな可能性を列挙することにより、選択肢の全体が明確になります。

## 3. 相互依存パッケージ型 vs. モジュール組立型オンライン教材

　ブレンディッド・ラーニングに適したオンライン教材を見つける戦略を策定することは、容易ではありません。この点に関しては、相互依存一体型からモジュール組立型まで幅広いスペクトラムのなかで、学校によって考え方はさまざまです。スペクトラムの一方には相互依存一体型の機能が必要だとする多くの学校があり、独自のオンライン教材を開発するか、少なくともベンダー1社から統合パッケージのフルライセンスでの導入が必要だと考えています。その対極には、1社では生徒の個別ニーズすべてには応えられないことを前提に、モジュール組立型アーキテクチャを可能とするプログラムをカスタマイズする

ことを希望する学校もあり、これが複数のベンダーを選ぶ理由になっています。図7-2は、オンライン教材選択のスペクトラムと4つの戦略オプションを示しています。スペクトラムの左から右へ、4つの戦略を順番に検討していきましょう。

図7-2 オンライン教材の統合／組み立てスペクトラム

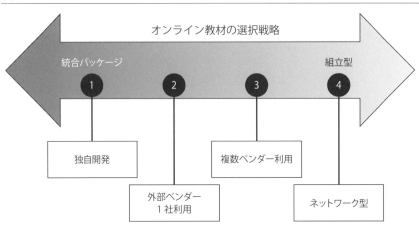

## 第1案　DIY - 独自開発

　ブレンディッド・ラーニングを導入する際に最初に抱く疑問の一つが、教材を独自に開発するべきか外部から購入するべきか、ということです。学校は、独自に教材を開発してオンラインコースを構築すべきでしょうか。それとも第三者が市販する製品を使用するべきでしょうか。オンラインの担任がいるフルコースのアラカルト方式またはフレックス方式にしても、ローテーション方式の一部にデジタル教材を補助的に組み込むだけに抑えるにしても、必要とする教材の多少にかかわらず、この質問は常に出てきます。どのようなモデルを導入しようが、管理職は独自開発するかアウトソースするかを決断しなければなりません。

　ブレンディッド・ラーニングを導入した学校の多くが、外部業者の教材をいろいろと探し回った果てに、結局独自に開発しています。理由はたいていの場

合、「唯一の手ごろな価格の市販品は、ニーズにぴったり合致しない」とか「市販品は、わが校の水準や試験レベルに見合わない」といったものです。要は、多くの学校関係者が第三者の教材の内容やレベルでは不十分、またはニーズには合っていても高すぎると考えているのです。その結果、垂直統合で教材を独自開発するのです。クエーカータウン学区が、自区内の教員が開発した教材を使ってインフィニティ・サイバー・アカデミーを設立した際も、同様の判断を下しました。反転授業の教師は、インターネットで市販品を探すよりも、自分で録画したミニレッスンをアップロードして使うことを選んでいました。

　教材を独自に開発するメリットは、品質管理がしやすいこと、地域の規格や試験要領に合わせて教材を設計できること、市販品に比べて安価で済むこと、教材や指導のコンテンツとして伝統的な対面指導の機能を維持できること、などがあげられます。なかには、オンラインコースや授業、録画撮り、ソフト開発などのスキルを磨くことを楽しんでいる教師もいて、外部に委託するよりも手づくりすることを望んでいます。

　逆に、独自開発に反対する主な理由は、校内で教材を独自に開発することは、一見コスト節約に見えても実際はそうでないこと、高品質な教材を独自に開発するための専門知識を得る時間も予算もないことです。市場から資金調達できない学校や学区、NPOは、市販のデジタル教科書やオンライン解説より格段に質の高いオンライン教材を開発するのに十分な資本を集めることがむずかしいのです。外部業者が次から次へと発売するオンライン教材やコンテンツを目にして、独自にスキルを磨くことを諦めてソフトの開発を専門業者に委ねるのです。

**第2案　外部ベンダー1社を活用**

　アメリカ各地でブレンディッド・ラーニングが話題になり始めた2011年に、ブレンディッド・ラーニングを導入した40の学校を対象に調査を実施しました。その結果、60％の学校がオンライン教材スペクトラムの2番目、すなわち1つのコースまたは科目ごとにベンダーを使い分けていました。独自に教材すべてを開発するほど包括的ではなく、さりとて生徒に多くのベンダーのなかから教材を選ばせて独自にコースを編成するほど組立型でもありません。スペクトラムの中間に位置していました。K12やApex Learning、フロリダ・バ

ーチャル・スクール（Florida Virtual School）などからフルコースで導入している学校もあれば、対面指導の授業を補完するためにDreamBoxやST Math、Scholasticなど個別の教材を利用しているモジュール組立型に近いケースもありました。いずれのケースも、数多くの市販教材のなかから選んでつぎはぎしてコースを組み立てるのではなく、一つのコースまたは科目を一つのベンダーから選んで使っていました。本書執筆時においても、ブレンディッド・ラーニング導入校の多くが、引き続き単一のベンダーを利用しています。たとえば、カルペ・ディエム校がEdgenuityを、フレックス・パブリック・スクール（Flex Public Schools）がK12を、ウィチタ公立学校がApex Learningを使うといった具合です。Compass LearningやRosetta Stone、Pearsonなどもよく使われる教材です。

　ベンダー1社に頼ると、コース内容を自由にカスタマイズできないデメリットはあるものの、その簡便さと信頼性は不備を補って余りあります。複数ベンダーの教材を組み合わせて使うと生じるデータ調整の手間が不要です。補完的ソフトを使用した場合に、対面指導とオンラインのデータを関連づける必要があるにしてもです。少なくとも従来の紙の教科書よりはカスタマイズしやすいと、ソフトのベンダーは主張しています。最もよい方法は、生徒の進捗状況によって複数のソフトを提供するコースです。大手のソフト開発業者ほど、最新のソフトを開発するために必要な初期投資コストを吸収する余力があります。そのため、最新の認知科学研究に沿った驚くほど学力別対応力に優れた魅力的な製品を出すベンダーも出現しています。

　相互依存一体型ソフトには欠点もあります。一つには、よいテクノロジー、とくにカスタマイズ可能なソフトは、価格が高いことです。カスタム化にはコストがかかります。カスタマイズ機能を備えたある有名なソフトのベンダーの代表が言うには、一般的に1年間のオンラインコースを「最初から最後まで」開発するのに、9ヵ月の時間と30人以上の人手が必要だそうです。フロリダ・バーチャル・スクールによれば、コースを一つ開発するのに30万ドルかかるそうです。多額の開発コストをカバーするには、競合に勝ち残って大規模学区から契約を勝ちとる必要があります。そのため、工場型学校群の公約数的なニーズに焦点を当ててソフトを開発することを余儀なくされるのです。そうしなければ、学区（州や連邦法に準拠する）ではそのソフト製品を使うことが

できないからです。同時に、このことはソフトが伝統的な科目の指導内容から逸脱できないことを意味します。要するに、オンライン教材の開発にかかる初期投資があるがゆえに、オンライン学習が克服しようとする教育制度の相互依存一体型アーキテクチャの壁を崩すことができないわけです。

**第3案　複数の市販ソフトを組み合わせる**

　ブレンディッド・ラーニング導入校のなかには、独自に教材を開発したくはないものの、一つのコースまたは科目をすべて単独のベンダーに頼るのも柔軟性に欠けると感じている学校もあります。そうした学校では、一つのコースのなかでも生徒が複数の教材から選べるようにしています。ブレンディッド・ラーニングを導入した40校を対象に調査を実施した2011年には、すでにアライアンス・カレッジ・レディ公立学校（Aliance College Ready Public Schools）やキップ・エンパワー（KIPP Empower）、ロケットシップ校など2、3校で、複数のモジュール組立型教材を組み合わせて統合プラットフォームに導入しようと奮闘中でした。生徒は一度ログインすると同じIDですべてのソフトにアクセスでき、かつ教師は複数の教材の進捗状況を単一画面で確認できることが理想とされていました。これは、生徒一人ひとりのカリキュラムを最大限カスタマイズすることを意図していました。生徒ごとに自分で最も分かりやすいソフトを選ぶ、たとえば面積の単元はアニメで要点を解説するソフトDreamBoxを使い、分数は別のソフトST Mathを使い、そして割り算になるとアニメは飽きたのでまた別のソフトALEKSを使う、といった具合です。[18]

　このような複数ソフト組合せ型を採用している学校で聞いた不満は、

・テクノロジーが古すぎる。
・データはソフトのベンダーに所有権があり、学校が引き出して利用することができない。
・利用できたとしても、学校の標準と形式を合わせるのは容易ではないし、他のソフトのデータと互換性がない。
・生徒一人ひとりに合わせた課題を作成するアルゴリズムがないため、マニュアル作業が多すぎる。

こういった不満を聞くと、学校側は教材ソフトを独自に開発するよりも複数ベンダーの商品を組み合わせる方向へ向かっているように見えます。したがって、未熟なテクノロジーにも対処しなければならないというジレンマに陥っているのです。しかしながら、オンライン教材の組み合わせがさらに進めば完全な個別学習の実現が可能になるので、辛抱している学校も多くあります。

## 第4案　ネットワーク型プラットフォーム

　統合完成／組立スペクトラムの最も右側にシフトしていく可能性を秘めた破壊的イノベーションの新たな波が押し寄せています。ユーザーが作成した教材ソフトの開発、共有かつ収集を可能にするプラットフォームが出現しています。その好例が、10万以上もの練習問題を提供し、数千におよぶ動画によるミニ講義をYouTubeにアップしているカーン・アカデミーです[19]。興味深いことに、このプラットフォームは、もともとは学校や学区向けに開発された商品ではありません。2004年に、創業者のサル・カーンが従妹に算数を教えるためにヤフーのDoodleサービスを使って始めたのです。他の友人や親戚の子どもたちにも見せたかったので、YouTubeにアップしました。すると、何百万人もの生徒が視聴し始めたので、カーンはミニ講義だけでなく小テストや演習問題と、学習進捗状況が一目でわかる「習得マップ」まで提供する完全なプラットフォームを開発したのです。プラットフォームは無料で公開され、他のソフトとも容易にインターフェイスできて互換性があります。言い換えれば、プラットフォームにある教材ソフトのすべてをカーンが自分でつくったり取捨選択しているわけではありません。ボランティアによって、生物や美術史、コンピュータ科学など新しい科目がどんどん追加され、他の言語に翻訳されているのです[20]。

　カーン・アカデミーのような新しい破壊的イノベーションは、教材を組み合わせた教育ソフトというより自習の手段に近いと思います。トップで決められたコースに従って教室に押し込められるというよりは、教師、保護者および生徒自身の判断によって自発的に使われるものです。こうした教師、保護者そして生徒自身がお互いに教えあうような、いわゆる「ネットワーク型プラットフォーム」が出現しています。

　ネットワーク型プラットフォームには、主に2つのメリットがあります。一つは、きわめて自由にカスタマイズできることです。近い将来、生徒一人ひと

りのニーズに基づいた独自のカリキュラムを編成できる何億本ものミニ講義動画やオンデマンド・テスト、その他教材を有するプラットフォームができるでしょう。ウェスタン・ガバナーズ大学（Western Governors University）では、すでに一部でこれを実現しています。WGUの学生はSalesforceのソフト上で同校のプラットフォームにログインして、綿密に収集され取得学位と学習目的によって分類された大量の教材にアクセスします。この教材ストックから、学生は関心のある教材をいくつでも好きなだけ選ぶことができます。そうして、自分で準備できたと思えば、学習目的を達成したことを証明するために評価試験を受けるのです。合格すれば次へ進みます。

　ネットワーク型プラットフォームの2つ目のメリットは、手頃な価格です。カスタマイズできない相互依存一体型のソフトと比較して、ネットワーク型プラットフォームで提供される教材は、平均してはるかに安価または無料です。ヤフーDoodleを例にすれば、まずはユーザーに簡単な教材をつくらせ、時間とともに改良を重ねて教材を進化させます。こうしたツールのおかげで、市場への参入ハードルが低くなり、多くの商品が流入しています。こうしてコストが下がり、モジュール組立型のソフトの多くは進化し、きわめて安価で入手できるのです。

　これら2つのメリット、高い柔軟性と手頃な価格によって、伝統的な統合パッケージ型モデルは市場から押し出されているのです。図7-3は、架空の小学6年生の国語関連コースがどう変化しているのかを示したものです。他の科目についても同様のパターンが繰り広げられます。

図7-3　6年生の言語関連授業における統合型から組立型ソフトへのシフト

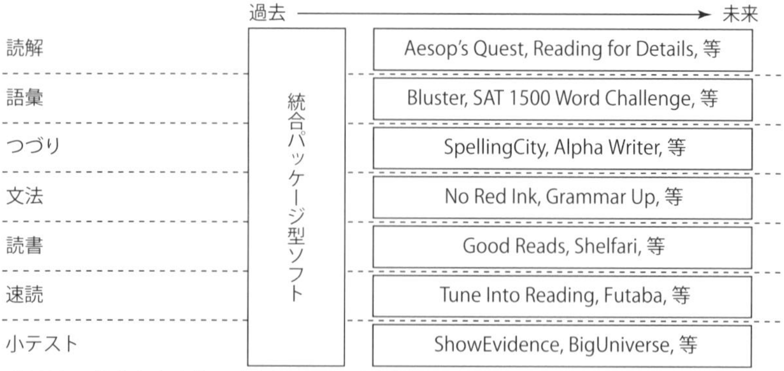

| | 過去 → 未来 |
|---|---|
| 読解 | Aesop's Quest, Reading for Details, 等 |
| 語彙 | Bluster, SAT 1500 Word Challenge, 等 |
| つづり | SpellingCity, Alpha Writer, 等 |
| 文法 | No Red Ink, Grammar Up, 等 |
| 読書 | Good Reads, Shelfari, 等 |
| 速読 | Tune Into Reading, Futaba, 等 |
| 小テスト | ShowEvidence, BigUniverse, 等 |

（中央に「統合パッケージ型ソフト」）

注：説明を目的とした仮想の事例であり、包括的ではない。

　最も可能性の高いシナリオは、時間の経過とともにカーン・アカデミーのようなネットワーク型プラットフォームが出現し、DreamBoxやST Mathなど書き換え不可能なソフトを選ばざるを得ない状況から脱して、多くのユーザーがプラットフォームのルールに基づいて独自に教材をつくり、ブレンディッド・ラーニングにおける教材組み合わせの課題を解決するというものでしょう。すでに現時点において、Agilix's BuzzやActivate Instruction、Knewton、Declaraなど、ユーザーが独自に書き込み、ソフトを追加することが可能なネットワーク型プラットフォームが複数立ち上がっています。ブレンディッド・ラーニングが普及してユーザーが増えていけば、異なる教材会社の製品をインターフェイスさせる事実上の基準ができ上がり、2、3のプラットフォームに集約されていくでしょう。

## 教材ソフトを選択する際に検討すべきその他12のポイント

　教材ソフトを独自開発するか、市販の統合パッケージを購入するか、または複数製品を組み合わせるか、これらを検討する以外にも考えるべき点はあります。

＊　　　＊

1. すでに手元にある製品を使えないか。学校や学区ではソフトを購入したりウェブサービスを契約していながら、未使用のまま放っておかれている場合がままある。

2. 教材を使用する時間はどれくらいか。一つのコースとするほどの分量か、他の学習を補完するために2、3時間あれば十分か。

3. 予算はいくらあるのか。無料だが一律固定のサービスで定期的に配信される教材か、値段は張るが適応性にすぐれ精巧な教材か。

4. 生徒の使い勝手はどうか。学習の進捗状況や達成度、今後の予定などが容易にわかるシステムになっているか。成績が即座にフィードバックされるか。学習方法に選択肢はあるか。学習内容は楽しく動機づけられるか。

5. 生徒の学力やペースに適応するか。生徒ごとの学力によって、スピードを調整したり最適な学習法が選べるか。また、生徒のレベルを見て教師が教材を選択できるか。その両方が可能か。

6. 教師に分析データが提供されるか。オンラインのデータが対面指導にスムーズに活かされるか。データの所有権を持つことができるか。ベンダー側に所有権がある場合は、必要な全データにアクセスできるか。

7. 学習効果は立証されているか。希望する学習目標が達成できるか。ソフトの機能がうまく出せる環境とそうでない環境をベンダーに確認。教材の内容を習得するには、平均で何時間学習するのか。

8. クラウドベースで活用でき、学習場所を選ばないか。

9. デバイスとのインターフェイスに問題はないか。学習管理ソフトなど他のソフトと互換性があるか。

10. 学習指導要領に準拠しているか。

11. 生徒にユーザーIDとパスワードを簡単に供与できるか。学校の生徒記録システムからソフトに直接アクセスできるか。

12. 1組のユーザーIDとパスワードですべてのソフトにログインできるか。複数必要か。

＊　　　＊

ポイントは、自校のブレンディド・ラーニング・モデルを理解して、その設計に合うソフトを選ぶことです。これらの点はモデルを最終決定してから再検討することも必要かもしれません。第8章でも解説します。クリステンセン研究所のBLUでも、ブレンディド・ラーニング導入校が使っているソフトを検索できます。**付録7-1**は、2014年5月時点でのBLUに掲載されている学校で使われているオンライン教材のリスト<sup>(訳注①)</sup>です。

## 4. 統合パッケージ型 vs. モジュール組立型 OS

よい教材ソフトを選ぶには、統合パッケージと単一機能の組み合わせを比較検討すれば済むのですが、デバイスの選択はどうでしょうか。こうした観点からデバイスを選択するのは新しい考え方です。一般的に、学校でコンピュータを選ぶ際には、モデルの話し合いから始まります。デスクトップにするのかノートパソコンにするのか、ネットブックにするのかタブレットがよいのか、です。学校ではノートパソコンかネットブックが選ばれることが多いですが、2012年後半以降はアップルのiPadが初等中等教育市場を独占していました。[24] ノートパソコンやネットブックを選んだ学校は、タブレットは教材を学習するには使いやすいものの、教材を製作するには物足りないと言います。一方、タブレット購入者は、タブレットは機能的には限られていますが、携帯性とタッチスクリーンの利便性は代えがたいと言います。これはとくに幼児に言えることです。しかもキーボードを後から追加することはむずかしくありません。

デバイスのモデルは大事なポイントですが、結局は組み合わせが議論を左右

します。つい最近まで、アップルのOSを使ったアップル社製品か、ウィンドウズOSのパソコンを購入する学校がほとんどでした。両方ともメーカー仕様で統合パッケージですが、アップルのほうがその傾向が顕著です。アップル製品は、OSとソフトのインターフェイスばかりでなく、デバイス自体とOS間でもアップル製品にインターフェイスが限定されています。ハッカーが非アップル製品でアップルOSを使用することを可能にしましたが、それも簡単ではありませんでした。要は、アップルのソフトはアップルのデバイスにのみ使えるように設計されているのです。

　多くの人々にとって、このアップルの独占的アーキテクチャこそが魅力の源泉なのです。アップルのエンジニアは、製品を設計する際に業界の基準に縛られることなく、好きなように最先端の技術を追求できるのです。アップルOSは、クラッシュもなければ目障りなポップアップもない、ウイルス感染も少ないなど、機能の信頼性が高く評価されています。

　ウィンドウズベースのデバイスを好む学校もあります。アップルOSに比べてサードパーティのハードとの互換性が高く、組み合わせのインターフェイスが比較的柔軟です。デル、HP、レノボ、エイスースなど複数のメーカーがウィンドウズOSを採用しています。このようにウィンドウズはハードでは互換性が高いのですが、ソフトの互換性となると話は別です。マイクロソフト・ウィンドウズはオフィスやインターネットエクスプローラーなど自社ソフトとのインターフェイスはスムーズですが、他社のソフトとのインターフェイスはそれほど自由ではありません。そこでマイクロソフトのオフィスやブラウザソフトと競合するメーカーは、マイクロソフト社製品と同程度にウィンドウズ上で使えるソフトを開発しようと苦労するのです。

　ウィンドウズがソフトには閉鎖的なアーキテクチャであることに注意を払う人など、何十年間もほとんどいませんでした。しかし状況は変化してきています。コンピュータはネットベースに移行しつつあり、ビジネスマンはアプリとファイルをパソコンのハード同士ではなく、インターネット上のホストサーバーを経由して「クラウド」で接続することを望んでいます。多くの人々がクラウドベースやオンラインを要望するようになれば、マイクロソフトやアップルのOSとの接続に限定された統合パッケージ型ソフト製品に高い料金を払う必要はなくなります。ネットベースのコンピュータへの移行により、OSとソフ

トの分割を求める声が高まっています。

　学校を熱狂の渦に巻き込み始めた第3の選択肢について触れます。グーグルはクロームOSベースのパソコン「Chromebook」の発売を2011年6月に発表しました。2013年には、Chromebookはアメリカの小・中・高校で使われるモバイルの5分の1を占めるまでに急成長しました。クロームはグーグルが開発したリナックス・ベースのOSで、主にウェブベースのアプリで動きます。オープンソースのクロームOSで設計され、世界中のボランティアがテスト、バグ修正、OSコードの改良などにかかわっています。そのため、マイクロソフトやアップルがウィンドウズやOSXを改良するために必要とした莫大な資金をかけずに、Chromebookは徐々に改良されていきます。さらに、Chromebookはブラウザ、メディアプレイヤー、ファイルマネージャー以外のほとんどのソフトをハードドライブにインストールしません。ワープロや表計算ソフトなども内臓していません。Eメールだろうがドキュメント作成だろうがオンライン学習だろうが、ユーザーが必要な作業はネットに接続してウェブアプリ上で実行します。

　こうしたウェブベース・アーキテクチャを選択するメリットはいくつもあります。一つには、価格が安いということです。一台300ドル以下です。機能が限定されているため、起動時間は一瞬、10秒以下です。リナックスはウィルスに強いつくりのため、ウィンドウズベースのデバイスと比較すると、ウィルスの感染率が低いのです。また、最新版へのバージョンアップが簡単です。ユーザー側では何も作業することなく、グーグルが自動的にアップデートするからです。

　こうして相互依存一体型ソフトをとるか、単独ソフトを選ぶかという問題をつき詰めていくと、今後はChromebookのようなデバイスが、閉鎖的なアーキテクチャの強力な競合相手になってくるだろうと予想されます。ウェブベースのアプリとクラウドを利用するネットベースのコンピュータが、製品のアーキテクチャに変革を迫っているのです。機能が不十分な時代に繁栄した相互依存一体型で独占的なアーキテクチャから、十分な性能の時代の単独ソフトの組み合わせに移行しているのです。ただし、Chromebookがすべての人に適しているわけではありません。Chromebookを利用するには、だいたい生徒1,000人に対して100Mbpsのブロードバンドを確保できるネット環境が必要

です。また、ウェブベースのアプリしか使えないため、ソフトをダウンロードして使いたい生徒には不向きです。しかし、Chromebookが導入するオープンなアーキテクチャに乗って進むブレンディッド・ラーニングが、今後ますます増えるだろうと予想されます。

## 5. 統合パッケージ型 vs. モジュール組立型の教室設計

　バーチャルな世界を統合パッケージ型からモジュール組立型へ変えるエネルギーは、現実の環境にも影響し始めています。美的センスという意味では、従来の工場型学校の設計は安定的で整然としていますが、外見は統一され、透明性や柔軟性に欠けていました。スタンフォード大学のハモンド教授は、伝統的な学校のアーキテクチャを次のように定義づけています。

　　事務室は入り口にあり、学校のなかで一番静かできれいな場所です。そのうえ、高いカウンターで内部スタッフと外部の人間が隔てられた、近づきがたい区域です。次に目に入るのは、ガラス張りのトロフィー展示ケースと会議やスポーツの試合、規則などが発表される掲示板です。ふ卵器のような教室に沿って掃除の行き届いた長い廊下があり、ところどころにロッカーと掲示板があります。教室はどれも似たり寄ったりで、部屋の前側に教師用の机があり、それに従うように生徒用の小型机が並んでいます。

　アーキテクツ・オブ・アチーブメント（Architects of Achievement）の創始者ヴィクトリア・バーグセーゲルは、伝統的な学校について次のようにコメントしています。「もしリップ・ヴァン・ウィンクルが今日目が覚めたとしても、恐らくその建物が学校だと認識するでしょう。工業化時代から情報化時代、そしてイノベーションの時代へと移り変わっても、学校はいまだに工場型の部屋とチャイムが支配しているのです。とくに高学年では」。

　多くの人々、とくにステーション・ローテーション、ラボ・ローテーション、反転授業といった持続的タイプのブレンディッド・ラーニングを実践している人々にとっては、ふ卵器に似た従来の教室配置が最適なのかもしれません。しかしながら、多くのブレンディッド・ラーニング導入校では、学習者主導や柔

軟性、選択肢といった新しいモデルの中核をなす基本原則に沿って、家具の配置や空間の使い方を調整しています。表7-2は、ブレンディッド・ラーニング導入いかんにかかわらず机やイスといった家具類の配置を再検討した学校のリストです。

　もちろん、資金不足により物理空間をブレンディッド・ラーニングの原則や目標に合わせることがむずかしい場合もあります。現在の配置を簡単な模様替えで当面はしのいで、次の予算が下りるまで本格的な変更を待つのが関の山ということもあります。しかし、チャンスをみすみす捨てているのは、新しい校舎を建てる、または古い校舎を建て替えるにもかかわらず、統合パッケージの工場型の設計図をそのまま使い続けることです。20世紀型の古い校舎を建設する学区など、誰が希望するでしょうか。

## 6. 戦略を環境に合わせる

　学校のモジュール組立型アーキテクチャへの移行は、一般的にはよい傾向だと思います。具体的な部品のインターフェイスについて標準化が進み、共有を容易にする業界基準と規格が出来上がるにつれて、ユーザーは生徒一人ひとりの具体的ニーズに巧みに合わせて、数ある製品のなかからベストなものを選んで組み合わせるようになるでしょう。デバイスは、古いOSの統合パッケージ型製品よりきわめて低価格で、インターネット本来の多様なモジュール性をうまく活用するようになるでしょう。物理的な空間設計も、ソフトが可能にする資源、空間、選択肢に合わせて調整されるでしょう。

　しかし、ブレンディッド・ラーニングの初期段階においては、モジュール組立型が技術的に常に可能なわけではありません。今すぐにでもモジュール組立型へと移行したいのは山々ですが、ベストのタイミングで実行するために指導者は個々の状況を的確に判断する必要があります。タイミングを見極めることは、教師・生徒が取り組んでいる学習をサポートする学校インフラを組み立てるうえで非常に重要です。

表7-2 校舎の設計をオープンアーキテクチャに移行した例

| 学校名 | 説明 |
|---|---|
| ①サミット・パブリック・スクール<br>(Summit Public Schools) | 教室の壁を取り払って床面積7,000平方フィート（約650㎡）のオープン型学習施設を建築。1ヵ所に生徒200人のパソコン机と4つの作業用小部屋がある。家具には滑車がつけられ容易に移動が可能。イケア製のボックス棚を重ね底に車輪を取り付け、背面にはホワイトボードを装着[31]。こうしてさまざまな状況に対応した配置に変更できる[32]。 |
| ②メアリーズビル・ゲッチェル高校<br>(Marysville Getchell High School) | シアトル郊外のキャンパスにある4つの校舎にはそれぞれ一番外側に建物の重量に耐えるだけの壁があるため、内部の壁を移動したり排除しても建物の安定性には影響がない。教室から廊下にかけて窓があり自然光が届く。折り畳み式のテーブルやイスを使って、配置の柔軟性を確保している[33]。 |
| ③ヘラーアップ・スクール<br>(Hellerup School) | デンマーク、コペンハーゲンの郊外に位置する同校の4階建ての校舎には、2階の事務室を除いて壁がほとんど見当たらない。オープンな空間には教室がないため、あらゆる学年の生徒が混在している。中央に位置する図書館は、集会場所としても使われる[34]。 |
| ④コロンバス・シグネチャー・アカデミー<br>(Columbus Signature Academy) | オハイオ州コロンバスの同校の校舎を設計した建築士は、もはや「教室」という言葉は使用しないこととした。その代わりに「スタジオ」と呼んでいる。一つのスタジオは通常の2倍の広さで2倍の生徒数を収容し、教師も2人つくように設計されている。建物内部には、スタジオと廊下や休憩場所を仕切る壁はない[35]。 |
| ⑤ザ・メット（The Met） | 全米で60校以上展開。学習スペースには可動式の壁があり、プロジェクト学習のために十分なスペースが確保されている。静寂の空間、ミーティングルーム、共有の部屋、助言の部屋など、生徒のさまざまなニーズに応えるよう空間が設計されている[36]。 |
| ⑥ニュー・ラーニング・アカデミー<br>(New Learning Academy) | イングランド、ケント郡の同校の中心は、生徒120人が収容可能な学習プラザである。プラザを5つの目的に利用している。(1)授業、(2)少人数学習、(3)自習、(4)プロジェクト学習、(5)複合目的[37]。 |
| ⑦リッジ中学校<br>(Ridge Middle School) | オハイオ州メンターの数学の教師は、机を排除してオープンスペースにした。壁をプレキシガラスで覆い、壁面を使って生徒が作業できるようにした。その結果、教室のどちら側が前か後ろかという概念がなくなった。生徒たちはテーブルの周りにグループで座り、イスには車輪がついているため、壁際に滑りよってプレキシガラスをメモ用紙代わりにしている[38]。 |

## 7 章のまとめ

- 相互依存一体型設計は、製品の機能性と安定性を高めますが、製造加工工程をすべて内製化することが求められます。モジュール組立型設計は、柔軟性を高めて自由な仕様変更を可能にします。統一基準のインターフェイスを使用することにより、各メーカーは互換可能な部品を製造加工することができます。

- 工場型学校制度は、すべてを一つのパッケージとして提供する垂直統合です。多くの生徒にとって、完全統合モデルは包括的な機能を提供するという点で十分すぎるほどであり、現在では選択制、個別化、組立式に、より多くのニーズが集まっています。

- 学校によって、ブレンディッド・ラーニング用のオンライン教材ソフトを確保するのに、統合パッケージ型からモジュール組立型まで4つの方式を使い分けています。独自開発、一つのコースまたは科目に一つのソフト、複数ソフトの組み合わせ、またはネットワーク使用です。それぞれ一長一短あります。

- 学校は、選択するOSの柔軟性について検討する必要があります。アップル社の製品がもっとも一体化率が高く柔軟性に欠けます。ウィンドウズPCは比較的柔軟性はありますが、グーグルのCromebookはその非常に高い柔軟性により支持を広げています。今後数年の間に、オープンアーキテクチャを採用した機器がシェアを席巻するでしょう。

- 芸術的な意味では、工場型学校のふ卵器のような設計は、独自仕様と柔軟性を制限する閉鎖的なデザインです。多くのブレンディッド・ラーニング採用校では、設備の配置や空間使用の方法を見直し、新しい学習モデルの主要理念である生徒主導、柔軟性、選択式に見合うよう、よりオープンで柔軟性の高い方法に変更しています。

## 👉 演習問題

- [ ] 自身の生活のなかで、組立て方式がより柔軟で簡単にカスタマイズできる例をあげる。

- [ ] すべて一つにまとめられた統合パッケージモデルは、機能が包括的に提供されているため、生徒にとっては十分すぎる場合もある。現在求められているのは、より多くの選択肢、柔軟性、そしてカスタマイズできる操作性である。このことは、自身のコミュニティの生徒たちにも当てはまるか。

- [ ] 学校がすべてのオンライン教材を独自に開発するか、またはネットワークに頼るか、どちらの方法を選択するか。その理由は。

- [ ] 校舎の建築設計について、古典的なふ卵器型の教室か、オープンで自由な学習スタジオのどちらを選ぶか。それぞれのメリットとデメリットについて意見を述べる。

付録7-1　ブレンディッド・ラーニング導入校で採用されているソフト一覧

　以下のリストは、2014年5月現在、クリステンセン研究所のBlended Learning Universeに掲載されているブレンディッド・ラーニングを実践中の120校で使用されているオンライン教材です。プログラムの規模は広域学区から単一校までさまざまです。そうした規模の違いは、以下のプログラム数には反映されていません（学区も学校もそれぞれ一つとカウント）。

| Content Provider | Number of Programs |
| --- | --- |
| Khan Academy | 25 |
| Compass Learning | 25 |
| Achieve3000 | 18 |
| ST Math (MIND Research Institute) | 16 |
| Self-developed | 15 |
| DreamBox Learning | 13 |
| Apex Learning | 12 |
| Edgenuity | 10 |
| Aventa Learning | 9 |
| ALEKS | 8 |
| K12, Inc. | 8 |
| Edmentum | 7 |
| i-Ready | 6 |
| Accelerated Reader | 5 |
| OER | 5 |
| Think Through Math | 5 |
| CK-12 | 4 |
| Mangahigh | 4 |
| Raz-Kids | 4 |
| Rosetta Stone | 4 |
| Connections Academy | 3 |
| Florida Virtual School | 3 |
| History Alive! | 3 |
| Newsela | 3 |
| Reading Plus | 3 |
| TenMarks | 3 |
| Virtual Nerd | 3 |

| Content Provider | Number of Programs |
|---|---|
| Headsprout | 2 |
| HippoCampus | 2 |
| IXL Math | 2 |
| Lexia Reading Core5 | 2 |
| myON | 2 |
| NoRedInk | 2 |
| NovaNET Courseware | 2 |
| Reading A-Z | 2 |
| Reflex | 2 |
| Renaissance Learning | 2 |
| Revolution K12 | 2 |
| Scout (from the University of California) | 2 |
| SpellingCity | 2 |
| Virtual High School | 2 |
| Wowzers | 2 |
| AcademicMerit | 1 |
| AlephBeta Academy | 1 |
| American Institute for History Education | 1 |
| Big Universe | 1 |
| Blended Schools Consortium | 1 |
| blendedschools.net Languages Institute | 1 |
| BrainPOP | 1 |
| Brightstorm | 1 |
| BYU Independent Study | 1 |
| Cyber High | 1 |
| Destination Reading | 1 |
| Earobics Reach | 1 |
| EdisonLearning | 1 |
| Edmodo | 1 |
| Educurious | 1 |
| eDynamic Learning | 1 |
| enVisionMATH | 1 |
| eSpark Learning | 1 |

(*continued*)

| Content Provider | Number of Programs |
| --- | --- |
| Curriculet | 1 |
| IDEAL-NM | 1 |
| Imagine Learning | 1 |
| Istation Reading | 1 |
| Membean | 1 |
| Middlebury Interactive Languages | 1 |
| MIT OpenCourseWare | 1 |
| mylanguage360 | 1 |
| National University Virtual High School | 1 |
| Odysseyware | 1 |
| READ 180 | 1 |
| Reasoning Mind | 1 |
| Revolution Prep | 1 |
| ScienceFusion | 1 |
| Sevenstar Academy | 1 |
| StudySync | 1 |
| SuccessMaker | 1 |
| Teaching Textbooks | 1 |
| The Keystone School | 1 |
| Ticket to Read (Voyager Sopris Learning) | 1 |
| Utah Electronic High School | 1 |
| Vermont Virtual Learning Cooperative | 1 |
| Vmath (Voyager Sopris Learning) | 1 |
| WriteToLearn | 1 |

〈注釈〉

① 本件データは、Osborne Executive のクロック周波数が 2007 年発売の iPhone の 100 分の 1 であることに基づく。以下参照。J. VanDomelen, "More Cores in Store," Mentor Graphics, http://blogs.mentor.com/jvandomelen/blog/2010/07/02/more-cores-in-store/（アクセス確認日：2014 年 4 月 15 日）.

　Osborne Executive のプロセッサー、インテル 8088 の最大クロック周波数は、5 〜 10MHz であった。http://www.princeton.edu/~achaney/tmve/wiki100k/docs/Intel_8088.html（アクセス確認日：2014 年 7 月 23 日）.

② 本項および次項は、以下著作第 5 章より抜粋。Christensen and Raynor, *The Innovator's Solution*, pp. 125-148（第 3 章の注訳⑰）.

③ F-22 戦闘機の例は、以下記事より抜粋。Ben Wanamaker, "When Will Plug and Play Medical Devices and Data Be a Reality?" Clayton Christensen Institute, August 15, 2013, http://www.christenseninstitute.org/when-will-plug-and-play-medical-devices-and-data-finally-be-here/（アクセス確認日：2014 年 7 月 2 日）.

④ クリステンセンとレイナーによれば、「完全なモジュール組立型と相互依存一体型が分布スペクトラムの両端にある。ほとんどの製品は両者の中間点のどこかに位置する」。*The Innovator's Solution*, p. 128.

⑤ ウォルター・アイザックソンによるスティーブ・ジョブズ伝記に詳述されているが、ジョブズは環境に関係なく統合パッケージ製品の重要性に異常なほど固執した。たとえば、「ジョブズのプログラムコピーへの反対は単に経済的な理由ではなかった。心の底から憎んでいた。彼の大原則の一つは、ハードとソフトは強固に統合されるべきという考えだった。人生のあらゆる面を管理することを好み、それをコンピュータでも実現する唯一の方法は、ユーザー体験の 1 から 10 まですべての責任をとることであった」。Walter Isaacson, *Steve Jobs* (New York: Simon & Schuster, 2011), Kindle Locations 5886-5889.

　ジョブズはもちろん正解であった。製品を統合させることが、最も高機能でシンプルなデザインをもった最高の製品をつくる方法であった。ジョブズが受け入れられなかったのは、顧客が純粋に機能面で最高の製品を評価しなくなり、組立アーキテクチャのカスタマイズ自由度を望むようになる時期があるからであった。

⑥ Christensen and Raynor, *The Innovator's Solution*, p. 133.

⑦ 前掲書 pp. 135-136.

⑧ Clayton M. Christensen, Michael B. Horn, and Curtis W. Johnson, *Disrupting Class* (New York: McGraw-Hill, 2011), pp. 33, 38.

⑨ Brian Bridges, "California eLearning Census: Increasing Depth and Breadth," California Learning Resource Network, April 2014, http://www.clrn.org/census/

eLearning%20Census_Report_2014.pdf; Brian Bridges, "California eLearning Census: Between the Tipping Point and Critical Mass," California Learning Resource Network, May 2013, http://www.clrn.org/census/eLearning_Census_Report_2013.pdf

⑩法律でコース・アクセス・プログラムが認められているのは、フロリダ、ルイジアナ、ミシガン、ミネソタ、テキサス、ユタ、ウィスコンシンの各州。より詳細については、次の文献を読むことをお薦めする。John Bailey, Nathan Martin, Art Coleman, Terri Taylor, Reg Leichty, and Scott Palmer, "Leading in an Era of Change: Making the Most of State Course Access Programs," Digital Learning Now and EducationCounsel, LLC, July 2019, http://digitallearningnow.com/site/uploads/2014/07/DLN-CourseAccess-FINAL_14July2014b.pdf

⑪相互依存一体型とモジュール組立型の議論は、なぜ今後数年でコース・アクセスへの流れが加速するのかを説明するのに役立つ。完全に統合されカスタマイズ不可能なシステムではなく、多くの選択肢から選ぶことを望む保護者や生徒が増えている。

　こうした要求には、すべてのレベルで教育政策を調整することで対応でき、3つの要求を満たすモジュール組立型の解決策を示すことである。(1)具体性：生徒の全般的な学習計画と密接に関連するには、オンラインコース（または組立型コース）のどんな特色が重要か、(2)証明性：ソフトのサプライヤーと利用者双方がそうした特色を測定し、具体的に条件を満たしていることを証明できる、(3)予測性：特定のコースを受講することにより生徒と学校が望む結果を得られると期待する。モジュール組立て型の3つの要求に関する考察は以下参照。Christensen and Raynor, The Innovator's Solution, pp. 137-138.

⑫しかしながら、多くの学校が教材を独自に開発し維持することに伴う時間的コストを過小評価していることに注意を要する。

⑬「The Blended Learning Implementation Guide 2.0」は、独自にオンライン教材を開発したいと考えている教師に有益なヒントを与えてくれる。同ガイドは、Digital Learning Now!、Getting Smart、The Learning Accelerator の3社の共同プロジェクトである。John Bailey, Nathan Martin, Carri Schneider, Tom Vander Ark, Lisa Duty, Scott Ellis, Daniel Owens, Beth Rabbit, and Alex Terman, "Blended Learning Implementation Guide: Version 2.0," DLN Smart Series, September 2013 (http://learningaccelerator.org/media/5965a4f8/DLNSS.BL2PDF.9.24.13.pdf), p. 34.

⑭Michael B. Horn, "Beyond Good and Evil: Understanding the Role of For-Profits in Education through the Theories of Disruptive Innovation," in Frederick M. Hess and Michael B. Horn (eds.), Private Enterprise and Public Education (New York: Teachers College Press, 2013).

⑮独自にオンライン教材を開発したいと考えている学校は、限られた予算のなかでも知恵を絞って質の高い教材をつくる方法を探るべきである。The School for Integrated Academics and Technologies は、高校中退者向けに職業訓練を提供するチャーター・スクールだが、オンラインコース向けのソフトの開発費を下げるために、インドの業者にアウトソースしている。Staker, *The Rise of K.12 Blended Learning*, p. 136（以下参照。第1章の注釈⑥）.

⑯40校に教材を提供している会社・組織は非常に多岐にわたった。そのなかではK12 Inc. 社が最大手で、Aventa Learning ソフトを5校が導入、K12ブランドのコースを3校が導入、K12が買収した American Education Corporation の A+ プログラムを1校で導入している。それに続くのが Apex Learning 社と NROC 社で、前者が7校、後者は4校で利用されている。なかには、複数社のソフトを利用している学校もあった。当時、スクール・オブ・ワンでは40社以上の数学ソフトを使っていた。Staker, *The Rise of K.12 Blended Learning*, p. 161.

⑰この30万ドルという数値は、2008-09年度の推定値である。Katherine Mackey and Michael B. Horn, "Florida Virtual School: Building the First Statewide, Internet-Based Public High School," Clayton Christensen Institute, http://www.christenseninstitute.org/wp-content/uploads/2013/04/Florida-Virtual-School.pdf, pp. 9-10.

⑱数学ソフト ST Math（ST は Spatial-Temporal の略）を開発した MIND Research Institute 社は、数学と脳科学の分野で作業記憶、論理的思考および学習に関するメカニズムを研究する調査に継続的に投資をしている。学びを最適化する状況を調べる精力的な努力は実りつつある。ST Math は、小学生の算数の成績を伸ばすソフトでシェアトップである。

⑲詳細は、クリステンセン研究所とシリコン・スクール・ファンドが共同でカーン・アカデミーに提供している、質の高いブレンディッド・ラーニング体験をつくり出すためのコースを参照。https://www.khanacademy.org/partner-content/ssf-cci.

⑳この進化の過程については、前著『教育×破壊的イノベーション』の第5章（p.133-141）に詳しい。

㉑高等教育機関向け学習管理システムのベンダーは、サードパーティーのアプリケーションにプラットフォームを公開し、疑似ネットワークを形成し始めている。排他的な単独ソフトのプラットフォームにとどまらずに、「追加ソフトの中心拠点」となりつつある。こうした変化は、Blackboard、Desire2Learn、Instructure、Moodle、Sakai の学習管理システムの5大業者に共通して見られる。Carl Straumsheim, "The Post-LMS LMS," Inside Higher Ed, July 18, 2014, http://www.insidehighered.com/news/2014/07/18/analystssee-changes-ahead-lms-market-after-summer-light-news#sthash.Cwx82qQH.nqj5hAYi.dpbs

㉒こうした変化が起こるのはそう遠くないかもしれない。相互依存一体型オンライン教材の機能と信頼性が十分なレベルに達しているという変化がすでに始まっている兆候は、オンライン教材大手業者の営業担当者が、自分たちの製品を「まるで日用品のように」扱っていると不平を言い始めたことだ。こうした不満は、複数のオンライン業者から聞いている。これこそが、とくにスペクトラム図の第2案を学校に提供している業者が、機能面では顧客のニーズに応えすぎ、学校側がモジュール組立型へシフトしていることの証左である。パッケージ解決策の日用品化がどのように顧客によるモジュール組立型の受け入れ開始の兆候を示すのかについては、以下参照。(Christensen and Raynor, p. 130) (第3章の注釈⑰).

㉓本件考察の多くは以下記事より抜粋。Brian Greenberg, Rob Schwartz, and Michael Horn, "Blended Learning: Personalizing Education for Students," Coursera, Week 5, Video 3: Criteria to Pick Software, https://class.coursera.org/blendedlearning-001. 以下参照。"Ten Ways to Save Money on EdTech," The Blended Learning Implementation Guide 2.0, p. 33.

㉔"Individual Computing Devices at 10% Penetration in K.12 Education by 2017," Futuresource Consulting, December 5, 2013, http://www.futuresource-consulting.com/2013-12-computers-in-education-research.html(アクセス確認日：2014年3月22日).

㉕アップルのアップストアはOS Xと相互依存であるが、APIは多種多様なサードパーティ・ソフトをアップル製品で動かすことのできるモジュール組立型のインターフェイスをつくる。しかし、アップストアで販売される前に、アップル社の承認が必要である。

㉖2014年第4四半期にアメリカの教育市場に出荷されたデバイスの4台に1台は、グーグルのChromebookであった。Futuresource Consulting, January 2014, http://www.futuresource-consulting.com/2014.01-Google-Chromebook.html (アクセス確認日：2014年6月3日).

㉗Christensen and Raynor, *The Innovator's Solution*, p. 131.

㉘Christine Fox, John Waters, Geoff Fletcher, and Douglas Levin, "The Broadband Imperative: Recommendations to Address K.12 Education Infrastructure Needs," State Educational Technology Directors Association(SETDA), September 2012, p. 2.

㉙Linda Darling-Hammond, *A Right to Learn: A Blueprint for Creating Schools That Work* (San Francisco: Jossey-Bass, 1997), p. 149.

㉚Katie Ash, "Digital Learning Priorities Influence School Building Design," *Educa-*

tion Week, March 11, 2013, http://www.edweek.org/ew/articles/2013/03/14/25 newlook.h32.html（アクセス確認日：2014年4月14日）.

㉛ Diane Tavenner, "Embarking on Year Two: Moving Beyond Blended Learning," Blend My Learning, November 27, 2012, http://www.blend mylearning.com/2012/11/27/embarking-on-year-two-moving-beyond-blended-learning/（アクセス確認日：2014年4月15日）.

㉜ Brian Greenberg, Rob Schwartz, and Michael Horn, "Blended Learning: Personalizing Education for Students," Coursera, Week 5, Video 8: Facilities and Space pt. 2, https://class.coursera.org/blendedlearning-001

㉝ Ash, "Digital Learning Priorities."

㉞ Erin Millar, "No Classrooms and Lots of Technology: A Danish School's Approach," Globe and Mail, June 20, 2013, http://www.theglobeandmail.com/report-on-business/economy/canada-competes/no-classrooms-and-lots-of-technology-a-danish-schools-approach/article12688441/（アクセス確認日：2014年4月14日）.

㉟ Bob Pearlman, "Designing New Learning Environments to Support 21st Century Skills," in 21st Century Skills: Rethinking How Students Learn, edited by James Bellanca and Ron Brandt (Bloomington, Indiana: Solution Tree Press, 2010), pp. 129-132.

㊱ 前掲書 pp. 136-138.

㊲ 前掲書 pp. 142-144.

㊳ Jason Lea, "Mentor Public Schools Experiment with Blended Learning Classroom," MentorPatch, May 7, 2013, http://mentor.patch.com/groups/schools/p/mentor-public-schools-experiment-with-blended-learninda7b16f78e（アクセス確認日：2014年4月14日）.

〈訳注〉

①最新のリストはBLUをご参照ください。

②他社製品の関連製品を販売している企業。

③アメリカの小説家ワシントン・アーヴィングによる短編小説、および主人公の名前。1820年発表。20年間眠り続けた後に目覚める。

■第**8**章

# ブレンディッド・ラーニングのモデル選定

　これまでに解決すべき課題を特定し、ブレンディッド・ラーニングを導入するためのチームを編成しました。生徒に提供したい学習体験や教師につかんでほしいチャンス、そして必要なテクノロジーや教室のあるべき姿についても計画を立てました。この章では、これらのビジョンを実行に移す方法を学びます。最も確実な方法は、第1章でご紹介したブレンディッド・ラーニングモデルのなかから選んで、それを目標達成に向けて自分仕様に改良することです。

　2013年に、ブルックリンにあるチャーター・スクールの教師3人が、自分たちの学校に適した指導法を求めて全米およびフィンランドとイタリアへ調査旅行に出かけました。「オデッセイ・イニシアチブ」と名付けられたこのツアーでは、70以上の先進的な学校を訪れ、生徒と話をし、教師にインタビューしました。同じ年に、ワシントンDCの学校にブレンディッド・ラーニングを導入するため、2つの財団の支援で12人の教師が全米のブレンディッド・ラーニング導入校の調査へ派遣されました。

　何ヵ所も調査するツアーが全員に必要というわけではありませんが、各自の状況に最適なモデルを探し求めるのはよい考えです。5年前なら、この方法はお勧めできませんでした。理由は簡単です。その頃のブレンディッド・ラーニングにはまだ定まったモデルはなく、効果を実証できる学校も少なかったのです。当時は、生徒の学力や教師の人数、学習の機会、テクノロジー、関係者の嗜好などに応じて全くの白紙から始め、自分の創造力を信じていろいろなモデルを組み合わせる、とアドバイスすることが精一杯でした。

　しかし今日では、相当数の学校でブレンディッド・ラーニングの各モデルが実践されており、他の学校はわざわざ一から始めなくても、それらを真似すれ

ば済むのです。円滑にブレンディッド・ラーニングを導入するための次のステップは、一言でいえば「模倣」です。すでに実践されてうまく機能しているブレンディッド・ラーニングのモデルを探し求め、借りてきたり盗んだりするわけです。もちろん、自校のニーズや環境に合わせて調整したり、組み合わせたりすることが不可欠です。だからこそ、第5、6、7章で先にブレインストーミングしたのです。しかし、まずは他校ですでに導入されている基本的なモデルまたはその組み合わせを選んでください。将来的に閃いて、これまでとは全く異なる革新的なモデルが思い浮かぶかもしれませんが、それは例外的なことです。自校の生徒に提供したい体験に十分見合うモデルがすでに存在するので、単純に既存のモデルを複製すれば、ほとんどの場合は事足りるはずです。

　本章では、6つの質問を通じて、全米で最もよく使われているモデル（ステーション・ローテーション、ラボ・ローテーション、反転授業、個別ローテーション、フレックス、アラカルト、通信制教育）のなかから、各校のニーズに合うものを選択できるようお手伝いします。本書の前半の内容を憶えていれば、おそらく次の6つの質問が予想されるでしょう。

1. 解決しようとしている課題は何か？
2. 課題解決にはどのようなタイプのチームが必要か？
3. 生徒に自己管理してほしいものは何か？
4. 教師の主な役割は何か？
5. どのようなスペース、建物が利用可能か？
6. インターネットに接続可能な機器は何台あるか？

　この他にも判断材料となる要素があるかもしれませんが、各校の状況や限度、理想に合致した選択肢に的を絞るうえで、上記6つの質問を優先します（その答えは、これまでのブレインストーミングを通じて導き出されるはずです）。**表8-7**（P237）と**付録8-1**（P241）は、上記6つの質問に答えるための議論で出たすべての答えを一つにまとめて、独自のブレンディッド・ラーニングモデルを編み出すのに役立つでしょう。

## 1. ブレンディッド・ラーニングのモデルを課題の種類に合わせる

　まず初めに考えるべきことは、これから解決しようとする課題は、一般の生徒が学ぶ主要科目に関係するのか、それとも手付かずの非消費領域にあるのか、という点です。前者については、第3章で小学校入学時の読解力格差や高校の理科実験での資金不足などの例をあげました。後者については、単位不足生徒の補講、標準科目にはないコース、長期欠席生徒の補習などがあります。

　一般的に、ブレンディッド・ラーニングの持続的モデルは主要科目に関する課題を解決するのに適し、破壊的モデルは非消費領域に適しています。この傾向は、オンライン学習と破壊的ブレンディッド・ラーニングが進化するにつれて変化するでしょう。しかし、破壊的モデルはたいていの場合、即効薬のない課題、あるいは最も複雑ではない問題を解決するのに最適です。

　こうした点については、他の産業でも数多くの組織や企業が痛いほど教訓を学んでいます。1947年に、ベル研究所が電流を制御する部品のトランジスタを開発しました。トランジスタは、従来技術の真空管に比べて破壊的な発明でした。小さくて長持ちしたのですが、初期のトランジスタは卓上ラジオやテレビなど、1950年代の家電製品が必要とした電力を制御できませんでした。しかし、ラジオやテレビのメーカーは関心を持ち続け、真空管に代わる部品として主要顧客の消費者を十分満足させる性能を得ようと、何億ドルもの資金を投じました。そうした投資にもかかわらず、真空管の性能を超えるようなトランジスタは完成しませんでした。

　こうした巨額投資の必要性は、破壊的イノベーションを既存の中核市場に適用しようとする際に立ちはだかる典型的な障壁です。破壊的イノベーションは、初期段階においては既存のシステムと競合するには未熟であるため、中核顧客層を満足させる水準に至るには莫大な資金と時間を必要とします。それでも割に合うことはほとんどありません。投資の不足が理由で失敗するのではなく、破壊的イノベーションを最大の市場に投入するから失敗するのです。消費者は、使い慣れた既存技術よりも優れている場合にのみ新しい技術を受け入れます。これは、将来有望な新しいアイディアにとってはきわめて高いハードルです。

　破壊的イノベーションを活用するもっと簡単な方法は、非中核分野や未開拓

市場に適用することです。トランジスタの場合、最初に商業ベースで成功したのは大衆家電製品ではなく補聴器でした。補聴器は、電力を供給するためにこぶし大の真空管より小さな部品が必要だったのです。数年後、1955年にはソニーが世界初の電池式ポケットトランジスタラジオを発売しました。美しい外見の卓上ラジオには敵いませんでしたが、トランジスタラジオはそれまで見過ごされていた新たな市場を見出したのです。10代の若者にとって、無骨でコンパクトで、雑音混じりですが、親には聞こえないトランジスタラジオは、非常に魅力的でした。年を経てトランジスタは大型のテレビやラジオを動かす電力に耐える性能を備えるようになり、数年後には真空管は市場から姿を消しました。

　破壊的モデルのブレンディッド・ラーニングが、非中核分野・未開拓市場にうまく適用する理由は2つあります。1つは、学校のコミュニティにおいて、ある特定の学習分野がまったく選択できなければ、将来有望な新しいアイディアが歓迎される確率はずっと高くなるでしょう。したがって、破壊的モデルが越えなければならないハードルは比較的低いのです。ごく基本的なオンラインコースでさえ、何もないよりはましなケースがあります。それに対して、主要科目の一般生徒が破壊的モデルを受け入れるのは、従来型の授業より優れている場合だけなので、ハードルはもっと高いのです。

　2つ目の理由は、非消費市場を開拓するのに破壊的モデルを使わないのはもったいないからです。長い間、教育制度には進化し拡大する社会の要求に応えるだけの資源が不足していました。従来の教室設計では、社会的サービスや朝食、特別支援教育、放課後学習などをこれ以上提供する余裕はありません。しかし、ブレンディッド・ラーニングの破壊的モデルならば、画期的な機会を創出します。学校はこれまで不可能と思われていた方法で学習を個別化し、学習の機会を拡大し、コストを抑制することに成功するのです。非消費領域の問題を解決するのに破壊的モデルを使わないことは、資源が不足した制度のもとで長年待ち続けた絶好の機会を見逃すのと同じことです。

　要するに、真似すべきブレンディッド・ラーニングのモデルを選ぶ際に自問自答すべきなのは、

Q1：解決しようとしている課題は何か？
A： 一般生徒向けの主要科目
B： 非消費領域・未開拓市場

　答えがAならば、ステーション・ローテーションやラボ・ローテーション、反転授業など持続的モデルを従来型の授業に組み込むのが最も簡単な方法です。答えがBならば、個別ローテーション、フレックス、アラカルト、通信制教育などの破壊的モデルを試す機は熟しています。表8-1はそれぞれのモデルについてA、B2つの選択肢のどちらが適しているかを表したものです。
　すべてのブレンディッド・ラーニングチームがこの表に従ってモデルを選択するわけではありませんが、それはそれで構いません。たとえば、主要科目をフレックスに移行した学校もありますが、フレックスはもともと個別化と達成度基準の点においてステーション・ローテーションより適しているのです。持続的モデルを非中核の課題に、または破壊的モデルを主要科目に適用する際に注意する点は、いずれの場合も導入に当たり逆の選択をするよりも学校関係者に対して丁寧な説明と十分な準備が必要になることです。どちらも実行可能で、最初の質問を重視しないだけのことです。時間の経過とともに、破壊的モデルは進化して主要科目の一般生徒も喜んで受け入れるようになるでしょう。すでにそうした域に達しているという意見さえあります。破壊的モデルが改善されるにつれて、最初の質問は意味がなくなっていくのです。

表8-1　解決しようとしている課題は何か？

| | 持続的モデル | | | 破壊的モデル | | | |
|---|---|---|---|---|---|---|---|
| | ステーション・ローテーション | ラボ・ローテーション | 反転授業 | 個別ローテーション | フレックス | アラカルト | 通信制教育 |
| A：一般生徒向けの主要科目 | ✓ | ✓ | ✓ | | | | |
| B：非消費領域未開拓市場 | | | | ✓ | ✓ | ✓ | ✓ |

本章最後に掲載されている**表8-7**（P237）は、6つの質問に対して最適なモデルを記録する表です。

## 2. ブレンディッド・ラーニングのモデルをチームのタイプに合わせる

　ブレンディッド・ラーニング導入時のモデル選定にあたり検討すべき2点目は、問題解決のためにどのようなチームを結成したのか、です。第4章で学んだとおり、チームのタイプと課題の種類には相性があり、実行する改革の範囲にも関係します。

　機能チームまたは軽量チームを採用するならば、学校運営に大変革をもたらすブレンディッド・ラーニングモデルを導入することはできません。機能チームと軽量チーム単独では、真に革新的な学習モデルをつくりあげる権限はないからです。同様に、重量チームや独立チームは小さな問題を解決するには非効率的で、型どおりの対応しかできません。したがって、2番目の質問は、

**Q2：課題を解決するにはどのようなタイプのチームが必要か？**
A：　機能チーム　→　一つのクラス、科目または学年単位の課題
B：　軽量チーム　→　クラスや科目、学年の枠を超えて複数の校内組織との調整が必要な課題
C：　重量チーム　→　学校の組織を変革する必要がある課題
D：　独立チーム　→　全く新しい教育モデルを必要とする課題

　この質問に答えるには、どんなチームがどのような課題に適しているのかについて、第4章を丁寧に復習するとよいでしょう。

　**表8-2**では、ブレンディッド・ラーニングのモデルとそれに適応するチームの選択肢を列挙しています。機能チーム（選択肢A）は他の組織に左右されないステーション・ローテーションや反転授業を導入するのに向いています。とくに反転授業は、機能チームとの相性が抜群です。多くの教師が、管理職から一応の了解を得るだけで、チームの助けを借りずに単独で授業を反転しています。これら2つのモデルは、次に述べるように、他のタイプのチームが必要になる場合もあります。

軽量チーム（選択肢B）は、時間割や教師の配置換えなど学校の基本設計には影響のない範囲で校内の他の組織との調整を必要とする、ステーション・ローテーション、ラボ・ローテーション、または反転授業を導入するのに適しています。ラボ・ローテーションは、コンピュータ室と教室、ときにはそれ以外の場所との調整が必要なため、重量チームまでは不要ですが、少なくとも軽量チームは必要です。反転授業を導入する際に、教員研修や技術サポート、モデル転換資金を得るためには軽量チームを導入するとスムーズに進みます。

　重量チーム（選択肢C）は、校内のクラス、部門、その他組織に革新的な変革を必要とするステーション・ローテーションまたはラボ・ローテーションを導入するには理想的です。反転授業は、学校全体の基本組織に変更が必要なことはほとんどありませんが、ステーション・ローテーションやラボ・ローテーションモデルの多くは、学校全体で新しい手順や規範が必要となるため、重量チームの権限を持つと有利です。

　独立チーム（選択肢D）は、破壊的モデルの導入には理想的です。予算や採用・配属、設備設計、カリキュラムなどをゼロから見直すには、管理職が伝統的なクラス組織から離れた立場で独立チームをつくることにより、破壊的な変革を成功させることが可能になります。

表8-2　課題を解決するにはどのようなタイプのチームが必要か？

|   | 持続的モデル | | | 破壊的モデル | | | |
|---|---|---|---|---|---|---|---|
|   | ステーション・ローテーション | ラボ・ローテーション | 反転授業 | 個別ローテーション | フレックス | アラカルト | 通信制教育 |
| A：機能チーム | ✓ |   | ✓ |   |   |   |   |
| B：軽量チーム | ✓ | ✓ | ✓ |   |   |   |   |
| C：重量チーム | ✓ | ✓ |   |   |   |   |   |
| D：独立チーム |   |   |   | ✓ | ✓ | ✓ | ✓ |

## 3. ブレンディッド・ラーニングのモデルを期待する生徒体験に合わせる

　ブレンディッド・ラーニングのモデルを選ぶ際に検討すべき3つ目のポイントは、学習の時間、場所、方法、ペースについて、生徒にどの程度自由裁量を与えるのかという点です。教師1人で生徒30人を管理する従来のクラスでは実現不可能であった個別カリキュラムを、オンライン学習の導入により生徒自身で設計できるようになる可能性が生まれます。オンライン学習を利用することで、生徒は学習のペースを容易に自己管理できます。自分の理解速度に合わせて、途中で止めたり、巻き戻したり、飛ばしたりすることができるからです。また、教材の種類から問題のレベル（確認問題に取り組むのか、ヒントをもらうのか、達成度テストを受けるのか）、また学習方法（TenMarksやSTMathなどのソフトを使うのか、教科書を勉強するのか、それとも少人数指導を受けるのか）も自分で決めることができます。オンライン学習では、時間と場所についても生徒が自分で決めることができます。これまでは、対面で講義を直接聴くしかありませんでしたが、今日ではインターネットを通じて授業やその他多くの教育機会に、いつでもどこからでもアクセス可能なのです。

　教師は、どんな種類の裁量をどの程度まで生徒に与えるのか、判断しなければなりません。コースや科目の一部について学習ペースと方法を生徒に選ばせるブレンディッド・ラーニングもあれば、コース全体を自由に選ばせるブレンディッド・ラーニングもあります。また、学習のペースと方法だけでなく、対面授業を完全にパスする自由さえあるブレンディッド・ラーニングもあります。したがって、ここでの質問およびその答えは、通常次のようになります。

Q3：生徒に自己管理してほしいものは何か？
A：　オンライン学習の一部についてのペースと学習法
B：　オンライン学習のほぼ全体についてのペースと学習法
C：　オンライン学習のほぼ全体についてのペースと学習法（対面授業をパスすることも含む）

表8-3は、各選択肢に該当するブレンディッド・ラーニングのモデルを表しています。ローテーション・モデルは、ほとんどがオンライン学習の一部についてペースと学習法を選ぶ裁量を生徒に与えます（選択肢A）。フレックスと個別ローテーションは、オンライン学習のほぼ全部についてペースと学習法を生徒が自己管理します（選択肢B）。アラカルトと通信制教育も、オンライン学習のほぼ全体について生徒がペースと学習法を選択できますが、それに加えて対面授業に出席するかどうかの裁量まで生徒にあります（選択肢C）。

表8-3　生徒に自己管理してほしいものは何か？

|  | 持続的モデル | | | 破壊的モデル | | | |
| --- | --- | --- | --- | --- | --- | --- | --- |
|  | ステーション・ローテーション | ラボ・ローテーション | 反転授業 | 個別ローテーション | フレックス | アラカルト | 通信制教育 |
| A：オンライン学習の一部についてのペースと学習法 | ✓ | ✓ | ✓ | | | | |
| B：オンライン学習のほぼ全体についてのペースと学習法 | | | | ✓ | ✓ | | |
| C：オンライン学習のほぼ全体についてのペースと学習法（対面授業をパスすることも含む） | | | | | | ✓ | ✓ |

　こうした一般的な分類と例外について、もう少し詳しく説明しましょう。ステーション・ローテーション、ラボ・ローテーション、反転授業は生徒の裁量をある程度制限します。ステーション・ローテーションおよびラボ・ローテーションでは、コンピュータに向かって自習している時間は自分のペースで進め

ることができます。しかし、教師が次のローテーションへ進むよう（ラボ・ローテーションの場合は、教室へ戻るよう）指示した時点で、仮に同じような進捗状況の生徒と同じグループにいるとしても、生徒は全体のペースに合わせて移動するので、マイペースではなくなります。反転授業の場合は、宿題のオンライン学習については自分のペースで進めることができますが、翌日の授業では学習内容が個別化されていても教師が予定した対面授業に沿って、全体と同じペースまたは授業内容に戻ります。

　もちろん、例外もあります。反転授業にフレックス・モデルの要素を加えて、対面授業においても学習法とペースについて生徒のペースで進むことを許容する教師もいます。また、ステーション・ローテーションやラボ・ローテーションで、オンライン学習時間以外に複数のマイペース時間を設定しているケースもあります。しかし、こうした分類をする目的は、ブレンディッド・ラーニングの多くが現実にどのように機能しているのか大まかな見方をお伝えして、すべてのブレンディッド・ラーニングモデルを実際に見学しなくても基本的なモデルを選ぶことができるようにするためです。例外はあっても、一般的なパターンとしては、ステーション・ローテーション、ラボ・ローテーション、反転授業では、その他のモデルと比較して、対面授業の時間における学習法とペースについて生徒の自主裁量は限定的です。

　破壊的モデルのブレンディッド・ラーニングに目を向けると、指導者は生徒にさまざまなレベルの裁量を与えることができます。個別ローテーションモデルは、オンライン学習の時間はペースと学習法について生徒に裁量があるという意味では他のローテーションモデルと同じですが、決められた時間になると全体と同じペースと学習法に戻ります。たとえばカルペ・ディエム校では、その時点でどこまで進んでいようが、たとえ次に何をしたいのか希望があっても、生徒は35分ごとにローテーションで次へ移動します。しかし、各生徒には個別の時間割があるので、全体としてはペースと学習法についてステーション・ローテーションやラボ・ローテーションよりもはるかに大きな裁量が生徒にあります。対照的に、フレックス・モデルは固定の時間割を廃止して、生徒が学習内容と移動時間をもっと柔軟に選ぶことが可能です。ウィチタ公立校の中退者復帰センターでは、生徒は個別の机に向かってApex Learningソフトを自分のペースで勉強しています。集団討議や対面指導の時間もありますが、それ

らの活動は時間が決まっているのではなく、各生徒の必要に応じて実施されています。

アラカルト・モデルと通信制教育は、学習法とペースに加えて学習時間と場所についても生徒に裁量を与えたい場合に適しています。アラカルト・モデルでは、生徒は必ずしも通学する必要はありません。とくに講座が規定のスケジュールで進む場合には、すべてのアラカルト・モデルが学習法やペースについて生徒に選択させているわけではありませんが、一般的にはアラカルト・モデルは生徒に完全な選択権を与える方向へ進んでいます。このモデルが向いているのは、自律ができ、通常の時間割では追加で講座をとることができない、または課外活動のために頻繁に学校を欠席する、その他何らかの理由により（たとえば教える教師がいない）授業が受けられない、生徒たちです。通信制教育も同様に、生徒は学習法とペースについて裁量を持つことはできますが、常に自由にできるわけではありません。アラカルト・モデルとの主な違いは、通信制教育では週に3回とか月に3回など、実際に登校して授業を受ける必要がある点です。このモデルは、学校の施設利用率を高めるとともに、授業の一部は教師から離れて受けたいと希望する主体的行動のできる生徒に向いています。これら2つのモデルは、学校外で保護者や支援・監督してくれるコーチのいない、安全な環境に住んでいない生徒には向いていません。

## 4. ブレンディッド・ラーニングのモデルを教師の役割に合わせる

学校が生徒に提供できる資源のうち、優れた教師が最も重要であることに異を唱える人はほとんどいません。研究によって、強い家族の絆とトラウマのない環境が子どもにとって非常に有用であることがわかっていますが、学校の責務という観点では優れた教師を配属することより重要なことはありません。

オンライン学習の出現は教師の役割に大きな変化をもたらし、生徒にとってソフトを使った学習が最も適している場合、オンラインで教師と対面での学習が最適である場合、さらに実地での対面指導が最適である場合、の区別をはっきりさせました。理科教師のジョン・バーグマンは、24年間中学と高校で教えてきて、授業を録画して生徒が自宅で視聴できるようにアップし、授業時間を生徒主導で質疑応答を中心とするプロジェクト・ベースの内容に組み替えら

れることに気がつきました。

　教師が生徒に提供できる最高の役割が優れた対面指導である場合もありますし、生徒がオンライン学習で効果を上げているときには、教師は教壇から下りて、生徒が学習計画を立てるのを手伝い、サポートし、相談に乗り、助言を与え、議論とプロジェクトがうまく進むよう手伝い、生徒の進捗状況と達成度を評価し、励ますことが最も期待される役割です。そして時には、教師自身がオンライン授業を担当して、世界中の生徒に自分が持つ専門知識を公開することが、最も大事な役割であることもあります。

　こうした点から、ブレンディッド・ラーニングチームが検討すべき第4の質問が導かれます。

**Q4：教師の主な役割は何か？**
A： 対面で直接指導する
B： オンライン学習を補完するように対面で相談に乗り、助言を与え、励ます
C： オンラインで指導する

　教師がそれぞれ異なる役割を引き受ければよいのですが、ここでは議論のために、ブレンディッド・ラーニングを導入したいコースまたは科目の主任教師について考えてみましょう。コースでは教師にどのような役割を期待しますか。一つ前のQ3と同様、期待する役割に完全に当てはまるモデルはありません。ローテーション・モデルにしてもフレックス・モデルでも、アラカルトでも通信制教育でも、教師は複数の役割を担っています。ブレンディッド・ラーニングのモデルをいくつか組み合わせている学校もあり、そうなると教師の役割はさらに増えます。基本的な枠組みをつくるには、表8-4に示すようなパターンで教師の主な役割が考えられます。

　ステーション・ローテーションとラボ・ローテーションでは、教師は通常少人数またはクラス全員に対する対面指導に携わります（選択肢A）。対面指導以外のグループについても監督はしますが、私たちの調査ではブレンディッド・ラーニングのコースまたは科目では、ほぼすべてのケースで対面指導が教師の主要な教務になっています。

対照的に、反転授業、個別ローテーション、フレックス、通信制教育では教師の対面指導は授業の中心的要素ではなく、教師は生徒がオンライン学習で基礎的な知識や技能を学ぶ際のガイド役になっています（選択肢B）。コロラド州のウッドランド・パーク高校（Woodland Park High School）の教師アーロン・サムズは、オンラインで生徒向けの授業を作成して反転授業を導入し、学校では講義の代わりに理科のグループ実験や質問形式のプロジェクトを進めることにしました。すると、以前は講義が授業時間の大半を占めていたのに比べて、今日では全く異なる授業内容になりました。今では、生徒たちは実験用のゴーグルをして、記録をつけるために議論をします。教師の役割はにぎやかな討論セッションが整然と進むよう誘導することに変わりました。主要科目、選択科目ともに個別ローテーションがメインのカルペ・ディエム校では、Edgenuity社のオンラインを自由に利用できます。オンライン学習を補完する対面指導のセミナーやプロジェクト・ベース学習も利用しますが、授業や指導の主要な部分ではありません。

**表8-4　教師の主な役割は何か？**

| | 持続的モデル | | | 破壊的モデル | | | |
|---|---|---|---|---|---|---|---|
| | ステーション・ローテーション | ラボ・ローテーション | 反転授業 | 個別ローテーション | フレックス | アラカルト | 通信制教育 |
| A：対面で直接指導する | ✓ | ✓ | | | | | |
| B：オンライン学習を保管するように対面で相談に乗り、助言を与え、励ます | | | ✓ | ✓ | ✓ | | ✓ |
| C：オンラインで指導する | | | | | | ✓ | |

同様に、アクトン・アカデミーでフレックス・モデルを導入している数学やつづり、文法のクラスでは、授業は教師ではなくガイドが担います。ガイドの役割は生徒を手伝って、(1)週間目標を設定し、(2)進捗状況をグラフにし、そして(3)学習記録をつけることです。そして、生徒が「つまずいて」いるときにヒントとなる質問をすることです。通信制教育の教師の役割もよく似ています。生徒と対面でオンライン学習について助言し、補完しますが、日常的に基本的な授業はしません。

最後に、教師の最高の活用方法が、オンライン教師としてアラカルト方式で授業をするということもあります（選択肢C）。特定の科目に適格な教師がいない、または他の授業と重なって担当できないような場合、学校がとる次善の策は、オンラインで代わりのコースと教師を確保することです。生徒からの強い要望でこの代替策をとる学校もありますが、学校は第三者に依頼するよりも自校の教師を活用することを優先します。クエーカータウン高校（Quakertown High School）では、教員組合の強い反対で外部のオンライン教師を雇わずに、自校の教師を訓練してオンライン教師にしました。

## 5. ブレンディッド・ラーニングのモデルをスペースに合わせる

ブレンディッド・ラーニングのモデルを選ぶ際に考えるべき一つの重大な制約は、実際に使える設備スペースの広さです。サンノゼにあるサミット・パブリック・スクールのレーニア校（Summit Public Schools Rainier）の数学教師ザック・ミラーは、2012年度の終わりに後悔しました。「今年、ブレンディッド・ラーニングを試験導入して最も苦労したのは、生徒間の学力レベルが大きく違って理解度に差があるにもかかわらず、全員同じペースで教えなければならなかったこと。教室の壁を取り払うことができたらといつも考えていた」。教室の壁という物理的な制限と、ふ卵器のような教室配置が、フレックス・モデルに不可欠な生徒の移動を阻害していると感じていました。

そこで、2012年の夏休み期間中に学校は教室の壁を取り払いました。秋に新年度が始まると、7,000平方フィート（約650m$^2$）のオープンスペースに、200人が座れる勉強机と少人数学習やマンツーマン指導、ワークショップ、セミナーのための4つの小部屋がある学習センターができ上がっていたのです。

物理的な制限は障壁ではなく、新たなチャンスとなる場合もあります。アドバンスパス・アカデミックス社（AdvancePath Academics）のCEOが学区に高校中退者および単位不足を回復するセンターを併設したいと申請したときには、単純に「3,000平方フィート（約280m²）の土地をもらえば、中退者にも高卒の資格を与えてみせます」と提案しました。学区が使用されていない校舎にその広さを確保すると、APAのチームは建物を修繕して4つのゾーンに分かれた学習施設に変えました。保護者・訪問者受付エリア、コンピュータ室、読書作文エリア、そして少人数指導エリアです。

建物がリースであろうが新築であろうが、改修物件であろうが何かの再利用であろうが、現実にあるもので対処しなければなりません。このことから、適当なブレンディッド・ラーニングのモデルを選ぶための5つ目の質問が生まれます。

Q5：どのようなスペース、建物が利用可能か？
A： 既存の教室
B： 既存の教室とコンピュータ室
C： 広いオープンスペース
D： 安全で監督可能な環境

表8-5は、ブレンディッド・ラーニングの各モデルが、通常利用するスペースの種類をまとめてあります。ほとんどのローテーション型と反転授業が、既存の教室を利用しています（選択肢A）。通常は机イス類の配置替えと、ときには電源の設置も必要ですが、ほとんどの場合、これまで使っている教室はそのままでローテーションを導入することができます。ラボ・ローテーションも、対面指導では既存の教室をそのまま利用できますが、オンライン学習のためにコンピュータ室が必要で（選択肢B）、そのスペースのない学校ではラボ・ローテーションを実施することは非常にむずかしくなります。

個別ローテーション、フレックス、通信制教育には、従来の壁で仕切られた教室よりも広くオープンなスペースの方が有効です（選択肢C）。広い教室のメリットは、生徒が複数の作業エリアを行き来したり、他の生徒の助けを求めて勉強机や学習エリア、休憩室などを自由に歩き回れることです。従来の教室

でもいざとなれば移動することは可能ですが、広く自由なスペースの方がこうしたモデルにはより適しています。通信制教育のユニークな点は、生徒との対面指導の時間が大幅に少なくて済むため、同じ広さでより多くの生徒にさらに革新的な時間割を提供することができることです。

　アラカルトはさまざまな物理的な制限に対して最も対応力があります。ネット接続さえできれば、既存の教室でもコンピュータ室でも図書室であろうと、または学校内外のどんな場所でも、安全で管理可能な環境であれば対応できます（選択肢D）。唯一の例外は、アラカルト・コースを大人数の生徒に集団で提供する場合で、その場合には十分に広いスペースがある方が有利になります。第3章で、マイアミ・デード公立学校が1ヵ所で50人以上の生徒を収容するオンライン学習室をいかにしてつくったか、という点に触れました。バーチャル・スクールでアラカルト・コースを修了するので、学区にとって多くの生徒を効率的に管理するには大部屋が適しているのです。また、多くのアラカルト・コースが、他の生徒と一緒に学習できるネットカフェ方式を導入しています。

表8-5　どのようなスペース、建物が利用可能か？

| | 持続的モデル | | | 破壊的モデル | | | |
|---|---|---|---|---|---|---|---|
| | ステーション・ローテーション | ラボ・ローテーション | 反転授業 | 個別ローテーション | フレックス | アラカルト | 通信制教育 |
| A：既存の教室 | ✓ | | ✓ | | | | |
| B：既存の教室とコンピュータ室 | | ✓ | | | | | |
| C：広いオープンスペース | | | | ✓ | ✓ | | ✓ |
| D：安全で監督可能な環境 | | | | | | ✓ | |

## 6. ブレンディッド・ラーニングのモデルをネット接続機器に合わせる

　物理的なスペースと同様に、ブレンディッド・ラーニングのモデルを選定する際に、ネット接続可能な機器の有無が決定的な要因となります。この点が成否を左右する場合さえあるからです。ネット接続機器の数が少ないほど、対応可能なブレンディッド・ラーニングのモデルは少なくなります。その結果、モデル選定に関する６つ目の質問は以下のとおりです。

　Q6：インターネットに接続可能な機器は何台あるか？
　A：　　一部の生徒に行きわたる数
　B：　　授業時間中はいつでも全員が使える数
　C：　　学校でも放課後または家庭でも生徒全員が使える数

　ネット接続機器には、デスクトップPC、ノートPC、タブレット、携帯電話が含まれます。しかし、タブレットと携帯はアウトプットには非常に便利な道具である一方、インプットには不向きであることが課題です。言い換えれば、ネットでビデオなど画像を見るのには優れているのですが、キーボードと画面を備えたPC並みに生徒が文章を入力したりデジタルで何か作品をつくったりすることを期待してはいけません。(実際、この欠点を克服するために、タブレットにキーボードをつなぐ学校が増えています)。

　生徒１人につき１台の機器がなくてもブレンディッド・ラーニングを実行できるモデルもあれば、学校だけでなく家庭でも１人１台の機器が必要なモデルもあります。**表8-6**は、ブレンディッド・ラーニングのモデルと機器の所有状況の適応関係をまとめたものです。

　一つ重要な発見は、多くのブレンディッド・ラーニング導入校において、生徒が個人用の機器を持っていなくても何とかやっていることです（選択肢A）。キップ・ロサンゼルス校（KIPP LA）における機器対生徒数の比率はだいたい１：２です⑦。これでも運営可能なのは、ステーション・ローテーションでは通常オンライン学習をする生徒のみコンピュータが必要だからです⑧。たとえば、クラスを６つの学習グループに分けて、必要なパソコンの数をさらに減らして

表8-6 インターネット接続可能な機器は何台あるか？

|  | 持続的モデル | | | 破壊的モデル | | | |
|---|---|---|---|---|---|---|---|
|  | ステーション・ラボ・ローテーション | ラボ・ローテーション | 反転授業 | 個別ローテーション | フレックス | アラカルト | 通信制教育 |
| A：一部の生徒に足りる数 | ✓ | ✓ |  |  |  |  |  |
| B：授業時間中はいつでも全員が使える数 |  |  |  | ✓ | ✓ |  |  |
| C：学校でも放課後または家庭でも生徒全員が使える数 |  |  | ✓ |  |  | ✓ | ✓ |

いるステーション・ローテーションもあります。ラボ・ローテーションでも、生徒1人に機器1台なくてもやりくりできている学校も多くあります。一度に130人収容できるコンピュータ室があれば、ローテーション・モデルでは全体で600人近い生徒に対応することが可能です。

対照的に、個別ローテーションとフレックス・モデルでは、ブレンディッド・ラーニングのコースで学習している時間は常に生徒1人に1台の機器が必要です（選択肢B）。この2つのモデルでは、インターネットが学習の中心であり、生徒は待たずにオンラインで学習したり指導を受けたりすることが必要です。

その他3つのモデルは、機器の必要性がさらに一段上がります。反転授業、アラカルト、通信制教育でオンラインのコース課題を修了するには、学校ではブレンディッド・ラーニングの時間中はずっと、家庭でもネット接続機器へのアクセスが不可欠です（選択肢C）。アラカルト・モデルで、ブレンディッド・ラーニングコースを学校のパソコンで済ませる学校もありますが、これで

は課外時間における学習進捗を妨げてしまいます。一般的に、反転授業、アラカルト、通信制教育に最も適しているのは、学校でも家庭でも全生徒がネット接続機器を持っている環境です。

## 7. 選択肢に優先順位をつけて判断する

ここまでの6つの質問に答え、選択肢の背景にある分析について検討すれば、ブレンディッド・ラーニングのモデルを選ぶ準備はできます。まず**表8-7**を使って、Q1～Q6の6つの質問に優先順位をつけてください。今の状況では、6つの質問のどれが最も重要ですか。どのような制約がありますか。あるカトリック系の学校では、ブレンディッド・ラーニングの導入試験の対象とした生徒全員に十分な機器がありませんでした。その場合には、Q6が最も重要になりました。ペンシルベニア州では、従来の授業の代わりにオンライン学習を導入することに、地元から強く反対された学校がいくつかありました。そこではQ1が最重要課題でした。ロードアイランド州の学校では、新しい校舎を建設中でしたので、Q5にとくに留意しました。

どの質問が最優先されるべきか、または逆に最大の障壁となっているか、判断できたら、Q1～6までの答えに基づいて、各モデルにつけた点数を合計します。この作業により、6つの角度から何通りのブレンディッド・ラーニングモデルが適しているのか見当がつきます。最適なモデルは、最優先の課題を充足し、ほとんどのニーズに対応する方法です。詳しくは241頁の**付録8-1**で、6つの質問について各モデルがどのように比較できるのか参照してください。

## 8. 複数モデルの導入へ

ブレンディッド・ラーニングのモデル選びを複雑にするねじれもありますが、それは同時に創造力を発揮するチャンスでもあります。多くの学校で、与えられた環境とニーズに合わせて、モデル選定のプロセスで二つ以上のモデルを選んでいます。たとえば、カリフォルニア州のダヴィンチ高校（Da Vinci Schools）では、反転授業とラボ・ローテーションを組み合わせています。教師は、生徒に新しい単元をオンラインで自宅学習させて、翌日学校では生徒は

表8-7 自分の状況に応じたモデルを選ぶ

| 各質問についてのあなたのニーズに応じてポイントを与える | 持続的モデル | | | 破壊的モデル | | | |
|---|---|---|---|---|---|---|---|
| 質問 | ステーション・ローテーション | ラボ・ローテーション | 反転授業 | 個別ローテーション | フレックス | アラカルト | 通信制教育 |
| 解決しようとしている課題は何か？ | | | | | | | |
| 課題を解決するにはどのようなタイプのチームが必要か？ | | | | | | | |
| 生徒に自己管理してほしいものは何か？ | | | | | | | |
| 教師の主な役割は何か？ | | | | | | | |
| どのようなスペース、建物が利用可能か？ | | | | | | | |
| インターネット接続可能な機器は何台あるか？ | | | | | | | |
| 合計ポイント | | | | | | | |

少人数指導、グループ協働作業、助言、インターン、実験、そしてオンライン学習をローテーションします。

　デトロイトのSFF高校（School for the Future）では、初年度の生徒は個別ローテーションで個別の時間割を組んで、学校の授業と自学自習、インターン、地域社会活動をローテーション移動します。そして高学年に上がると、学習の方法や場所、内容について、さらに大きな裁量と選択権が与えられるのです。こうした「無制限キャンパス」では、高校生向けアラカルト・コースから大学生向け授業まで提供されます。

　ケンタッキー州のダンヴィル独立高校（Danville Independent Schools）では、達成度基準の必修科目ではラボ・ローテーションを利用しています。標準テスト、技術課題、または教師推薦によりコースの修了を証明します。州の標準の大学進学基準をクリアした後は、生徒は自分で選択した専攻分野に沿った個別カリキュラムを組んで、アラカルトでコースを選定することができます。

　おそらく「学校」や「教室」といった言葉はもう時代遅れかもしれません。学習者のニーズに沿った選択肢を提供する学校という発想に近づくように、学習スタジオ、学習プラザ、家庭ベースといった言葉が使われ始めています。ニーズに完全に応えるためには、正しいモデルの選択と構築を続けなければなりません。

## 8章のまとめ

- ブレンディッド・ラーニングのプログラムはまったくの白紙から設計するのではなく、すでに確立された7つのモデル（ステーション・ローテーション、ラボ・ローテーション、反転授業、個別ローテーション、フレックス、アラカルト、通信制教育）のなかから一つ選んで、それを独自仕様に修正してください。

- 最初に問うべき質問は、「解決しようとしている課題は何か？」です。一般生徒に関する中核的な課題には持続的なモデルが最適です。非消費領域の問題は、破壊的モデルに豊富な機会をもたらします。

- 2つ目の質問は、「課題を解決するにはどのようなタイプのチームが必要か？」です。破壊的モデルが成功する可能性がもっとも高いのは独立チームで対処する場合ですが、3つの持続的モデルはそれよりも柔軟な対応が可能です。

- 3つ目の質問は、「生徒に自己管理してほしいものは何か？」です。持続的な3つのモデルでは、オンライン学習時間中は生徒が自分で学習の速さと方法を管理します。破壊的な4つのモデルは、生徒により大きな自主裁量を与えます。

- 4つ目の質問は、「教師の主な役割は何か？」です。対面授業で講義をすることよりも、ガイド役またはオンラインの担任として教師を配置するモデルもあります。

- 5つ目の質問は、「どのような建物、スペースが利用可能か？」です。ステーション・ローテーションと反転授業以外のモデルは、伝統的な教室とは異なる空間のほうが有効です。

- 6つ目の質問は、「インターネットに接続可能な機器は何台あるか？」です。ステーション・ローテーションとラボ・ローテーションは、一部の生徒しかパソコンを使えない環境で力を発揮します。

- ブレンディッド・ラーニングのチームは、6つの質問との合致数や優先順位を考慮のうえ、どのモデルがニーズに最も合っているか分析して、モデルを選択します。

- 進歩的な学校は、この質問作業を繰り返すことで、生徒に対して新しいモデルや選択肢を開発し続けます。

## ☞演習問題

☐　どのような課題を解決しようとしているか。

- ☐ その課題の解決にはどのタイプのチームが必要か。
- ☐ 生徒たちに自己管理を期待することは何か。
- ☐ 教師の主要な役割はどうあるべきか。
- ☐ どんな空間スペースを使うか。
- ☐ ネット接続可能なデバイスは何台あるか。
- ☐ 自分の置かれた環境において、上記6つのうち最も重要な質問はどれか。
- ☐ これらの質問に対する回答について、自身が答えるまたは変更する権限のないものはどれか。

〈注釈〉

① Nick DiNardo, "A Cross-Country Roadtrip to Design a School," EdSurge, January 14, 2014, https://www.edsurge.com/n/2014-01-14-a-crosscountry-roadtrip-to-design-a-school (アクセス確認日：2014年1月17日).
② 実際に運用中のモデルについて学ぶには、クリステンセン研究所のBLUサイト (http://www.blendedlearning.org/) で概要や事例を参照することをお薦めする。
③ 破壊的イノベーションは、既存の解決策では大げさすぎて、利用者が過剰に感じる場合に有効であることに留意したい。また、このことを取り扱いのむずかしい現実と捉えている人がいることにも注意が必要。なぜなら、専門家はたいてい最も取り扱いのむずかしい課題に集中しているからである。このことは、学校では最も大きなニーズと最も複雑な問題を抱える生徒に対処することを意味するが、成功する破壊的イノベーションは、まず比較的易しい課題から取り組み始めることが多い。
④ トランジスタの話は、次の著作より抜粋。Christensen and Raynor, *The Innovator's Solution* (第3章の注釈⑮), pp. 103-107.
⑤ Diane Tavenner, "Embarking on Year Two: Moving Beyond Blended Learning," Blend My Learning, November 27, 2012, http://www.blendmylearning.

**付録8-1　自校の状況に最も適しているブレンディッド・ラーニングモデルは何か**

| 質問 | ステーション・ローテーション | ラボ・ローテーション | 反転授業 | 個別ローテーション | フレックス | アラカルト | 通信制教育 |
|---|---|---|---|---|---|---|---|
| ①解決しようとしている課題は何か？ | 一般生徒の中核的課題 | | | 非消費領域の課題 | | | |
| ②どんなタイプのチームが必要か？ | 機能チーム 軽量チーム 重量チーム | 軽量チーム 重量チーム | 機能チーム 軽量チーム | 独立チーム | | | |
| ③生徒に自己管理してほしいものは何か？ | オンライン学習時間における学習のペースと方法 | | | ほぼ全時間における学習のペースと方法 | | ほぼ全時間における学習のペースと方法および対面授業への出席の要否 | |
| ④教師の主な役割は何か？ | 対面での指導 | | 対面でのガイダンスおよびオンライン学習の補足 | | オンライン学習の担任 | 対面でのガイダンスおよびオンライン学習の補足 | |
| ⑤どのようなスペース、建物が利用可能か？ | 従来の教室 | 従来の教室およびコンピュータ室 | 従来の教室 | 広くオープンな学習スペース | 安全で管理された環境 | 広くオープンな学習スペース | |
| ⑥インターネットに接続可能な機器は何台あるか？ | 一度に使えるのは一部の生徒のみ | | 学習時間中に限らず常に全生徒が利用可能 | 学習時間中は全生徒が利用可能 | 学習時間中に限らず常に全生徒が利用可能 | | |

第8章　ブレンディッド・ラーニングのモデル選定

com/2012/11/27/embarking-on-year-two-moving-beyond-blended-learning/（アクセス確認日：2014年1月18日）.

⑥ Staker, "The Rise of K-12 Blended Learning"（序章の注釈㉞）.

⑦ Bernatek, Cohen, Hanlon, and Wilka, "Blended Learning in Practice"（序章の注釈㊴）, p. 18.

⑧生徒たちは2～3ヵ所をローテーションするケースが多いが、そのうち1ヵ所のみがオンライン学習の場である。したがって、ローテーションで学習している間は、コンピュータを必要とする生徒の数は、全体の2分の1ないし3分の1にすぎない。Bernatek et al., "Blended Learning in Practice."

⑨前掲書

⑩こうした質問は、ブレンディッド・ラーニングのモデルを構築するに当たり、予算を検討する際に役に立つ。ブレンディッド・ラーニングを支える予算と財務の問題については、本書では深く掘り下げないことにした。

⑪教育者には「ブレンディッド・ラーニング導入ガイド」（第1章の注釈⑩）を参照することを強くお薦めする。6つの質問と付録8-1は、こうした質問を通じて検討を進めるレベルの高い方法を示している。ガイドでは、本書で触れていない運営上の問題についてもいくつか詳しく解説している。

⑫ "Da Vinci Schools: Da Vinci Communications," Next Generation Learning Challenges, http://net.educause.edu/ir/library/pdf/NG1205.pdf

⑬ "Schools for the Future: SFF Detroit," Next Generation Learning Challenges, http://net.educause.edu/ir/library/pdf/NG1215.pdf

⑭ "Danville Independent Schools: Bate Middle School and Danville High School," Next Generation Learning Challenges, http://net.educause.edu/ir/library/pdf/NGP1301.pdf

⑮ Pearlman, "Designing New Learning Environments to Support 21st Century Skills"（第7章の注釈㉝）, p. 126.

# 第IV部 実装

理解 〉 発動 〉 設計 〉 **実装**

第9章　学校文化の重要性

第10章　成功への途

第11章　結論

# 第9章

## 学校文化の重要性

　図面上ではすばらしい学校なのに、実際に訪れてみるとハズレだったという経験をしたことはありませんか。生徒たちはやるべきことをしていない、教師は疲れ切っている、校舎は汚れている、といった具合です。結局、革新的な教育をつくろうと議論を重ね設計をしても、計画の実行が最も重要なのです。校風が乱れて不安定であると、計画は失敗に終わることもあります。

　学校文化または校風といった抽象的なトピックのために、ブレンディッド・ラーニングのガイドブックの一章を割くことに、多くの人が驚くことと思います。校風は、婉曲に表現されがちなものの一つで、まさに空気のようなものだといえます。「感じとるもの」などと言えるかもしれません。

　しかしながら、校風はブレンディッド・ラーニングの成功を左右する重要な要素です。ブレンディッド・ラーニングを実践する学校で働く友人が、かつて言いました。「ブレンディッド・ラーニングはすばらしい校風をより優れたものにすることもあるし、逆に乱れた校風をさらに悪化させることもある」と。ブレンディッド・ラーニングでは、学習者に多くの裁量と柔軟性を与えるため、校風は毒にも薬にもなるのです。生徒たちに自由を取り扱う手順と規範が欠けていれば、個別化された環境は逆効果になりかねません。ブレンディッド・ラーニングの設計において校風について考えないことは、最も重要な要素について検討しないも同然なのです。実際、学校の最も重要な要素の一つを見過ごすことになるのです。

　ということは、ブレンディッド・ラーニングのモデルに関して、生徒や教師の体験からリアルとバーチャルな環境に至るまで細部にわたり設計を終えても、まだ作業は完了していないということです。実際、そうした努力だけでは明ら

かに不十分で、ブレンディッド・ラーニングのチームメンバー全員で強固な規範をつくりあげ、設計を強化してうまく機能するよう注力することが必要です。機能チームであろうと軽量チームであろうと、あるいは重量チーム、独立チームであろうと、適切な校風づくりに全精力を注ぐべきです。

校風がそれほど重要でありながら概念としてつかみどころがないのであれば、成功率を上げるには校風をどのように管理し形成すればよいのでしょうか。この点を理解するには、校風とは何かを知ることが必要です。そして校風がブレンディッド・ラーニングの実践にそれほど重要なのであれば、どのように「よい」校風をつくりあげるのか、考えましょう。

## 1. 文化とは何か？

マサチューセッツ工科大学のエドガー・シャイン名誉教授は、組織文化の第一人者です。彼は、組織文化について、こう定義しています。「組織文化とは、人々があえて他の方法を考えるまでもなく、ごく日常的かつ自然に追求される共通目標に向かってともに働く方法である。組織文化が醸成されると、人々は成功に必要なことを自発的にやるようになる」。

共通目標に向かって協働する本能は、一夜にして形成されるものではありません。人々が課題を解決し仕事を遂行するために協働しながら、時間をかけて徐々に形づくるものです。どのような組織でも、いつかは問題が発生します。学校での課題は、次のようなものがあります。

・職員室が雑然としている。掃除をするのは誰の責任？
・保護者のクレームにどう対処する？
・ジョンは今年すでに10日も欠席している。どうすべきか？
・食堂の騒音を抑えるにはどうするか？

何か問題や課題が発生するたびに、責任者は何をどのようにするか決定します。解決策が何とかうまくいけば、次に同じような問題が発生しても同じように対処するでしょう。生徒が反抗したり、教師が反対したり、校長に叱責されたりと、ことがうまく運ばなければ、責任者は違う方法を試みるでしょう。こ

のように試行錯誤を繰り返しながら、責任者は組織にとって何が重要か（優先事項）、どのように処理するか（手順）について学習を重ねます。どんな行動が組織から評価され、何が処罰されるのか、学ぶのです。

　最終的にシステムは内製化され、手順や優先事項は条件反射のようになります。ルーティン化して円滑に進む限り、変更する理由はありません。こうして文化が醸成され始めるのです。

　学校にも多くの手順や優先事項があり、時間の経過とともに共通の文化になります。高校の管理職が時間割を作成する手順がうまくいけば、次に時間割を作成する際には同じ手順を繰り返すでしょう。何年か経つと、それが時間割作成の文化となり、ほとんど何も考える必要がなくなります。授業の初めに討論を入れると生徒の興味を引くと分かれば、教師は同じテクニックを繰り返し使うでしょう。それが段々とクラスの文化になっていくのです。生徒も、廊下を静かに歩けば褒められ、走れば叱られることが続けば、徐々にそれが基準となり、廊下を進む速度を自制したほうが楽であることを学ぶのです。

　文化の力とは、組織の一員として成功に向けて協働する方法について共通理解に達することです。究極的には、メンバー同士で何をすべきか立ち止まって確認しあう必要がなくなる状態です。今の方法でうまくいくのであれば、ただ単にそれを踏襲すべきと考えます。言い換えれば、その方法が組織の優先事項と価値観を満足させるのです。その結果、人々は成功するために必要なことを自然とするようになり、その組織は自己管理できるようになるのです。

## 2．子どもたちに対する文化の力

　多くの子どもを抱える組織では、共通の目標に向かって子どもたち自身が自主的に貢献するようになると、それが大きな利点となります。エアー一家の経験は、子どものいる組織が持つ強い文化の力を示しています。

　リチャード・エアーとリンダ・エアー夫妻には9人の子どもがいて、二人は家族経営のコツについて講演したり本を書くことで生計を立てています。オプラやプライム・タイム・ライブなど数々の有名なテレビ番組にも出演しています。子どもに責任感を教える本のなかで、リンダがまだ3人の子どもの若い母親だった頃に直面した問題が書かれています。彼女は、子どもたちがベッドメ

イクをしたがらないことをとても腹立たしく思っていました。彼女にとって家をきれいに保つことは優先事項であり、どうしたら子どもたちにそれをわからせられるか思案していました。最初は、整えられていないベッドを見るたびにガミガミと小言を言いましたが、それではリンダと子どもたち双方がイライラするだけだとすぐに気づきました。次に、リンダはぐちゃぐちゃのベッドを見て見ぬふりして、子どもたちが自発的に直すことを期待しましたが、これもやはりいつまでたってもうまくいきませんでした。ただ黙って耐えたり、怒ってみせもしましたが、いずれも失敗しました。

　最後に、リンダはうまくいく方法を見つけました。まず、子どもたちにベッドメイクの方法を教えました。毎朝、リンダは子どもたち一人ひとりの手をとって「さあ、ベッドメイクしましょう」と声を掛けました。そうしてベッドメイクのやり方を教えると、夫妻は子どもたちを呼んで、よりよい暮らしのためには小さなことでも一緒に取り組むことがいかに大切かを諭したのです。そして、子どもたちにベッドメイクや部屋の掃除、歯磨きについてそれぞれの目標を設定するように促したのです。14歳の息子は、毎朝ベッドメイクすることを目標にしました。リンダが彼の部屋をのぞくと、驚いたことに1週間のうち4日はすでにベッドメイクが完了しており、残り3日も彼の目標を少し話すだけですぐに取りかかりました。

　試行錯誤と多くの思考を経て、リンダは家族に合った手順を見つけ出したのです。まず、子どもたちにやり方を教えて、次に自分たち自身で目標を定めさせる。一家は、ベッドメイクだけでなく朝食の用意、皿洗い、その他の家事についても、この手順を何度も繰り返したのです。時が経つにつれて、家事を分担して取り組むことがルーティンワーク化して、家族の強い文化になったのです。[8]

## 3. 学校における文化の力

　企業や家族と同様に、学校においても円滑に使命を果たすには文化が非常に重要です。ある友人が、90年代半ばにサンフランシスコで開校し、文化を変える必要のあった学校について語ってくれました。その学校も、他の多くの学校と同じ問題に直面していました。長い一日が終わった後に、教師が最も避け

たいのは打ち合わせです。皆疲れ果てているし、翌日の授業の準備もあります。早く家に帰りたい。打ち合わせは無駄としか思えませんでした。

しかし、学校全体の行事について話し合ったり、教師間で授業計画の調整をするのに、打ち合わせは重要です。打ち合わせを実のあるものにして、教師たちの積極的な参加を促すことが課題でした。

この課題を解決するために、学校では新たな方法を試すことにしました。グローバルリーダーシップ開発会社が作成した、打ち合わせの進め方を改善する方法です。そこでは打ち合わせをより効率的にするさまざまな仕組みが講じられていましたが、教師たちの気持ちを高めて打ち合わせが円滑に滑り出すようにする技法がとくに重要でした。それは、打ち合わせの冒頭に、教師が「祝福」または「絆」を共有することです。「祝福」は、友人が言うには、誰かにお祝いされたり感謝される、または同僚とつながっていると感じると、教師たちは（または誰でも）より生産的な打ち合わせができる、という調査に基づいています。祝福は、打ち合わせの様子や雰囲気を変え、時間の無駄使いから何か有益なものと感じられるようにしたのです。祝福は同僚からでも、生徒からでも、家族からでも何でもよいのです。異を唱える人は誰もいません。通常、3〜5分を祝福の時間に充てます。この方法は本当にうまくいき、打ち合わせの方法が変わりました。「絆」は、テロや自殺など何かよくないことが起きたとき、祝福がふさわしくない場合に使われます。そうしたときには「何とつながっていると感じますか」と問いかけます。

このやり方が非常にうまくいったので、学校では文化として定着するまで何度も繰り返し打ち合わせで使いました。友人は結局その学校を辞めて、別の学校を始めましたが、12年後に元の学校へ戻ってみて驚いたそうです。学校の教職員たちは依然としてすべての打ち合わせで祝福を実践していました。そのわけを尋ねても、誰も理由を知らなかったそうです。ただ単純に、それが彼らのやり方になっていたのです。文化は彼が辞めた後もずっと残っていたのです。このことは、文化というものが力強いだけでなく、持続的であることも示唆しています。文化は長く続くものであるからこそ、管理には十分な注意が必要です。

## 4. 文化を醸成する方法

　前述のエアー一家の例も祝福の伝統の話も、いずれも組織のトップが文化を創成できることを立証しています。学校について言えば、校風が根付いていても、うまく機能していないケースもあります。生徒は規律を守らず、教師は業務に忙殺されています。校風について蔑ろです。この時点で、多くのトップが条件反射的にとる行動は、校風そのものを非難し、校風の変革を求めることです。しかし、ただ校風について語るだけでは効果はありません。とくに近年、都市部の教育長に多く見られるのが、「変革か廃止か」と危機感を煽って担当学区の文化を変えようとするショック療法です。しかし、強い抵抗にあって何も変わらないこともあります。それでも指導者は、危機が自然と過ぎ去るのを指をくわえて待ってはいません。秩序ある変革プロセスを通じて文化を変えることは可能です。

　教育者は、ルールに従って意図的に校風を創造することができます。まず最初にやることは、何度も繰り返し起きる課題や作業を特定することです。そして、課題に対する従来の学校側の対応をいったん棚上げして、もっとうまくいきそうな新しい方策を試みることです。

　次に、組織のなかからグループを一つ選んで、課題の解決策を見出すよう指示します。最初は失敗してもかまいません。違う方法で再度挑戦するよう依頼します。解決することができても、グループを解散してはいけません。同じチームでその問題が発生するたびに何度も繰り返し解決するよう依頼します。同じ方法で問題をうまく解決すればするほど、それが習慣になっていきます。校風は反復することで形成されるのです。ところが問題が発生するたびに解決策が決まると、そこで議論を終了してチーム解散となってしまうことがよくあります。解決策がうまくいかなければ、指導者はチームを代えるか叱責します。いずれの場合も、しっかりとした校風の形成にはつながりません。

　ひとたび一つの校風が機能することが明らかになったら、それを文書に書きとめてできるだけ頻繁に確認し合うことです。学校の指導者の多くが、浸透させたい校風を文書化することに価値を見出しています。アクトン・アカデミーは、校風の主なポイントを定義して浸透させる重要性を強く信じています。誰

にでも合う方法ではありませんが、同校ではよく機能しています。たとえば、

- 皆が学習者であると同時にガイドにもなれる。他人に教えることを、ボランティア制度として学校内で浸透させる。そうすれば教える側の能力と教えられる側のニーズがマッチする。
- 仕事の質は、世界水準と比較してクラスメイトに判断される、または見学者によって評価される。ベストの仕事はデジタルでも紙でも記録され、就活の際に使われる。
- ガイドは、価値あるパートナーのように生徒および保護者に奉仕する。匿名の満足度調査が毎週生徒と保護者に送付され、結果は公表される。

　しかし、校風について文書にして語り合うだけでは不十分です。指導者は校風に合った決定を下す必要があります。もしも家族のなかで親が「これがウチのやり方だ」と宣言しながら、飴と鞭の使い分けや規範の示し方に一貫性がなかったり、自分自身では守らなかったらどうでしょうか。コミュニケーションは大事ですが、それ以上に大切なことは、言ったことを守り通すことなのです。

　組織の文化が健全かどうかは、次の質問をするとわかります。「何か選択を迫られた場合、組織のメンバーはそこの文化に『見合う』ような決定を下すか。また、その結果は首尾一貫しているか」。

　悪い文化を変革するルールと、ゼロから新しい文化を創造するルールは、全く同じです。新しい組織で解決すべき課題を発見・特定して、解決するのです。解決策がうまくいけば、その手順と優先順位を組織文化が条件反射的にできるようになるまで何度も繰り返します。

　以下は、文化を変革または創造する際の重要なポイントをまとめたものです。

〈文化を醸成する方法〉

- 何度も繰り返し発生する課題や作業を特定する
- 問題解決のチームを結成する
- 失敗しても違うやり方で再度試す
- うまくいけば同じグループで同じ方法を繰り返す
- 文化を明文化して浸透させる

・文化と首尾一貫した生き方をする

## 5. ブレンディッド・ラーニング実践校における校風の力

　校風を醸成することはどの学校でも大切ですが、ブレンディッド・ラーニングの実践校ではとくに重要です。USCハイブリッド高校のCEO、オリバー・シカットは、就任6ヵ月後に次のように述べています（ビデオ19）。

> 　初期のチャーター・スクールで私たちが学んだことをただ一つあげるとすれば、校風は重要だということです。私が言う校風とは、皆がただ従順に同じ方を向いて進んでいく、という意味ではありません。私の意図するところは、生徒が責任をもって行動することを期待し、優れた行動は褒め、容認できない行為には言い訳を許さず罰を与えるということです。これは、オープンな学習環境ではよりいっそう重要です。自分たちが望むとおりの文化を計画し、模範を示し、訓練し、そして生徒と教職員に責任を持たせる。こうしたことを優先的に実行して、教訓を得る必要がありました。

 ビデオ19: USCハイブリッド高校（フレックス・モデル）

www.wiley.com/go/blended19

　この言葉がおおむね本章のまとめになっています。以下は3つの具体的な事例です。

### アナコスティア高校（Anacostia High School）

　生徒数697名、ワシントンDCの第1級学校で、長い間学区のなかで最も学力レベルの低い学校の一つでした。アメリカ企業研究所（American Enterprise Institute）のレポートで、同校がブレンディッド・ラーニングへ転換する事例が紹介されました。生徒たちがパソコンでオンラインのマルチメディア教材ポータルサイトへアクセスして、瞬時に評価のフィードバックを受け取る様子が報告されています。教師が一人ひとりの進捗状況を捕捉できるように、生徒たちが独自のパスワードでログインする様子も報告されています。

　しかし、クラスのなかには独自のIDではなくデフォルトのままログインしている生徒も見られました。パスワードを正確に記入するのに5分もかかっている生徒さえいました。教師のなかにも、オンラインの成績評価機能を使わずに、紙のシートに記入している例も見られました。また、わからない単語を調べるのに、辞書ソフトやグーグル検索を使わずに、本棚まで歩いていって辞書をひっくり返している生徒もいました。⑬

　これは、指導者が文化の醸成に積極的に関与せず放置しておく、典型的な事例です。同校では、(1)生徒と教職員がブレンディッド・ラーニングにおいて直面する一連の課題と作業を特定する、(2)課題や作業を解決し実行するチームを結成する、(3)文化を醸成し強化するために、同様の方法で同じ課題を何度も繰り返し解決するようチームに依頼する、といったことを意識して実行しなかったのです。その結果、生徒たちは授業の初めにポータルサイトにログインするのに5分かかっても、独自のIDを使わなくても、または単語を調べるのにオンライン辞書を使わずのんびりと紙の辞書を調べても、問題ないと考えたのです。最初に誰も正しい手順をつくらなかったので、結果的に無秩序な文化が育ってしまったのです。

### ギルロイ高校（Gilroy Prep School）

　アナコスティア高校と、ラボ・ローテーションを採用しているカリフォルニア州ギルロイのギルロイ高校を比較してみましょう（**ビデオ20**）。同校では、教室に入ると12秒以内に着席し、黒板に書かれている「今やること」に取りかからなければなりません。コンピュータ室では、教室に入って15秒以内に

ヘッドホンをつけ、ソフトにログインしなければなりません。その結果、生徒たちは学習時間中には休みがないことを理解しています。その代わり、1日5〜6回ローテーションしますが、その移動時間が小休止であり、次の作業への準備時間でもあるのです。同校の校風は、どの学校にも当てはまるわけではないかもしれませんが、こうした校風に託された意図は全校に浸透しています。実際、同校初年度の2011–12年には、カリフォルニア州の統一テストで同校はトップの成績を収めました（978点）。

 ビデオ20: ギルロイ高校（ラボ・ローテーション）

www.wiley.com/go/blended20

### カルペ・ディエム校

第1章でご紹介したブレンディッド・ラーニング実践校のカルペ・ディエム校にとって、校風は成功の鍵です。創立者のリック・オグストンは、繰り返し発生する課題とその解決策について、非常に長い時間をかけて教職員や生徒たちと話し合い、学習最優先で生徒のニーズを尊重する優れた手順（またはルーティン）を確立しました。同校のローテーションでは、生徒たちは35分ごとに次の学習グループへと移動します。次の学習活動へ移動したら1分たりとも貴重な学習時間を無駄にしないように、生徒たちをより効率的に移動させ、勉強以外の活動から学習モードに転換させることは、きわめて重要です。オグストンは、生徒たちが次から次へと学習グループを移動するすばらしい手順を開発しました。年度初めの40度近い暑さのなかでも、生徒たちに毎朝どのように登校するのか教え、何度も繰り返して行進の練習をさせていたという思い出を、ある学校関係者が話してくれました。その校風は、彼にとって「宗教」に

第9章　学校文化の重要性 | 253

近いものなのです。手順を正すことは最優先なのです。生徒たちが異なる状況でも行儀よく行動し、状況によってルーティンを使い分けるようにするには、指示が細かすぎるということはないのです。

　こうした努力は、教職員にも及びます。私たちがカルペ・ディエム校を訪問した際、何人かの生徒が机に突っ伏して居眠りをしているように見えました。それを見て教師は何もしないのか、オグストンに尋ねると、逆にいくつか質問されました。あなたは、仕事中一休みして居眠りしたことはないですか。上司がやってきて叱責されたとしたら、それはあなたの仕事の生産性を上げることにつながりますか。仕事と同様、生徒たちにも休息が必要なことがあり、それはそれでよいのだと言います。教師に伝えていることは、休憩時間が長くなりすぎているときには、生徒に近づいていって大丈夫かと確認することだけだそうです。生徒の反応次第では、何も問題がなければもう少し休憩してから勉強に戻りなさいと言うことさえあるそうです。実際、机に突っ伏していた生徒は1、2分後には起き上がって勉強を再開していました。

　さらにオグストン校長は、生徒たちに責任を自覚させて、ブレンディッド・ラーニングで直面する課題に対して容認される対処法とされないものを理解させていました。生徒たちが成功の文化を自ら育むというプロセスそのものが、カルペ・ディエム校が生徒を尊重し、生徒の成功を願っている場所であることを示しています。

　ブレンディッド・ラーニングを導入して最も大きく変化することの一つは、同じ部屋にいる生徒たちが異なる作業にさまざまなやり方で取り組むようになることです。こうした環境のため、校風が柔軟に応じる必要があるのです。ブレンディッド・ラーニングという新しい環境にいる教師がやるべきことは、生徒が学習に対して高い期待を持って主体的に取り組むよう校風を育むことです。これが文化として定着すれば、生徒たちが個別学習時間におしゃべりしていても、必ずしも注意する必要はなくなります。無秩序に見えるかもしれませんが、明確な手順と期待をもって最初に強固な文化をつくりあげておけば、実際に無茶なことに対して正しく対処する校風が定着します。鍵は、学校が常に静かまたは賑やかであるべきだということではなく、生徒たちが勉強に集中して静かにするべきときには静かに過ごし、おしゃべりと協働活動が必要なときには、それが整然と楽しくできるかということなのです。

## 6. 手遅れということはありません

　ここまで読んで、もうお手上げだ、手遅れだと、絶望している人がいるかもしれません。自分の学校では文化、よくない校風が定着してしまっていると。
　安心していただきたいのは、文化の再形成は、ひどい機能障害を抱えた混乱への対処に頭を悩ませることから始まるのではない、ということです。これまで書いたように、文化を形成することは一つの作業から始まります。たとえば、生徒たちは校舎へどのように入ればよいのでしょうか。生徒を2、3人指名して（グループでもよい）、よい方法を見つけさせます。それを何度も繰り返して、生徒たちのルールにします。そして次の作業へ移ります。
　私たちが訪問したあるカリフォルニアの学校では、文化の重要性は認識されていましたが、当初は失敗していました。同校ではフレックス・モデルを導入し、カルペ・ディエム校と似たような設計を取り入れました。しかし導入後1年経っても、生徒たちが使いこなせていないことは明らかでした。何が悪かったのでしょうか。十分な準備期間を経ずに急いで夏に開校したので、広い学習スペースのなかで教職員が問題を抱える生徒に対処する手順を確立する時間がとれなかったのです。その結果、教職員と生徒たちはそれぞれ勝手に独自のルールをつくりあげてしまいました。生徒による達成を基準とした優先順位について明確な組織的合意がなかったので、教職員、生徒ともに場当たり的な解決策でその場をしのいでいたので、必ずしも教育的な効果を生んでいませんでした。そして多くの場合、ブレンディッド・ラーニングにはふさわしくない従来の手慣れたやり方に戻っていました。最初に意識的によい文化を形成することを怠ったため、元に戻ってしまった生徒に合わせて丸一年遅れで進まざるを得なかったのです。
　その翌年、乱れた校風を転換する努力は並大抵のものではありませんでしたが、克服できないものでもありませんでした。校長は特命チームを指名して毎日の交流、活動、課題を洗い出させました。学校が期待する行動規範は何か、それを記録するシステム、生徒たちの訓練、優れた行動に対する褒賞と悪い行為に対する処罰、どのように教職員を学校が求める行動規範と優先事項に巻き込むか。遅刻したらどうするか、トイレへ行きたいとき、パソコンに問題が発

生したとき、ブロックされているサイトにアクセスが必要なとき、質問があるときなど、生徒たちが日常的に直面するあらゆる課題を見直したのです。

同校が定めた手順は、分かりやすいものばかりではありません。ある課題を解決するには、教師が部屋を横切って邪魔にならないようハンドサインを決めました。学習課題について質問がある生徒には、教師に質問する前にネットで調べるか、クラスメイトに聞くよう指導してあります。教師には、実際に質問を受けた際には、生徒が自分でさらに考えて調べるように導く質問を返すよう指示してあります。すぐに「正解」を教えるのではなく、生徒が自分で苦労して真に理解するためです。校風の醸成に注力したことの成果が表れつつあり、成績が格段に向上しました。しかし、初年度の遅れを完全に解消するには、まだ時間がかかりそうです。

この学校の経験から学べる教訓は、校風が良くも悪くも強い力になることです。生徒たちが成功に向けて必要なことを自発的に行うブレンディド・ラーニングのプログラムでは、校風を醸成することは、指導者が取り組むことができる最も重要なことなのです。

## 9 章のまとめ

- ブレンディド・ラーニングが成功するには、適正な学校文化（校風）を醸成することが不可欠です。

- エドガー・シャインの定義によれば、文化とは「きわめて頻繁に取り組んでうまく達成できたため、他の方法をあえて考える必要もないくらいとなった共通の目標に向かって協働する方法」です。

- 文化は組織の作業手順、または協働する方法と優先事項、または共通の決定基準に内包されています。

- 文化を醸成するには、解決すべき課題を特定して、担当チームに一つひとつ対処させます。課題が解決できなければ、再度実行させてください。ひとたび課題解決に成功したら、それが文化として定着するまで同じ手

順で繰り返し対処させます。文化は明文化して強固なものにし、その精神と一貫する方法で毎日を過ごしてください。

- ブレンディッド・ラーニングには、繰り返し起きる活動や課題が無数にあります。課題の解決や優先事項の実現のためにどのような手順を取るのか意識することは、生徒の成功を導く校風を醸成するには不可欠です。

- 文化をつくり直すことは、巨大な制御不能の混乱状態全体をどう変えようかと心配することから始めるのではありません。一度に一つの課題に取り組むことから始めてください。よりよい手順と優先事項をつくり出すことに、遅すぎるということは決してありません。

## 演習問題

☐ 自身の組織において、健全な文化として根付いているプロセスまたはルーティンを一つあげる。その文化についてよい点は何か。

☐ 自身の組織において、悪しき慣習となっているプロセスまたはルーティンを一つあげる。それに代えてどんなプロセスを試すとうまく機能しそうか。

☐ 自身のブレンディッド・ラーニングモデルを成功に導くために、試したい新しいプロセスは何か。

〈注釈〉
①私たちは次の3人に感謝する。公立学校にブレンディッド・ラーニングの導入を支援するエジュケーション・エレメンツ（Education Elements）の創業者、アンソニー・キムは、長年にわたり校風の重要性を明確に指摘してきた。全米でブレンディッド・ラーニング導入校を展開するフレックス・パブリック・スクールの創立者、マーク・クシュナーは、校

風が与える影響と正しい校風を育むことの重要性についてより深く理解させてくれた。また、元教育庁長官のロッド・ペイジは、ヒューストン・クロニクル紙の論説で、「エドテックシステム導入の成否を分ける要素は、すべての成功している学校が共有する秘伝のタレ、すなわち校風と価値観である」と書いた。以下参照。Rod Paige, "Paige: Digital Classrooms Are Reshaping Education," *Houston Chronicle*, February 8, 2014 (http://www.chron.com/opinion/outlook/article/Paige-Digital-classrooms-are-reshaping-education-5217202.php?cmpid=opedhphcat).

②シリコン・スクール・ファンドのCEOブライアン・グリーンバーグは、2013年6月に発信したファンドの投資先である学校の進捗状況について知らせるメールのなかで、この重要な点について触れた。

③本項は、次の記事より抜粋して簡潔化している。Clayton M. Christensen, "What Is an Organization's Culture?" Harvard Business School, August 2, 2006 (9-399-104). 本記事そのものは、次の著作の第1〜3章にて説明されている考え方を抜粋している。Edgar Schein, *Organizational Culture and Leadership* (San Francisco: Jossey-Bass Publishers, 1988). それに加えて、本項は次の記事より多くを抜粋している。Clayton M. Christensen, Karen Dillon, and James Allworth, *How Will You Measure Your Life?* (New York: HarperCollins, 2012), Ch. 9.

④シャインは、組織文化についてさらに固い定義も使っている。「特定の集団が外部適合と内部統合の問題に対処するにあたり学習する創造、発見、開発という基本的な推定パターンで、うまく働き、価値を認められ、その結果、新しいメンバーに思い、考え、感じる正しい方法だと伝達されること」。("What Is an Organization's Culture," p. 2).

⑤このことは重要な点を提起している。今日の学校の大多数の教室の構造からすると、学校の指導や運営の方針にもよるが、学校組織全体に強固で一貫した校風が浸透しているかもしれない。これは教職員一丸となって一連の課題に対して共通の学習経験を持つという意味である。その一方で、課題に対して学校全体として対処している、そのための校風だが、しかし問題によっては各教室の内部で処理されてしまうものもあるかもしれない。各教室がある程度独立した組織として運営されるため、それぞれ独自の文化があり、その結果、各教室の担当教師はそれぞれ独自の方法で課題を処理していく。

⑥多くの人が、社員はドレスではなくカジュアルな服装で、勤務時間も固定ではなくフレックスである会社の文化を、「フォーマル」に対して「インフォーマル」であるとレッテルを貼る。しかし、実際には社員の服装が必ずしも組織の文化を表しているわけではない。服装は文化の人工的な表現にすぎない。そうではなく、問題を解決したり判断を下す際に、自然にとっている手順や優先事項を観察する必要がある。カジュアルな服装をした集団が、実際には一緒に仕事をする方法が非常に硬直的で階層的であるかもしれない。それでも

「インフォーマルな」文化と言えるだろうか。言い換えれば、文化の表現と文化そのものを混同しないことが重要である。

⑦エアー一家の息女、チャリティ・エアーはクリステンセン研究所の社員であった。

⑧ Linda and Richard Eyre, *Teaching Children Responsibility* (Salt Lake City, UT: Deseret Book Company, 1982), pp. 57-59.

⑨ミッシェル・リーは、ワシントンDCの教育長として公立学校の文化を変えるためにショック療法を試みたので、彼女の在任期間は緊張と戦いの連続であった。学区全体の文化を変えることには成功したと言えるのかもしれないが、在任期間中に実現しようとした文化改革には多くの伝統的な公立学校が抵抗した。

⑩ Christensen, Dillon, and Allworth, *How Will You Measure Your Life?*

⑪ Jeff Sandefer, "Learner-Driven Communities: Preparing Young American Heroes for Lifelong Learning in the Twenty-First Century"（未刊）.

⑫ Oliver Sicat, "Initial Conclusions of Hybrid High's First Year," Blend My Learning, October 13, 2013 http://www.blendmylearning.com/2013/10/31/initial-conclusions-hybrid-high-first-yea/（アクセス確認日：2014年4月15日）.

⑬ Daniel K. Lautzenheiser and Taryn Hochleitner, "Blended Learning in DC Public Schools: How One District Is Reinventing Its Classrooms," American Enterprise Institute, January 30, 2014, http://www.aei.org/papers/education/k-12/blended-learning-in-dc-public-schools-how-one-district-is-reinventing-its-classrooms/

⑭ 2012.13 Accountability Progress Reporting (APR), http://api.cde.ca.gov/Acnt2013/2012BaseSch.aspx?allcds=43694840123760; Brian Greenberg, Rob Schwartz, and Michael Horn, "Blended Learning: Personalizing Education for Students," Coursera, Week 3, Video 6: Shifting Teacher Mindsets, https://class.coursera.org/blendedlearning-001. ギルロイ高校の2013年のカリフォルニア州学業成績インデックスの点数は、1000点満点で942点であった。これは同校が州内でトップレベルの学校であることを示している。http://schools.latimes.com/2013-api-scores/ranking/page/1/

# ■第10章

## 成功への途

　指導者たちは、往々にして子どもたちを巻き込んだ改革を不安視します。改革という言葉からは、実験的であることや不確実性が連想されます。破壊的イノベーションも持続的イノベーションも、子どもたちの幸せがかかっている学校で実現するにはリスクが大きすぎるのでしょうか。詩人のロバート・バーンズが記したように、「どんなに丁寧に練られた計画でも、うまくいかないこともある」①のです。教育者は、実際に大胆で新しい計画を生徒たちに実践してみても、成功率は非常に低いことを認識しています②。

　もちろん、失敗する可能性が低い計画もあり、その場合、指導者はすばやく行動して、学校全体に改革を広めていくことが可能です。しかし、成功するには以下３つの条件を満たすことが必要です。

①仮説が正しいという自信を強く持って、成功に必要なすべての重要な詳細を含んだ計画を立てること。実行責任者は、重要な詳細の一つひとつを理解していなければなりません。
②計画が、立案者にとって適正であるだけでなく、組織のメンバー全員がそれぞれの立場から見ても現実的であること。そうすれば、全員が足並みをそろえて的確に行動するでしょう。
③地域社会や生徒たちの反応、または他の学校、プログラム、テクノロジーの影響など、外部要因が計画の進行に沿って安定的に予測可能であること。

　上記３条件が満たされれば、計画を実際に試してみてください。しかしほとんどのケースは、とくにブレンディッド・ラーニングを初めて導入する場合は、

想定とは全く異なる手順で進むのです。

## 1．仮説指向計画法

　仮説に対する知識が浅く、よく分からないうえに、見通しの立たないことを始める場合は、教育者は計画と設計の順序を変える必要があります。計画から予測される結果が期待どおりになると思われれば実行する、という標準的な手順ではうまくいきません。なぜなら予測結果の前提となる仮説が明示的にも暗示的にも間違っていることが多いからです。これが、破壊的でも持続的でも、大胆な計画がたいてい開始早々うまくいかなくなる理由です。

　非常にうまく運営されている学校や本書で紹介したブレンディッド・ラーニングの成功例でさえ、当初の計画に大きな修正を加えながら進めていることがあります。成功の鍵の一つは、仮説を検証し、そして情報を収集しながら計画を繰り返し練り続ける能力です。

　たとえばサミット・パブリック・スクールは、リーンスタートアップと呼ばれる、成功するまで何度もすばやく繰り返す方法でブレンディッド・ラーニングを進化させました。最初は、ステーション・ローテーションでカーン・アカデミーを算数の教材として使っていました。1年後、その方法ではカリキュラムの個別化と生徒の自主裁量が十分ではないと判断し、翌年には2つの学校の算数でフレックス・モデルを試しました。年間を通じてデータを分析し、対象生徒からのフィードバックを参考にして、フレックス・モデルを続けました。こうした情報をもとに、同校は学習環境の物理的な構造や生徒指導の方法、知識習得とプロジェクト・ベース学習との統合方法に大きな修正を加えました。さらに1年後、それまでの学習体験に基づいて、サミットではすべての学校のすべての科目で全く異なるフレックス・モデルを導入しました。同校では、データと経験を蓄積しながらブレンディッド・ラーニングのモデルを進化させ続けています。

　ラボ・ローテーションで有名なロケットシップ・エジュケーションでは、一時期オンライン学習をコンピュータ室で自習させるのではなく、担任のいる教室で実施しました。その方が、対面指導とオンライン学習の連携を強化できるのか確かめるためです。ロサンゼルスのUSCハイブリッド高校も、1年でブ

レンディッド・ラーニングのモデルを大きく転換しました。カルペ・ディエム校も、教室の模様替えを実施し、ローテーションの時間割を常に修正しています。結局、何か新しいことを始める際には、何がうまくいって何がうまくいかないのかを事前に知ることはむずかしいのです。モデルの前提となる仮説を常に更新して、柔軟に対処することが成功の秘訣です。

　これは、学校で子どもたちを相手にするときだけにあてはまることではありません。調査によれば、成功している新興企業でも、9割は創業者が当初想定していた戦略とは異なる方法で成功を収めているのです。

　したがって、教育者が従来の方法とは異なる何か新しいことを始めるときには、普段とは違う方法で計画を立てる必要があります。子ども相手の教育改革のように、失敗に対する許容度が低く、注意深さが求められる場合はなおさらのことです。

　コロンビア大学ビジネススクールのリタ・ギュンター・マグレイス教授とペンシルベニア大学ウォートン・スクールのイアン・C・マクミラン教授によって提唱された「仮説指向計画法」と呼ばれるプロセスが、こうした状況のもとで計画を立てるには最も有効だと思われます。この方法は、スティーブ・ブランクが2003年に仮説指向計画法に一部基づいて理論化した「リーンスタートアップ」と呼ばれる新しい計画法に非常によく似ています。ほとんどの学校が、生徒を「ゼロから募集する」新設校ではなく、すでに学校に対して一定の期待を持っている生徒、保護者、教師がいるわけですから、改革に伴うリスクを抑える仮説指向計画法が、学校の指導者や教師たちがブレンディッド・ラーニングのモデルを設計するには最も適していると思います。

　仮説指向計画法における成功の鍵は、最初に自分が望む結果を頭に描くことです。そして次の重要なステップは、その結果を実現できる可能性が最も高い仮説をすべて列挙してみることです。仮説を列挙したら、できる限り早く低コストで試験的に計画を実行に移して、仮説が現実的かどうか確認します。仮説が正しければ、投資を実行します。仮説が間違い、または不確実な場合には、計画に修正を加えるか、または大きな投資を実行する前に検証を続けます。この手順は次に詳しく説明しますが、本書の構成と多くの点で同じです。**資料10-1**は仮説指向計画法の手順の要約です。

資料 10−1　仮説指向計画法の手順

1） 希望する結果を列挙する
2） 結果を実現するには、どの仮説が正しいことを証明するのか決める
3） 重要な仮説が現実的かテストするために、計画を実行する
4） 重要な仮説が正しいと証明されれば、戦略を実行に移す

この手順を使うのは、未知で予測不能なことを実施するときである

## 2. 最初にあるべき結果を想定する

　まず最初に、希望する結果または予測から始めましょう。改革を意義あるものにするには結果がどうあるべきかを誰もが分かっていれば、いろいろと試す意味はありません。ただ最初に、机上に計画案を示せば済みます。最終的に改革は何をすべきか。何を実現しようとしているのか。成否をどのように判断するのか。鍵は、SMART（P104参照）な目標を立て、結果が測定可能なことです。そうすれば、第3章で説明したように、目標を達成できたかどうか判断することができます。

　たとえば、サミット・パブリック・スクールの目標は、6年間の大学卒業率を55％から100％へと大きく改善することです。第3章でご紹介した、生徒の成績を下位25％から中位50〜60％へと引き上げたルイジアナのファーストライン校（FirstLine Public Schools）では、さらに成績を改善しようと試みています。第1章でご紹介したペンシルベニアのクエーカータウン学区では、ネットスクールへ転校していった生徒を取り戻そうと改革を実行しています。

## 3. 仮説をリストアップする

　次のステップでは、実際の作業を始めます。期待する目標と結果を定めたら、仮説のチェックリストを作成します。希望する結果を得るために成立すべき仮説を、すべて列挙します。くまなく網羅的にやることです。時間割や学校行事予定、教室割り当て、人員配置を含む、学校で当然に計画するすべての仮説を

リストアップします。すべての仮説をくまなく網羅する一つの方法は、本書に沿って設計の要素を一つひとつ箇条書きすることです。改革を実行するチームのタイプとメンバー、生徒たちの学習体験、教師の役割、ソフトとハード、什器備品や施設類、ブレンディッド・ラーニングのモデルと対象分野（主要科目か未開拓領域か）、校風などです。こうした主要素とそれらを形成する副要素を分類することで、網羅的な仮説のリストができるのです。これには、「この算数ソフトは綿密だ」「教師は正しく指導するためのデータを持っている」「生徒に与える学習時間はカリキュラム習得に十分である」など、すべてが含まれます。

　たとえばサミットは、当初生徒たちが大学で成功するために必要なカリキュラムの個別化と学習の主体性を担保するには、ステーション・ローテーションで十分だろうと考えていました。しかし、すぐにより大きな変更が必要だという結論に至りました。もしもサミットが導入したモデルが、本書を読んで考えた計画の段階で、まだ実際に導入される前であれば、ブレンディッド・ラーニングの仮説がどのように機能するのか、あれこれ考えることができます。高い次元で、同校では以下のような生徒の学習体験を想定しています。

・学習ペースを自己管理できる。
・プロジェクト・ベース学習が生徒たちの深層思考と認知スキルを最も育み、「うまくできた」という成功感覚を充足する。
・市販の製品を購入せずとも、イルミネイト社と協働して独自の学習管理システム「Activate」を開発できる。
・生徒一人ひとりとの個別相談時間は、毎週金曜に10分間で十分である。

　サミットでは、教師の役割についていくつかの仮説を立てました。(1)教師の役割を、生徒のデータを分析して認知・非認知スキルを伸ばすことへ変えるには、研修と年4回の遠足で十分である、(2)チームで週2回集まって話し合えば、生徒の成績分析には十分な時間がとれる。物理的なスペース環境についての仮説は、(1)教室の壁を取り払ったオープンスペースは、新しいモデルに合致する、(2)学校での使用に限り生徒1人1台のパソコンを供与することは、学習モデルにかなっている。最後に、文化についての仮説は、調査対象生徒のグループ

は、反復と改善に有効なデータを提供する。

　ファーストラインでも、目標を達成するためには立証すべき仮説をいくつか立てました。たとえば、最初に立てた仮説では、語学科目を学習するにはオンライン学習が最善だと考えましたが、すぐにブレンディッド・ラーニングの採用を中止しました。同校がまだ計画段階にあったとすれば、生徒の学習体験のうちオンライン学習時間については、幼稚園から小学3年生までは60分、4年生から8年生には100分が目標達成にはちょうどよいという仮説を立てたことでしょう。そしてコンピュータの前に長時間座り続けることによる予期せぬ副作用などについては考慮しなかったでしょう。教師の役割に関する仮説としては、コンピュータ室にいる准教師には科目に関する深い知識は不要で、生徒を動機づけるスキルは必須である、ブレンディッド・ラーニングのディレクターとプロジェクトマネージャーによる毎週金曜の研修は2時間が適当である、また当初はコンピュータ室で使うソフトの研修はウェブセミナーが効果的である、と考えました。しかし、すぐにそれではうまくいかないことが分かったので、毎月ソフト会社から人を呼んで直接指導を受けることにしました。物理的なスペースについては、ノートパソコンをカートに入れて使おうと考えましたが、この方法では壊れやすいことがすぐに分かりました。

　ファーストラインでは、他の学校と同様に、財務的な仮説も立てました。本書では詳しく触れていませんが、どの学校も財務的に持続可能な方法で計画を立てる必要があります。鍵は、総予算額を決めて、そこから逆算していくことです。たとえばファーストラインでは、ブレンディッド・ラーニング導入の予算が決まっていたため、すべてはそこからスタートしなければなりませんでした。それに基づき、以下の3つの仮説を立てました。(1)一定の台数のPCを確保できる、(2)クラスの人数を増やす必要はない、(3)支援スタッフの人数を減らすことができる。こうしたことは、財務的な仮説でもあり、学習モデルそのものの有効性に関することでもあります。

　同様に、クエーカータウン学区においても、教師のスキルおよび対面指導をオンライン学習へ移行することについて、以下のような仮説を立てました。

・教師はよいオンライン講座をつくる方法を理解する
・生徒の進路を導く役は、1校に1人のメンターで十分である。

・1人でテクノロジーと研修支援スタッフの二役をこなすことができる。
・どの教師も対面とオンラインの両方の授業をともに指導することができる。
・対面授業と同じ内容を活用できるため、オンライン講座の準備に長時間は必要ない。

　一番最後の仮説には、財政的な影響もあります。この仮説が間違っていれば、学区はオンライン講座を準備するための残業代を支払うはめになります。
　すべての仮説をリストアップする作業に1〜2日必要です。そのくらいの時間をかけても損はありません。この段階でリストが100を超える場合もあります。そして、さまざまな部署や考えの人に、この議論に参加してもらうことをお勧めします。そうすれば仮説のリストは包括的に網羅され、人々が何に賛成・反対しているのかを、指導者たちが理解するのに役立ちます。図10-1は議論で検討すべき仮説のリストを示しています。
　すべての仮説のリストアップが完了したら、次の作業はそれらの優先順位づけです。この作業には、同じグループの人に一つの仮説につき2つの質問をしてもらうのが最もよい方法です。⑧
　1つ目の質問は、仮説が間違っていたら何が起きるのか聞くことです。言い換えれば、どの仮説が間違っていると、プロジェクトの成功に最悪の影響を与えるのか、ということです。プロジェクトにとって致命的なダメージになるのか。計画に大きな変更が必要になるのか。影響は小さく、多少修正するだけで済むのか。または、間違っていたとしても計画には全く影響を及ぼさないので、気にする必要はないのか。致命的な間違えであれば3点、気にすることがなければ1点、中間は2点をつけてください。
　2つ目の質問は、それぞれの仮説について、どの程度自信があるのか聞くことです。自信の程度を検証するおもしろい方法は、もし仮説が間違えならば1年分の給料を返上できるかどうか尋ねることです。間違いないと自信満々か確かめるのです。仮説が間違えなら、1週間分の給料でも返上する人はいるでしょう。または1日分だけでも十分でしょうか。仮説が正しいかどうか全く自信がなければ、1円でさえ給料をかけることを嫌がるかもしれません。自信の程度により点数をつけます。仮説に自信があれば3点、全く自信がなければ1点です。

### 図10-1 仮説は包括的に列挙する

**チーム**
- 人選は適切か
- 責任者の権限は適当か
- 上層部の支持は十分か

**生徒の学習体験**
- 成果を出すには異なる体験が必要な生徒はいるか
- 学習中に友人たちと楽しく過ごす機会は十分か

**教師の役割**
- 教師に彼らの訓練外のことを要求しているか
- 成功と感じられる役割を果たしているか

**ソフトウェア**
- 十分な練習時間はあるか
- 理解するには十分な内容か
- 処理・理解しやすいデータが提供されるか

**機器**
- 耐用性に問題はないか
- Wi-Fiアクセスは十分か
- 更新料は支払い可能か
- 故障時のバックアップは十分か

**設備**
- 電源は十分にあるか
- 家具類は学習内容に合致しているか
- 優れた校風を醸成する環境か

**学習モデル**
- ローテーションの時間は長すぎないか
- 希望する学習体験に合う教育機会を提供しているか

**校風**
- 移動のプロセスは円滑か
- ブレンディッド・ラーニングの実践はメンバーにとって優先事項か
- 生徒のルーティンは適切か

すべての仮説について点数をつけ終えたら、図10-2のグラフに落とし込んでください。これが仮説のチェックリストになります。

図10-2 仮説の優先づけとリスク配点

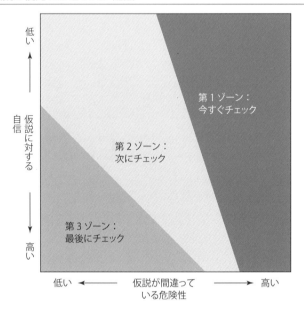

## 4. よりよく知るために計画を実行する

優先順位をつけた仮説のチェックリストが完成したら、次は計画を実行に移して、仮説の有効性を検証します。図10-2の第一ゾーンにある最優先仮説から始めてください。第一ゾーンの仮説は、成功する自信が最も低く、かつプロジェクトの成功にとっては最も重要であるからです。

計画の初期段階では、検証はできるだけ簡潔かつ低コストで、早く済ませて、最重要の仮説に関する情報が正しいかどうか蓋然性を見分ける程度でかまいません。たとえば、本書で紹介されている他の学校例を参照するなどして、取り返しのつかないところまで進む前に、仮説が正しいかどうか見極めるのがよいでしょう。過去の調査を参照したり、早めに議論をしたり、模型や試作品をつ

くってみるのが合理的です。試作品には、今取り組んでいることを伝えるのに役立つ、すべてのものが含まれます。模型やモデルからシミュレーション、ロールプレイングなどです。「必要最低限の製品」と呼ばれるものをつくることが効果的なこともあります。最も簡潔な製品または試作品を短時間でつくって、重要な仮説をできるだけ早く検証することです。具体的な例として、重要な仮説を算数のプログラムの正確度に関することとします。その算数プログラムを実際に使った人の話を聞き、情報を得た後で、自分でも正確性を検証するために使用ライセンスを申請してみます。そうすれば、教師がプログラムをつつき回して、自身の感覚で十分な正確性があるか確認できます。そうしてから、その算数プログラムを購入し、全生徒に年間を通じて使用させる前に、夏期講習や放課後などで2、3週間試しに使ってみるのです。この方法は他の科目でも試すことが可能です。**資料10-2**に仮説を検証する創造的かつ簡単な方法をいくつか紹介しておきます。

---

**資料10-2　創造的にテストする**

簡潔かつ安価に済ませる
- すばやく「適度な」試作品をつくる
- 生徒および保護者の話を聞く
- 同僚の教職員に話を聞く
- 似たことを実践している他校の話を聞く
- 他校を訪問する
- 過去の事例を調べる
- レポート類を読む
- 早期のサインを見逃さない
- 続行可能か上司に確認する
- 専門家の話を聞く
- 調査グループをつくる
- 夏期講習や放課後から試用を始める

---

　プログラムの正式開始が近づくにつれて、検証はより包括的で綿密になり、おそらく費用も増えていくでしょう。しかし大事なことは、仮説が正しい、少なくとも正しい方向にあることが証明されるまでは、過大な時間や資源を投資

しないことです。定期的に検証し、より詳細な検証へいつ移るのかを決められるように、機械的に検証するチェックポイントを設定しましょう[9]。チェックポイントは仮説の検証が終了する決まった日時にすべきで、そうすればメンバーが集まって、それまでに学んだことをともに評価することができます。

　最初のチェックポイントまでの時間は1ヵ月程度とし、チームメンバーが他のブレンディッド・ラーニング導入校を調査すると同時に、仮説のいくつかを高度なレベルで検証する猶予を与えます。次のチェックポイントはその1ヵ月後で、ソフトウェア市場の分析をします。その間に、仮説をもう一度検証するために、他校の指導者と話し合うことも可能です。最終段階で検証された仮説をより詳細に検証し、さらに多くのデータが集まると、計画を再び改善することはよくあります。さらに、ブレンディッド・ラーニングモデルの試作品またはパイロットモデルをチェックし、最後にブレンディッド・ラーニングのプログラムを開始します。

　ブレンディッド・ラーニングを開始してからも、立ち止まってそれまでに学んだことを振り返るチェックポイントを持ち続けるべきです。そうすれば継続的な改善がチームのDNAとして深く刻み込まれます。しかし、いったん改革が実行されると、スピードが速すぎたり、進め方が過激になる危険性もあります。たとえば、毎週のように大きな変更があると、学校全体に混乱をきたし、生徒や保護者、教師の信頼を失いかねません。計画全体を実行に移す前に検証する理由の一つは、導入してから取り返しのつかない時点まで進む前に、間違えを発見するためです。チェックポイントのたびに先へ進むか否か判断する機会があるため、こうした手順を踏むことにより、学校は大きな出費を伴う著しい失敗を避けることができるのです。これが最後の手順です。

## 5. 計画を前進、変更それとも棚上げすべきか？

　最後のステップは、戦略を実行し続けるかどうかを決定することです。チェックポイントに到達するごとに、結果にかかわらず盲目的に先へ進むのではなく、検討すべき選択肢があります。
　もし仮説が正しいと証明されれば、次のチェックポイントへ進みます。
　仮説が正しくなければ、よくあるケースですが、いくつか選択肢があります。

計画を微調整してから先へ進むこともできるでしょう。たとえば、1日に30分使う予定だった算数のソフトが20分で十分な場合には、ローテーションの時間を調整する必要があります。

　あるいは、さらに大きな修正を余議なくされる場合もあります。修正により多くの時間を要する非消費領域では、採用したモデルがうまく機能することを示すために、学校全体で導入する前に別のチームに担当してもらう必要があるかもしれません。

　または、計画の成功に至る仮説がきわめて非現実的で、どうしてもうまくいかない場合もあるでしょう。その場合には、巨額の投資をして計画を放棄できなくなるほど深入りする前に計画を棚上げする機会があるはずです。

　チェックポイントのたびに新しい情報が入ってきます。前回のチェックポイントではうまくいきそうに見えた仮説でも、当初想定していたよりずっと複雑であることがわかるかもしれません。それはそれでよいのです。最終的に、仮説が非現実的なものであり、計画を先へ進めることができないとわかっても、それで絶望することはありません。早期の失敗は成功なのです。うまくいかないものに大量の資金と時間を無駄使いする前に、計画はうまくいかないと見抜くことができたのです。鍵は、そうした判断をするごとに祝福することです。自前の考えを死守するよう促すのではなく、本当の勝利とは仮説についてよく知ることであり、誰が正しいか正しくないかを証明することではありません。

　結局、試行錯誤を繰り返しながらチームは正しいことが証明された仮説だけを先へ進めることになります。途中から現れて徐々に導入された計画が当初想定されたものと違っていても、それで期待された結果を実現できるのであれば、それは成功と言えるのです。これこそが、仮説指向計画法の究極の価値です。

## 10 章のまとめ

- 仮説に対する知識が浅く、不慣れで予測不能なことを始める際には、教育者は計画を変更し、設計手順を見直す必要があります。こうした場合、仮説指向計画法が最も有効です。

- 仮説指向計画法は4つのステップで進めます。この方法でイノベーションに伴うリスクを軽減します。早い段階で失敗することで、取り返しのつかない大きな失敗を防ぎます。

- 最初のステップは、望ましい結果または予測を想起することです。SMARTな方法で目標を設定しましょう。

- 望ましい目標または結果が決まったら、次に仮説のチェックリストを作成します。望ましい結果を実現するために立証されなければならない仮説はすべて列挙します。そしてそれらの仮説を、正しいという自信の程度および間違っていた場合にプロジェクトに及ぼすリスクの度合いによってランクづけします。

- 3番目のステップは、計画を実行し多くの知見を得て、重要な仮説が合理的かどうか試行することです。

- 4番目は、試行結果に基づき事前に決めておいたタイミングで、イノベーションを実行するか、変更するか、一時棚上げするかを決定します。

## ☞演習問題

☐ 教育またはビジネス、政府における大失敗をあげる。どのような仮説を立てて、実行に移す前に試していれば、そのような大失敗を避けることができたと思うか。

☐ 自身がサミット・パブリック・スクールでブレンディッド・ラーニングモデルをつくった最初のチームメンバーであると仮定すると、デザインに関してどんな仮説が最もリスクが高いと思うか。

☐ これらの仮説を試す、簡単で安価ですばやく実行可能な方法は何か。

〈注釈〉
①ロバート・バーンズのオリジナルの詩の一節は、このように言い替えることができる。
②戦略立案のための状況基準理論の考察の多くは次の記事より抜粋。Clayton M. Christensen and Michael Raynor, *The Innovator's Solution* (Boston: Harvard Business Press, 2003), Chapter Eight. 後続の項目も同様に抜粋。
③標準的な計画手順は、仮説に対する知識の割合が高い状況においてうまく機能する。というのは、過去に同じような状況を何度も経験しているため、想定している仮説は正しいという自信が大きいということである。たとえば、よく知られた持続的イノベーションの世界において、この手順がうまくいくことが多い。なぜなら、持続的な世界は熟知され予測可能だからである。たとえば、社会の授業または課題を長年担当している教育者にとって、教室でうまくできる新たな授業や課題をほぼ想定どおりに計画することはそうむずかしくはない。同様に、似たような学校を複数開校して成功させた人々にとって、指導法、学年、対象の生徒や地域が似たような学校をさらにもう一つ計画して予定どおりに成功させることは、それほどむずかしくはない。
④Christensen and Raynor, *The Innovator's Solution*, Chapter Eight (Kindle Locations 2677-2678).
⑤次の著作を読むことを強く薦める。Rita Gunther McGrath and Ian C. MacMillan's book *Discovery-Driven Growth: A Breakthrough Process to Reduce Risk and Seize Opportunity* (Boston: Harvard Business Press, 2009).
⑥不確実な状況において仮説指向計画法ではなく標準的な計画手順を使う場合、承認を得るために、計画の中心となる仮説を過大評価して結果がうまくいくように見せかけることが多い。
⑦第3章でも触れたとおり、ファーストラインはもっと詳細な目標を立てることもできた。クエーカータウン学区も同様である。
⑧過程に関する知見については、破壊的イノベーション理論を使って顧客の成長を促すコンサルティング会社、イノサイト（クリステンセン研究所の前身）に感謝する。本項の多くは彼らの調査結果を参照した。さらに深く学習したい読者には、調査結果が詳述されている次の文献をお薦めする。Scott D. Anthony, Mark W. Johnson, Joseph V. Sinfield, and Elizabeth J. Altman, *The Innovator's Guide to Growth: Putting Disruptive Innovation to Work* (Boston: Harvard Business Press, 2008), Chapter Seven.
⑨チェックポイントの設定方法について、詳しくは以下参照。McGrath and MacMillan, *Discovery-Driven Growth*, Chapter Seven.

# ■第11章

## 結論

　イノベーションとは、連続した行動の過程であり、単発の事象ではありません。

　本書ではまず初めに、進化するオンライン学習ツールが起こすイノベーションが、学習者や教師、学校、社会全体にもたらす、過去に例を見ない大きな機会を示し、次にそうしたメリットを実現する過程について書いてきました。

　しかし、たとえブレンディッド・ラーニングでなくとも、イノベーションの過程を一度経験すれば、それで終わりというわけではありません。第10章で触れたとおり、常に改善する精神を根づかせること、いわば学び続ける向上心が重要です。前進し続けて立ち止まらないことが、健全な社会や健全な学校の証しです。これが、生徒たちに植えつけるべき生涯学習のモデルとなるのです。こうした本書の考え方に読者、そして世界中の教育者が触発されて、常にイノベーションを起こし続けることを期待します。

　このような改革精神を持つことが、成功には不可欠です。ブレンディッド・ラーニングは、生徒一人ひとりがもつ学習ニーズに対応する個別学習に非常に大きな可能性を与えます。ブレンディッド・ラーニングの導入により浮いた時間は、学習者が成功するために必須の活動に振り向くことができますが、扱いが小さいことも多く、まだ始まったばかりです。本書でもいくつか取り上げたように、確かに教育現場では多くの成功物語があり、前途には明るい道が開けています。しかし、オンライン学習ツールもブレンディッド・ラーニングそのものも進化し続けており、既存の技術をどのように改善したいのか、教師の希望を数え上げたらキリがありません。革新的な教育者は、自校の生徒と教室に見合う設計図を描くために、さまざまなモデルを組み合わせたり混ぜ合わせた

りしています。しかし、ブレンディッド・ラーニングはいまだ進化の途上にあり、現時点ではまだ簡単に実行できるまでには至っていません。

## 1. 時間をかけて実行する

今すぐ慌てる必要も、すべて一度にやる必要もないことは何よりです。

まず、計画に十分な時間をとり、慎重に実行してください。オークランド統合学区では、初めてブレンディッド・ラーニングを導入するにあたり、1月に対象校を選定し、2月に計画を立て始めました。そして実際にプログラムを始めたのは新学期の8月、9月です①。テキサス州オースチンの公立学校モンテッソーリ・フォー・オール（Montessori For All）は、開校まで1年以上かけて計画を練りました②。ブレンディッド・ラーニングは一夜漬けでは導入できません。既存の授業形態にブレンディッド・ラーニングを追加するには、計画に最低でも6ヵ月という十分な時間が必要です。新しくブレンディッド・ラーニングを導入する場合は、12〜18ヵ月が標準的な準備期間です③。作業には切迫した気持ちで臨む必要がありますが、変更の大きさと計画と実行に費やす資源に合わせて、十分な時間をかけることが不可欠です。

次に、改革は段階的に実行すべきです。方法の一つは、新しく大きなスローガンを掲げる前に、小さな問題や目標に絞ることです。夏期講習は絶好の機会です。一つの学年でブレンディッド・ラーニングを試してから、対象学年を毎年一つずつ増やす学校もあります。また、特定の科目から始める学校もあります。ブレンディッド・ラーニングの導入対象とする学校を一つずつ増やしていく学区やチャーター・スクールもあります。ブレンディッド・ラーニングの一つのモデルを試してから、徐々に改革を進める学校もあります。たとえば、サミット・パブリック・スクールでは、最初はステーション・ローテーションを2校で算数のクラスに試験的に導入しましたが、1年後には、ステーション・ローテーションの代わりにフレックス・モデルを同じ算数の授業で試しました。その翌年2013–14年には、全校の全科目にフレックス・モデルを導入しました。多くの学校が、こうした複数のモデルを採用しています。

計画を段階的に実行するにあたり、各段階の流れと時間軸について全体像を頭に入れて、仮説指向計画法で進めてください。新しい教訓を得ながら修正し

ていくのです。学校関係者全体がブレンディッド・ラーニングの進捗を注視していますので、より大きな改革に向けて期待が膨らむ場合もあります。また、段階的に実行していると、途中でチームの構成やメンバーの役割が変わることは避けられません。管理職、教師、生徒、保護者それぞれに明確な期待と目標を設定することが重要です。同様に、改革における自分の役割と、進化の方法を正確に理解することも大切です。

## 2. ブレンディッド・ラーニングはチームスポーツ

　ブレンディッド・ラーニングでは、関係者の誰もが役割を担っています。
「教師」は、反転授業やステーション・ローテーションを導入することで、ただちに改革を始めて学び方を改善することができます。教師が機能チームで改革を実行するのであれば、校内で他の教師たちにも賛同を呼びかけ、さらに大きな変化を促すことができます。そして、他の教師をリードしてより大きな変革を計画するチームを編成することもできます。
「学校の管理職」は、教師による改革の動きを奨励し促進することで、現場を応援できます。教師が計画を立てて勉強する時間をとれるよう便宜を図ったり、研修の機会を与えたり、技術的な問題など改革の障壁を取り除くなど、どういったかたちの支援でもきわめて重要です。同様に、さまざまなスローガンに応えるために、積極的に改革チームを編成して教師の参加を促すこともできます。
「保護者」をあらゆる改革の動きに巻き込むことも重要です。学校で何が起こり、我が子にどのような恩恵があるのかを保護者が理解しなければ、当然ながらたちまち改革の障害になります。しかし、保護者は最大の支援者にもなりえます。ロケットシップ・エジュケーションでは、朝会への参加やボランティア活動、活動内容の公開などを通じて、保護者との関係を深めています。そうすると今度は保護者が、地域社会に対して学校の教育モデルを理解させようと奮闘してくれます。保護者の要求は、変革を起こす大きな力にもなりえます。保護者の要求に応じて、個別カリキュラムに移行した学校さえあります。カリフォルニア州のロスアルトス学区では、ブレンディッド・ラーニングへの移行に必要な資金を集める際に、保護者が重要な役割を果たしています。
「学区の教育長や学校法人のトップ、その他組織の指導者たち」も、第4章で

自立チームや重量チームの重要性を論じたとおり、大切な役割を担っています。異なる環境における異なる課題を解決するには、それぞれの学校で異なる改革を実行する個別アプローチが重要です。同様に、中核分野での課題はステーション・ローテーションのような持続的イノベーション、非消費領域はフレックスやアラカルトなどの破壊的モデル、といった分別戦略をとることが、すべての指導者にとって必要です。一つの決まった解決策があるわけではありませんが、2つのタイプのイノベーションを包括的に支援し、とくに破壊的イノベーションが従来のプロセスに劣後しないように後押しする改革プロセスを採用することが必要です。

　また、指導者には改革を起こせるようなインフラ整備を担保する積極的な役割も求められます。ネットへのアクセスを確保することは必須です。学校や教師によってニーズが異なるため、機器の購入、ソフトのライセンス供与、技術サポートについてトップダウンで役割を割り振ることはそう簡単ではありません。トップが何を判断し、現場にはどこまで裁量を与えるのかを決めるには、注意深く思慮を要するバランス感覚が求められます。たとえば、各校が独自に複数の選択肢のなかからソフトを選ぶことは合理的かもしれませんが、同じグループのなかで各校が異なる生徒情報システムを使うのは合理的とは言えないでしょう。

「学校の理事会や政治家」その他の指導者たちも、財政面から持続的・破壊的にかかわらず改革を支援し、改革実行者が生徒たちの成功という使命に見合った慎重な手順を踏むように質問をしたりと、関与を続けることが必要です。同時に、トップダウンの行為が改革を阻害する危険性があることも念頭に置くべきです。

「学校改革者のネットワークやグループ」は、何か問題が起きた際に調停したり、同じような仕事に従事している人々と話し合ったり、同じような環境で成功した技術や設計法を学んだり、成功例・失敗例について率直に意見交換したり、要求をまとめてベンダーにすばやく処理させたりと、指導者と教師にとって重要な役割を果たします。一人で改革を進めようとすると、孤独な作業になりがちです。改革者のネットワークの一員になる、またはグループのなかで先頭に立つことにより、改革のプロセスを円滑に進めるための情報や技術、必要な組織にアクセスできるようになる利点があります。次世代のブレンディッ

ド・ラーニングモデルを起こす地域グループが、シリコンバレー、ワシントンDC、シカゴなどで出現しています。

　最後に、「生徒たち」自身を忘れてはいけません。学校の役割が生徒たちの生涯の成功を支援することであるならば、生徒たち自身が学習を所有すること、すなわち自主裁量を持つことが必須です。生徒たちは幼稚園から始まって高校3年まで進級するので、学校は生徒が学習の時間、場所、方法、ペースについて徐々に自己管理のレベルを上げていけるように指導する必要があります。それだけでなく、生徒たち自身が教えることもできるのです。本書でも紹介したとおり、サミット・パブリック・スクールでは調査対象グループの生徒が学校の設計や改善に関する情報を伝えています。

### 3. 理解、動員、設計、そして導入

　テクノロジーの導入が最終目的となってはいけないように、改革のための改革ではいけません。

　最初にスローガンを掲げ、改革が成功するかどうか分かるSMARTな目標（P104参照）を設定してください。

　解決すべき課題の大きさに見合った規模のチームを編成しましょう。

　生徒たちのやるべき課題を理解して、それに必要な学習体験を設計してください。それらはすべて実際の学習体験に反映されるべきです。

　目標を達成し、期待する生徒の学習経験を実践できるよう、教師の役割を的確に設定しましょう。

　これらを実行して初めて、ソフト、ハード、インフラなどテクノロジーの導入と施設の設計について検討すべきです。何を変えることができて、当初の計画を修正するには何をする必要があるでしょうか。

　次に、ブレンディッド・ラーニングのモデルを選定し、それを自身の置かれた環境に見合うようカスタマイズしてください。

　希望する校風を意図的に醸成してください。そして円滑な運営のために組織の手順と優先順位を練り上げてください。

　最後に、仮説指向計画法（P261参照）を使って成功を目指し、大きな失敗を避けてください。SMARTな目標と初期計画で表される成功結果を念頭に、

仮説をリストアップし、優先順位をつけ、そして計画を実行に移して、どの仮説が正しく、何に修正が必要か確認してください。そしてチェックポイントを意図的に設定して、先へ進むべきか、どのように進むべきか考えてください。

本書は、すべての学校が従うべきマニュアルではなく、「各自の」状況において正しいアプローチを見出す手助けをするにすぎません。一斉授業がすべての生徒たちに合っているとは限らないように、すべての学校に当てはまるブレンディッド・ラーニングのモデル、ソフト、改革の方法はないのです。図11-1は本書で説明しているブレンディッド・ラーニング戦略を検討し導入するための青写真です。

図11-1　ブレンディッド・ラーニングの青写真

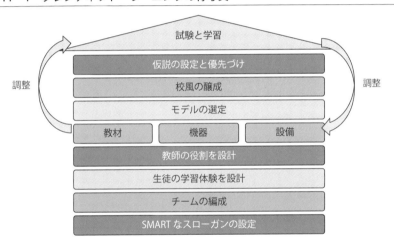

ブレンディッド・ラーニングは、集団一斉授業を個別化、公正な教育機会の拡充、費用の抑制といったメリットを生み出す学習者中心のデザインに転換する非常に大きな可能性を秘めています。万能薬ではありませんが、時代遅れの学校とそこで学ぶ生徒たちにとって、ブレンディッド・ラーニングはパズルの大事なピースなのです。

本書で得た知識と技能をもとに、腕まくりをして教育の未来を創る時が来ました。待ち受ける複雑だが希望ある未来に向けてすべての生徒が準備できるように、教師、学校・地域社会の指導者、保護者、そして生徒たち自身も、それ

ぞれ一役を担っているのです。

〈注釈〉

① Interview with Carrie Douglas, chief strategy officer, CEE-Trust, June 6, 2014.
② 実際、創立者たちは3年半前から計画を立て始めたが、正式業務としてフルタイムで計画に従事したのは開校の10ヵ月前からである。Interview with Sara Cotner, founder and executive director, Montessori For All, June 6, 2014.
③ Interview with Andy Calkins, deputy director, Next Generation Learning Challenges, Educause, April 6, 2014.
④ Rebecca Kisner, "The Parent Engagement Continuum in High-Performing Charter Schools: A Guide for Schools," Donnell-Kay Foundation, May 2013, p. 5.
⑤ ハーバード大学ビジネススクールのマイケル・ポーター教授によれば、「国際経済における継続的な競争上の優位性は、遠距離にいるライバルは持ち合わせない知識、人間関係、動機などローカルなモノに存在するようになる」。Michael E. Porter, "Clusters and the New Economics of Competition," Harvard Business Review, November- December 1998, p. 78. ここで表明されている考えは、ビジネスの価値観に関するものだが、原理は教育にも当てはまる。ポーター教授はまた、「企業が集団の一員でいることは、原材料を調達したり、情報や技術、必要な仕組みを入手したり、関係企業と調整したり、改善を測定し動機づけしたりといった作業において、より高い生産性を確保できる」とも言っている。(p. 81)

# ■破壊的イノベーションとパラダイムが衝突するとき

　私たちはいま、教育の転換点の最先端にいます。長年にわたり、学校で発生する諸問題の原因について喧々諤々議論され、さまざまな解決策が提示されてきました。しかし、万能薬などありません。どの提案にもそれぞれ一理ありますが、学校の運営形態が異なるため、全く相容れない正反対の主張も頻繁に見られます。しかし、ブレンディッド・ラーニングがアメリカの初等中等教育で普及してきたことにより、これまでトレードオフの関係にあって停滞していた状況が、前進する可能性が出てきました。ここで、パラダイムと破壊の概念がどのような関係にあるのか説明しましょう。

　パラダイムの概念を提唱したトーマス・クーン著『科学革命の構造』（邦訳＝みすず書房、1971年）は、私がこれまで読んだなかで最も役に立った文献の一つです。著者自身の生涯にわたる科学史の研究に基づいて、理論の核が生まれて発展する過程を単純で一般的なモデルにまとめています。クーンのモデルでは、理論の核が誕生する初期段階を強調するのではなく、むしろ理論の核がどのように発展するのかを注視しています。

　理論の核は、二つの事象の間に存在するパターンについて仮説を立てることから始まるのがお決まりです。理論を発展させる方法は、ほとんどが当初のパターンでは説明できない「変則事例」の発見です。変則事例に遭遇すると、研究者は当初の因果関係の説明を見直して、新しい発見と当初の予測がともに成立するよう調整する必要に迫られます。このような従来は説明のつかなかった変則事例に遭遇し解決する過程を通じて、理論の核はより多くの事象を説明する能力を徐々に高めていくのです。

　理論の核のなかのあるポイントにおいて因果関係が広く理解され受容されると、その分野の研究がその理論に自然と依拠するようになります。クーンは、そうした因果関係の理論の核を「パラダイム」と呼びました。これは、観察し精査すべき対象、聞かれるべき質問の種類と質問の方法、答え方、そして観察

結果の解釈方法、を明らかにするモデルです。

　パラダイムは現場で起きていることを理解するのに便利なので、研究者が疑問をはさむことはほとんどありません。ですから、パラダイムが有効であると信じて、「通常科学」に打ち込むのです。それが事象の測定方法を学習し、現象を定義し特徴づけ、パラダイムの限界を探ることにつながります。こうした作業の多くは分類し比較することです。これが、研究者が変則事例を発見し続ける方法です。一つの変則事例を発見すると、パラダイムを調整して異常値を含むようにパラダイムを修正するか、またはパラダイムの適用範囲外で起きた変則事例だと結論づけるのです。

　しかし、研究者は時にはそのパラダイムではどうしても説明できない変則事例を発見します。すると、いったんそれを棚上げして、学会でいう「お蔵入り」させることも多々あります。研究者がパラダイムでは説明できない別の変則事例を発見しても、同じように当面の間は棚上げしてお蔵入りとなります。お蔵入りの事例が数多く溜まると、進取の研究者がそれらをまとめて研究し始め、発表するのです。「皆さん、これらのお蔵入りケースをご覧ください。共通するパターンがわかりますか？　従来のパラダイムは真実ではありません！」

　パラダイムの信奉者がほとんど知識を持たない別の研究分野で用いられている、一理論にすぎないものが、変則事例に共通するパターンを明らかにすることがよくあります。そのため、熱烈な信者は従来のパラダイムの有効性をあくまで守ろうとすることもあります。実際、専門分野を研究するために使うツールのおかげで、パラダイムを疑問視する変則事例を認めることができないのです。こうした理由により、これまでとは異なる訓練や研修を受けた新しい研究者がパラダイムを転換し、それに代わる新しい技術の開発を主導すると、クーンは指摘しました。

　こうした開発、試験から検証、パラダイムの転換へと至るプロセスは途切れることなく続いています。一時的な事象ではありません。パラダイムを打ち立て、それを葬り去るのに何十年とかかることも珍しくありません。

　余談になりますが、多くの人々が「パラダイム」という言葉をいろいろな目的で使用していながら、ほとんどの人がクーンの本を読んだことはありません。自分の主張を「パラダイム・シフト」などと言って箔をつけたり、研究上の論争相手に対して自分を誇大に見せる、などの目的でパラダイムが使われます。

私自身の狭い世界でも同様に、「破壊的イノベーション」という言葉は、自分の主義主張を正当化したい無知な人々によって濫用されています。

## 戦略と改革の関係

「通常科学」で使われるエネルギーの多くは、トレードオフの研究に費やされます。これは、二次元グラフによって表すことができます。縦軸を増やせば横軸は減少します。このトレードオフの関係を「効率的フロンティア」と呼びますが、直線であることもあれば凸凹の場合もあります。たとえば、人工衛星を軌道に乗せる場合、高度が低ければ通信時間が短くて済みますが、人工衛星は小型軽量で一つのミッションしか対処できません。高度が高ければ大型化して複数のミッションに挑戦できますが、費用が著しく高くつきます。

　こうしたトレードオフの効率的フロンティアのどこに自社または製品を位置づけるかを決定することを、マイケル・レイナーやマイケル・ポーターは「戦略」と呼んでいます。戦略はトレードオフを伴います。教育におけるトレードオフとは、授業形式は一方的な講義か双方向の議論か、個別指導か集団授業か、学校はスケールメリットを考えて大規模がよいのか、教師一人当たりの生徒数が少ない小規模校がよいのか。理論的なフロンティアに沿って、戦略的な選択が必要です。戦略的な選択が決まってから、教育者が専念する改革のタイプは「持続的イノベーション」です。この種のイノベーションはすばらしい製品をさらに優れたものにします。選択した戦略をより効果的に実践できるようサポートします。

　人工衛星の設計や軌道といったパラダイムは、トレードオフのフロンティアにおいて理想の位置を決めるわけではありません。むしろ、トレードオフは話し合いで決められ、その計算方法は回答を評価する際に利用されます。教育においては、教師対生徒の比率やプロジェクト学習（体験型）と講義型勉強（知識習得）のトレードオフをパラダイムが規定します。「通常科学」では、こうしたトレードオフを問題視することはほとんどありません。

　起業家または技術者が、トレードオフの一方を諦めずに他方をも得ることで壁を乗り越えると、破壊的イノベーションが起こります。往々にして、トレー

ドオフを乗り越えるとパラダイムが転換します。破壊的イノベーションがパラダイム（と業界トップ企業）を転換することに非常に長けている主な理由は、持続的イノベーションは静的であり、過去の決定に基づいたトレードオフを利用するにすぎないからです。

破壊的イノベーションの可能性を持つ人々は、最初は従来のパラダイムで確立されたトレードオフを受容します。しかし、彼らには技術の進歩が顧客の活用能力よりも早く進むことが分かります。技術の性能が「不十分」から「十分以上」へと移行すると、トレードオフは破壊されます。破壊理論の軌跡が交差することが、トレードオフをつくり出している要因を大胆に打ち破るのです。

破壊的イノベーションへと続く道は、常に市場の底辺にいる要求の少ない顧客から始まります。教育においては、私のような教師のほとんどが、少なくとも口頭では、オンラインでの講義配信は時間とともに従来の教室における講義型授業にとって代わるだろうと認めています。しかし、オンライン学習が高校・大学の研究ゼミやハーバード・ビジネス・スクールのケーススタディなどの代わりになることは不可能であることも理解しています。破壊的イノベーションが広く普及しても、こうした形式の教育では従来型の指導が安全策として残っています。

ここで、オスロにあるノルウェー経営大学のアンデルセン教授をご紹介します。彼は、破壊的な方法で教室の授業におけるトレードオフを克服しています。その方法は破壊的であり、今も継続しています。私がこの前書きを書いている現在、アンデルセン教授は医学的治療のためボストンに来ています。しかし、彼の学生たちはオスロでケーススタディの勉強をする必要があります。彼はどう対処したのでしょうか。オスロの教室にあるロボットに蝶ネクタイを結んで、iPadをテープでくくりつけたうえで、ロボット用の無線マイクをボストンへ持ってきたのです。教室では学生たちが決まった席に座り、各座席には3つのボタンがついています。一つは「前の意見に賛同するコメントを言いたい」、2つ目は「前の意見に反対」、そしてもう一つのボタンは「違うトピックについて意見を言いたい」を意味します。これによって、アンデルセン教授は手を挙げる学生を指名して、議論の方向性を見守ることができます。こうして教授（ロボット）はホワイトボードの方へ動いていって学生の発言を要約すると同時に、指名した学生の側へ動いていき、口頭だけではなく（画面を通じて）身

振り手振りで学生のコメントに答えるのです。

アンデルセン教授の話を持ち出したのは、初等中等教育が将来彼の授業と同じようになると言うためではありません。技術の進歩が人間が使いこなすよりも速いスピードで進んでいるため、教育のパラダイムにおいて、従来はトレードオフと考えられていたことが現在、打ち破られつつあることを、アンデルセン教授が証明していることを示すためです。

その手順を形式化する方法は次のとおりです。時間は、すべてのことが同時に起きることを阻害する壁です。未来と過去はともに現在のなかに存在しますが、世界中に同等に分布しているわけではありません（ウィリアム・ギブソン、ショーン・キャロル、他も同様の考え）。アンデルセン教授の授業は未来にあるのでしょうか、それとも現在でしょうか。

もし私たちが未来が現在になることを待っているだけならば、すなわち新しい指導方法や学習方法に関するデータが発見されるのを待っているのでは、データは他のデータと競合し続けるだけで、ほとんど何も変わりません。その理由は、説得力のある理論に基づかないデータは、他のデータと同様に影響力が弱く、理論の信頼性が低いからです。行動と変化の基礎は理論であり、データではありません。

指導と学習に関するパラダイムの多くの要素は、これまで社会に大いに貢献してきました。現在、私たちには破壊的イノベーションという理論があり、出現するデータに意味を与えます。アンデルセン教授のものを含む、世界中のあちこちにある教室からのデータは、教育におけるトレードオフが打破されつつあることを高らかに宣言しています。

私の教師としての過去の経験からも、それが分かります。私もトレードオフによる制限を受けました。私のイノベーションは持続的なもので、私と同じように考え、同じような経験をした生徒たちにはよい教師でした。私は、せいぜい世界を生徒とは違う角度から教えるごく普通の教師でした。オンライン学習は、生徒一人ひとりに見合ったカスタムメイドの学習機会を提供します。学生たちと知的好奇心がわく議論をするために、学生の人数を制限しなければなりませんでした。これまでずっと、教師は語り、生徒は聞くものと信じていました。これからは違います。あちこち広く散らばった場所にいる大人数の生徒たちと、わくわくするような議論をすることが可能になりました。教師が生徒を

教えることに加えて、生徒同士で教え合うことも可能です。私たちは皆、学習方法を学び、指導方法を指導しているのです。そしてエリック・ホッファーが言ったように、「大きな変革の時代に、将来を引き継ぐのは学習者である。知識人はたいてい、すでに存在しない過去の世界で生きるために美しく着飾っている」。

　私の同僚であるマイケル・ホーンとヘザー・ステイカーによって書かれた本書では、指導と学習におけるトレードオフの多くが打ち破られていることを見事に描写しています。何か一つのことからより多く得るために他のことの一部を諦めるのではなく、今では自信をもってより多くのものを手にすることが可能なのです。オンライン学習の性能が段々改良されてより多くのトレードオフが克服されると、ブレンディッド・ラーニングは対面指導・学習の理想の形に近づいていきます。ブレンディッド・ラーニングは、私たち学習者が利用可能な新旧のパラダイムを非常にうまく活用しています。そして本書は、教師、学校の指導者、教育長、保護者が今日ブレンディッド・ラーニングを導入することを応援します。ただ傍観しつつ未来がやってくるのを待っているのではありません。

クレイトン・クリステンセン<br>ハーバード・ビジネス・スクール

**訳者あとがき**

　2020年度から実施される次期学習指導要領が発表されました。主体的・対話的で深い学びを実現するためにアクティブ・ラーニングを導入するなど、いくつか目新しい項目も見受けられます。その一方で、「皆が同じ教科書を使って、同じ時間割に従って、同じ授業を受ける」教育は依然として根強く残っています。残念ながら、100年以上も前に確立された受動型集団画一教育を転換しないかぎり、国がどんなに「アクティブ」な教育を追求しても、見かけ倒しに終わる公算が強いでしょう。対照的に欧米の教育先進国では、ICTを使った21世紀型の教育が急速に広まりつつあります。すなわち、生徒一人ひとりに合わせた個別カリキュラムをもとに、生徒が主体的に学習を進める「個別学習×生徒主導」方式の教育です。これを具体的に実現する手段こそが「ブレンディッド・ラーニング」です。

　ブレンディッド・ラーニングとは、一言でいえば「従来の対面講義式授業にオンライン学習を組み込んだ学習法」です。ただし、あくまでも「個別学習×生徒主導」がブレンディッド・ラーニングの支柱であり、たとえオンライン学習を導入していても、従来と同じようにクラス全員が教師の指示に従って同じ内容を同じペースで勉強しているかぎりは、単なるeラーニングにすぎません。また、「いつ・どこで・なにを・どのように」学習を進めるのか、生徒自身が個々の状況を鑑みて主体的に判断することもブレンディッド・ラーニングの特徴です。こうした点が、全体の平均的な底上げを目的とした受動型集団画一教育とは決定的に異なります。

　私には一卵性双生児の娘がいます。二人は外見こそよく似ていますが、性格やものの考え方などはまったく異なります。一卵性の双子でさえ個性が違うのですから、赤の他人の子どもたちに、性格や体格はもとより、理解力や暗記力などでほとんど共通点がないのは当然です。そうであれば、教育的ニーズも千差万別のはずで、それに合わせて子どもたち一人ひとりの学力や目標に見合う教育を提供することが大人としての使命ではないでしょうか。この使命を広く実践するには、学習の一部をデジタル化することが不可欠であり、これがブレンディッド・ラーニングを必要とする理由なのです。

　モンテッソーリやシュタイナー、イエナプランなど、20世紀初頭に考案さ

れた先進的な教育法が各地で根付き、世界でもっとも教育の自由化が進んでいると言われるヨーロッパ。2010年ごろからブレンディッド・ラーニングが普及し始め、すでに全国の学区の7割近くでオンライン学習が取り入れられているアメリカ。その一方で、2020年度から始まる次期学習指導要領からようやく正式にアクティブ・ラーニングに取り組み始めようという日本。学習が能動的であることなど欧米では至極当然で、あらためて国が奨励するまでもありません。そう考えると、日本の教育は、世界から20～30年は遅れているとも言えます。抜本的な教育改革に一刻も早く取り組まないと、今を生きる子どもたちには手遅れになり、国際社会における日本の相対的な地位は低下するばかりです。

　私がこうした危機感を持つに至った背景には、二度のアメリカ留学や20年にわたる国際金融業務での経験があります。アメリカの大学では、言葉のハンデを少しでも埋めようと授業では常に最前列に座るよう心がけていたのですが、背後の学生たちから矢のように飛んでくる質問と、それに対する教授のマシンガントークに挟まれて、日本の学校では経験したことのない、戦場にいるかのような高揚感に常に包まれていました。また国際金融の現場では、外国人とのミーティングになると討議内容を簡潔にまとめて報告することには優れていても、議論そのものではアメリカ人、ヨーロッパ人はもとより、中国人やアラブ人、ラテン系の人々にもまったく歯が立たない日本人を何人も見てきました。彼らは内容的には大したことは言っていないことが多いのですが、日本人は押しの強さに負けて持論を主張できないのです。

　こうした経験を通じて痛感したのが、日本人特有の消極性、自主性の欠如です。日本の学校では、全員が与えられた教科書を使い、決められた時間割にしたがって、規定された内容の授業を静かに座って聞いて板書を丁寧にノートに書き写す、これが正しい勉強法だと小学生から教え込まれます。生徒自らが頭を使って考え、能動的に意見を発する機会が少ない受け身の学校教育を続けていては、与えられた仕事を卒なくこなすことはできても、主体的に考えて行動する力は養われません。何をいつまでに、どのように学習するのか、生徒自らが主体的に計画を立て、先生の役割はそれを側面から支援するという形にしないかぎり、21世紀のグローバル社会で必要とされる主体性は育まれないでしょう。

こうした危機感を胸に、2011年に横浜で開設した学習塾では、従来にはない「個別カリキュラムを生徒が自主的に学ぶ」方式を追求して、ゼロから手探りで模索しました。学年と科目で定められた時間割をなくし、原則として学校での学年には縛られずに生徒一人ひとりの学力や性格、将来の目標などに見合うよう学習内容を完全にカスタマイズし、いつ塾へ来て何をどれだけ勉強していつ帰るのかまで生徒自身が決めるシステムにしました。下の学年に戻って復習する生徒もいれば、科目によっては学校よりずっと先に進んで取り組む生徒もいます。そんな方法では教室運営に無理が生じるので止めるようにと、学習塾のプロには何度も忠告されましたが、参考になるような前例もないなかで試行錯誤を繰り返しました。
　独自形式の学習塾の運営に忙殺されて2年ほどが過ぎた頃、アメリカの教育に関する記事を読んでいて偶然出合ったのが、当時話題になりはじめていたブレンディッド・ラーニングでした。理想としていた教育哲学や目指す方向性と非常に近い理念であることが直感でピンときました。その理論を勉強しようと2013年秋にCourseraの入門コースを受講したところ、それまで学習塾で2年以上自己流で暗中模索していた学習指導が体系的な理論として、目から鱗が落ちるようにおもしろいほどストンと腑に落ちて理解できました。
　こうしてブレンディッド・ラーニングという理論的裏付けを得て、これこそが時代遅れの日本の教育を立て直す切り札になると確信するに至り、これをなんとしても日本で普及させたいと考えました。そこで手始めにCourseraの日本人受講者に呼び掛けて、2014年7月にボランティア4人で講座のビデオに日本語字幕を作成しました。字幕作成にあたりCourseraの講師であるMichael Hornから直接アドバイスをもらっているうちに、彼がブレンディッド・ラーニングのハンドブック"*Blended*"を近々出版するということを知りました。そこで、これの日本語訳が出版されれば日本での理解も進むだろうと期待して、翻訳版を発行する際には手伝いたいのでぜひとも声をかけてほしいとお願いしたのです。
　また、ブレンディッド・ラーニングの講座で得た知識と学習塾の運営で蓄積した経験をもとに、2014年10月からはJIJICOに日本の教育行政を批判的に論評する記事を寄稿しはじめました。2015年9月からは、リセマムにブレンディッドラーニングについて6回連載の記事も掲載していただきました。11

月には、学校管理職向け月刊誌『教職研修』から、ブレンディッドラーニングに関するコラム記事の依頼もありました。その『教職研修』の岡本編集長に"Blended"の翻訳本を世に出せるようご協力をお願いしたところ、ブレンディッド・ラーニングを日本で普及させることの社会的意義を即座に理解してくださり、翻訳出版を快諾していただけたのです。ブレンディッド・ラーニングと衝撃的な出合いをしてから3年、"Blended"出版の話を聞いてから2年経って、ここにようやく念願の日本語訳を上程するに至りました。これを契機に、今後は日本におけるブレンディッド・ラーニングの普及に専心し、一刻も早く時代遅れの教育制度を覆して、グローバル時代を生き残れるよう子どもたちを応援したいと思います。一般向け講演会から個別コンサルティングまで日本全国どこへでも参上しますので、「21世紀教育応援団アイパル」のフェイスブックページからご連絡ください。

アメリカで生まれ、欧米の教育先進国で急速に普及しているブレンディッド・ラーニングですが、その特徴である「個別学習×生徒主導」を追求していくと、究極的には一体どのような教育になるのでしょうか。生徒たちは各自の学力や性格、将来の目標などを考慮に入れて個別カリキュラムを組みますので、やる気次第で進捗速度がまちまちになり、従来のようなクラス一律の時間割は意味を成さなくなります。宿題は、各自の判断で自宅で学習したい生徒は自主的に「課題」を持ち帰ることもあるかもしれませんが、クラス全員同じ量と内容の宿題が出されるということはなくなります。クラス全員がそろって受けるテストや中学の定期試験もなくなるでしょう。

「学年」や「クラス」という概念も実質的には消滅して、同じ年齢の生徒を便宜的に30〜40人ごとにクラス分けをしても、形式的にすぎなくなるでしょう。そして毎年自動的に進級させる代わりに、単元ごとに学習の理解度をチェックする確認テストに合格すれば次の単元へ進むようになります。それだけでは不足と考えるのであれば、英語検定や漢字検定のような既存の検定試験を利用して、たとえば英検3級に合格すれば中学3年程度、などというように学習進捗状況を把握することは可能です。したがって、通知表は決められた学年・科目の範囲についてクラス全員で同じ試験を同じタイミングで受けた結果を数値化したものではなく、科目ごとの学習進捗状況を知らせる報告書になるでしょう。

個別カリキュラムにすると、「競争」がなくなるのではないかとよく聞かれますが、学習について「競争」することがよいかどうかは別にして、私の経験では各自ばらばらに進むと子どもたちはかえって他の生徒の進捗状況を気にするようになり、自分が周りより少しでも遅れていることに気づくと追いつこうと自主的に努力します。私は、これこそが本来の主体性だと思います。それでは、ブレンディッド・ラーニングを日本で導入するにはどうすればよいのでしょうか。学校法人、学習塾、それと地域の3つのパターンに分けて具体的に考えてみました。

● 学校法人

　日本の学校へブレンディッド・ラーニングを導入することは、技術的には可能です。問題は、明治以来100年以上続く「先生主導の集団一斉授業」を前提として成り立つ学校教育法や学習指導要領で、1クラスの生徒数や年間の授業時数などが細かく規定されていることです。こうした枠組みの中では、「生徒主体の個別学習」で「習熟度基準進級」を特徴とするブレンディッド・ラーニングをそのまま通常授業に組み込むことはきわめて困難です。

　そこで放課後や週末、または長期休暇を利用して、まずは「補習」の形でブレンディッド・ラーニングを実践することを提案します。1クラスに少なくとも2〜3割は潜在する授業についていけない生徒および通常授業では物足りなく感じている生徒たちに、オンライン学習で個別カリキュラムを提供するのです。生徒一人ひとりに見合うレベルで指導すると比較的短期間で効果が表れますので、最初は対象の学年や科目を絞って限定的に実施し（たとえば小学高学年の算数など）、結果を見ながら実施範囲を徐々に拡げてください。公立より私立校での導入のほうが比較的容易でしょう。特に、生徒数の減少に苦しむ地方の中堅一貫校などでは起死回生策になるかもしれません。

　通常の授業時間帯にブレンディッド・ラーニングを導入するには、本来であれば学校教育法や学習指導要領の改正が必要です。しかし、国の改革を待っていては今を生きる子どもたちには手遅れになります。そこで、先進的な教育に理解のある首長のいる地方自治体において「特区」を制定してもらい、既存の教育制度とは別体系でブレンディッド・ラーニングを実施できるか検討することもおもしろいでしょう。いまは少子化で学校の統廃合が進み、全国どこでも空いた校舎や教室があるはずです。そうした施設を有効利用して、世界最先端

の教育法を導入した実験的な「学校」を実現してください。21世紀型の本格的な個別教育のパイオニアとして教育界をリードできれば、少子化による生徒数の減少に悩む私立学校を立て直す画期的なプログラムになること間違いありません。

●学習塾

学習塾が担うべき役割の中心が、学校教育の補完であることに異論はないでしょう。集団一斉授業で生じる生徒ごとに異なる「理解の穴」を、個別に対処して埋める指導が求められます。学校と同じ集団授業を続けていては、生徒の真のニーズに応えているとはいえません。実際、ここ20年ほどのトレンドを見ても伸びているのは個別指導塾で、集団塾は先細りであることは否めません。遅かれ早かれ市場から淘汰されるだろうことは、集団塾の経営者自身がもっともよく理解されているでしょう。

学習塾は学校法人に比べてカリキュラム編成の自由度が高いので、思い切ってブレンディッド・ラーニングを導入し、単なる「個別指導塾」ではない、さらに一歩先を行く生徒主導の完全個別カリキュラムを提供する塾へ一気に衣替えすることを提案します。従来の講義形式の授業を捨てて、教室長および講師が生徒の自律学習をサポートする役割を抵抗なく受け入れることさえできれば、目先のテストや受験に囚われない、長期的な視点から何が本当に必要な教育かを考えている保護者の支持を得ることができると確信しています。

●地域社会

ブレンディッド・ラーニングでは、教科書に掲載されている内容の大半がオンライン学習へ移行されるため、教師は必ずしも全員が学科のプロである必要はないと考えています。子どもたちが社会へ出てから成功するために側面から支援することが教師の役割として重要視されることから、むしろ社会人経験を持っていることが優先条件になります。

そこで、既存の学校教育や高額な学習塾には頼らずに、子どもたちの教育は自らの手で担いたい、とお考えの保護者が地域で数名いれば、ブレンディッド・ラーニングで地元密着の学びの場所を手作りされることをお手伝いします。町の公民館やマンション・団地の集会所などを有効活用すれば、学童機能も合わせ持つ、地域の核となる安全で安心な「子ども学びスペース」を比較的容易に開設することができます。子ども会などが中心になって、草の根で自分た

独自の「寺子屋」をつくりたいといったご希望があればご相談ください。

　最後になりましたが、翻訳に当たり貴重なアドバイスをお寄せいただいた多くの方々に、この場を借りて厚く御礼を申し上げます。とくに、『教職研修』を発行する教育開発研究所の岡本淳之編集長には、本文校正から印刷まで細かい点までたいへん丁寧にご指導いただき、感謝の念に堪えません。また、日本語訳に関して元教員の視点から数多くのご指摘をいただいた羽住敬二郎さんにも心からの感謝をいたします。

　なお、原書では冒頭に掲載されているクリステンセン教授の前書きですが、編集上の都合により一番後ろに回しました。また、原書では1章の最後に付録として掲載されている「用語解説」は、日本で理解するにあたり非常に重要な役割を担うため、独立させて一番先頭に配置してありますこと、ご容赦ください。

2017年3月<br>
21世紀教育応援団アイパル<br>
代表　小松健司

〔著者紹介〕
マイケル・B・ホーン
　ハーバード・ビジネス・スクール卒業、非営利シンクタンクのクレイトン・クリステンセン研究所を共同設立。米国教育界でベストセラーとなった本書『Blended』(2014)や『Disrupting Class』(2008)などの著作のほか、教育の未来に関する著述や記事をフォーブスやワシントンポストなど数多くのメディアで発信。現在は教育系ベンチャーキャピタル Entangled Ventures の Chief Srategy Officer のほか、複数の教育関連団体で役員、理事を務める。

ヘザー・ステイカー
　ハーバード・ビジネス・スクール卒業。マッキンゼーにてコンサルタントを務めた後、クレイトン・クリステンセン研究所へ上級研究員として参画。米国教育界でベストセラーとなった本書「Blended」(2014)を発表する傍ら、生徒主導の教育等に関するコメンテーターとしてテレビやラジオに多数出演。現在は、ブレンディッド・ラーニングの教員研修を提供する Ready to Blend 代表を務める。

〔訳者紹介〕
小松健司
　米国サウスカロライナ大学卒業後、日米欧の大手金融機関にて国際金融業務に20年間携わる。中国北京への駐在から帰国後、2011年に横浜で学習塾を開設。教育関連の新聞、雑誌等にブレンディッド・ラーニングを中心とした欧米の教育事情に関する記事を数多く寄稿。現在は、日本の教育改革を後押しすべく21世紀教育応援団アイパルの代表を務める。

## ブレンディッド・ラーニングの衝撃

「個別カリキュラム×生徒主導×達成度基準」を実現した
アメリカの教育革命

著者　マイケル・B・ホーン／ヘザー・ステイカー
訳者　小松健司

2017年 3 月31日　初版　第 1 刷発行
2017年 9 月 1 日　初版　第 2 刷発行
2018年12月 1 日　初版　第 3 刷発行
2020年10月 1 日　初版　第 4 刷発行

発行者　福山孝弘
編集担当　岡本淳之
発行所　株式会社教育開発研究所
〒113-0033　東京都文京区本郷2-15-13
TEL.03-3815-7041　FAX.03-3816-2488
URL　http://www.kyouiku-kaihatu.co.jp/
装幀デザイン　竹内雄二
印刷・製本　中央精版印刷株式会社
ISBN 978-4-87380-481-1
Printed in Japan